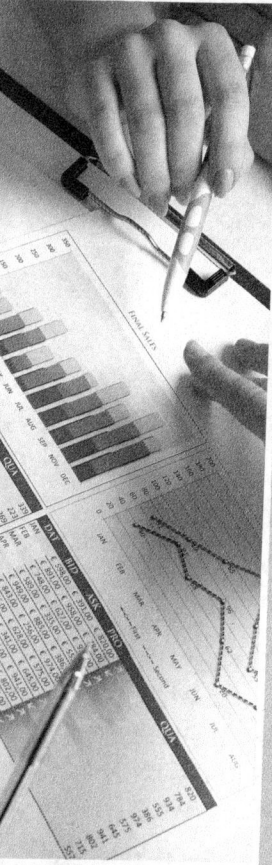

工业和信息化高职高专"十三五"规划教材立
高等职业教育财经类**名校精品**规

U0685774

APPLICATION OF EXCEL 2010
IN FINANCIAL ACCOUNTING

Excel 2010
在财务会计中的应用

谷小城 主编

包嫦娥 程竞 王杰 谈先球 符茜 副主编

人民邮电出版社

图书在版编目（ＣＩＰ）数据

Excel 2010在财务会计中的应用 / 谷小城主编. --
北京：人民邮电出版社，2017.1（2023.6重印）
高等职业教育财经类名校精品规划教材
ISBN 978-7-115-44524-7

Ⅰ．①E… Ⅱ．①谷… Ⅲ．①表处理软件－应用－财
务会计－高等职业教育－教材 Ⅳ．①F234.4-39

中国版本图书馆CIP数据核字(2016)第316079号

内 容 提 要

本书详细介绍了如何应用 Excel 2010 电子表格软件解决企业会计核算和财务管理的问题，以
Excel 电子表格的核心功能格式规范、常用技巧、函数、透视表为主线介绍 Excel 电子表格在财务与
会计中的应用，然后通过一个中型商贸企业和一个中型食品加工企业的进销存业务、账务处理业务
开展教学，展示"表格之道"五步的具体应用。全书理实一体，工学结合，通过本书的学习，读者
既能系统地学习 Excel 电子表格的相关实用功能，又能扎实地将其应用于财务工作，实现教学做一
体化教学。

本书适合作为高职高专财会、市场营销、物流管理、企业管理、国际贸易、文秘、商务英语等
经济类专业的教学用书，同时也适用于企业培训市场。

◆ 主　　编　谷小城
　　副主编　包嫦娥　程　竞　王　杰　谈先球　符　茜
　　责任编辑　李育民
　　责任印制　焦志炜

◆ 人民邮电出版社出版发行　　北京市丰台区成寿寺路 11 号
　　邮编　100164　　电子邮件　315@ptpress.com.cn
　　网址　http://www.ptpress.com.cn
　　固安县铭成印刷有限公司印刷

◆ 开本：787×1092　1/16
　　印张：13　　　　　　　　　2017 年 1 月第 1 版
　　字数：314 千字　　　　　　2023 年 6 月河北第 16 次印刷

定价：32.00 元

读者服务热线：(010)81055256　印装质量热线：(010)81055316
反盗版热线：(010)81055315

前　言
Preface

　　"Excel 在财务会计中的应用"是高职院校财经类专业的一门专业核心课程。学习本课程的目标是使读者立足于商科岗位，掌握企业日常经营管理，特别是会计数据加工处理所必需的数据处理技巧。通过本书的学习，学生能利用 Excel 进行财会工作中基本的数据加工，掌握常用财务工具在电子表格中的应用，为做好财经数据加工工作奠定操作基础。

　　高职教育教学中应当鼓励学生进行自主性学习。为此，本书每章的最后新增加了"综合实训"，以便学生巩固教学内容和进行自我检测。本书特色如下。

1．理论与实际相结合

　　本书理论部分从第 1 章到第 7 章，以数据加工基本原理为主线，介绍了 Excel 在财务工作领域的各项基本应用，为后续的学习打下了比较坚实的理论基础。第 8 章、第 9 章两章，分别从进销存系统和账务系统两个财务领域中最为常用的工作系统入手，从实训的角度，对前面所学的知识技能进行综合运用，力求融教、学、做于一体，符合职业教育规律和岗位培养目标。

2．体例新颖，特色鲜明

　　本书的编写紧跟时代要求，教学目标明确，使学生能迅速进入学习情境和技能拓展，同时实训设计循序渐进，操作性强，仿真度高，更加接近实务工作的最新发展动态；知识结构和课堂思考训练，便于读者自测对知识和技能的掌握程度。

　　此外，本书还是安徽省振兴计划重大教学改革研究项目（2014zdjy173）、安徽省省级特色专业"市场营销"专业（2013tszy090）的阶段性成果、安徽省人文社会科学重点项目（SK2016A0135）、安徽省质量工程（2014mooc103）、院级质量工程"基于职工继续教育的商科通用职业技能在线开放课程包建设"（yjxgg03）项目阶段性成果。正是在这些项目及教学团队的支持下，才为本书的编写奠定了良好的基础。

3．配合网络课程教学

　　本课程配套网络课程"表格之道"是同时面向高职学生和企业在职员工的网络课程，累计培训学员 20 余万人，学生可以利用互联网进行在线学习（百度搜索"表格之道"即可）。

　　本书的作者都是具有多年教学实践经验的教师，具体分工如下：安徽工商职业学院谷小城任主编，安徽工商职业学院包嫦娥、南京铁道职业技术学院谈先球、马鞍山高等师范专科学校王杰、安徽国际商务职业学院程竞、台州科技职业学院符茜任副主编。具体编写分工如下：谷小城负责编写第 1 章、第 2 章、第 5 章，包嫦娥负责编写第 3 章，谈先球负责编写第 4 章，王杰老师负责编写第 6 章、第 7 章，程竞负责编写第 8 章，符茜负责编写第 9 章。

　　本书在编写过程中，参阅借鉴、引用了国内外大量的相关文献资料，在此，向其著译者表示衷心的感谢。另外，书中难免存在偏颇、遗漏与不足之处，恳请广大读者批评指正。

编者

2017 年 1 月

目 录
Contents

第 1 章
认识和了解电子表格

学习目标

1. 了解学习电子表格的基本路径；
2. 了解 Excel 2010 的功能特性；
3. 了解设置电子表格的使用环境。

引言

前美国第一夫人，安娜·埃莉诺·罗斯福说过："Great minds discuss ideas；average minds discuss events；small minds discuss people."意思是，上智论道，中智论事，下智论人。

学习一种工具、一套方法，要看原理，要看本质。抓住了事物自身的原理，技巧就可以举一反三；思考工具本质的规律，才能更好更透彻地掌握工具的应用，做到幻化于心。

电子表格作为一个财务工作者办公桌面最为常用的数据分析软件，它的原理和本质又是什么呢？让我们走进本书的学习。

1.1　系统学习电子表格

1.1.1　表格之道

《神雕侠侣》中的杨过断臂之后走投无路，被神雕指引到深山剑冢之中，偶然在石壁上发现了剑魔独孤求败刻下的字，其中有这么几句：

「紫薇软剑」三十岁前所用，误伤义士不祥，悔恨无已，乃弃之深谷。重剑无锋，大巧不工。四十岁前恃之横行天下。四十岁后，不滞于物，草木竹石均可为剑。自此精修，渐进于无剑胜有剑之境。

好一个无剑胜有剑，这是武林的最高境界，它抓住了事物最本质的规律，将所有兵器招式融于内心，此谓剑术之道。

剑术有道，掌握之后便可独孤求败，那表格是否有道？又如何掌握呢？

与 PPT 或平面设计不同，Excel 的字体选择的关键不是好看，不是创意，而是实用。

"苏新诗柳楷"字体非常好看，但是阅读这种字体会花去我们更长的时间。而默认的"宋体"字因为字体渲染的原因，在液晶显示器上的显示效果并不好，细心的学员观察"宋体"字还会发现宋体阿拉伯数字 123 包含了更多的细节，这种笔画上的艺术变化我们称之为衬线，这同样会使我们在大量阅读时眼睛感到疲劳。

相比较而言，由于微软的 Clear Type 技术，"微软雅黑"和"微软雅黑 Light"字体在液晶显示器上有更好的渲染效果，其中"微软雅黑"因为字体柔和纤细，可以有效地降低长时间阅读的疲劳感，减少识别错误，应该被设置为默认字体。图 1-13 显示了四种字体的比较。

我是诗柳楷	123
我是微软雅黑	123
我是微软雅黑light	123
我是宋体字	123

图 1-13　各种字体间的比较

> **注释** Clear Type，是由美国微软公司在其视窗操作系统中提供的荧幕字体平滑工具，让 Windows 字体更加漂亮。Clear Type 主要是针对 LCD 液晶显示器设计的，可提高文字的清晰度。其基本原理是，使显示器的 R、G、B 各个次像素也发光，对其色调进行微妙调整，可以达到超过实际分辨率（横方向分辨率的三倍）的显示效果。

Windows XP 版本可能没有自带"微软雅黑"字体，我们需要手动安装，将微软雅黑字体文件夹拖入系统文件夹 Fonts 中即可，如图 1-14 所示。

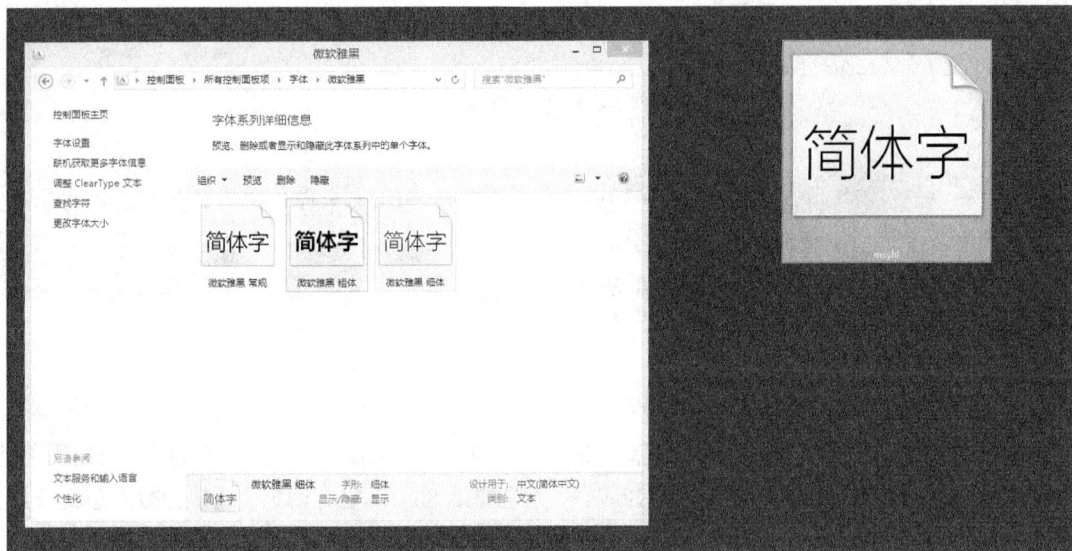

图 1-14　安装字体

操作步骤如下。

打开【控制面板】—【字体】，将"微软雅黑字体"文件拖入其中。

为了确保"微软雅黑"字体为电子表格默认字体，我们还需要做一些设置。

设置默认字体操作步骤如下。

在【文件】中打开【选项】，在【常规】选项卡【使用的字体】中选择【微软雅黑】，单击【确

Excel 的众多"表"林高手们，从来都没有停止过对这一终极奥义的思考和求索。开始，大家把教学的重心放在软件的功能上，介绍表格功能，但是很快，我们发现这对于初学者不是什么好办法。一方面学习成本极高，动辄五六百页的教学内容几乎没有多少初学者可以一次看完，更重要的是学习效果也很差，就像掌握了英语词典并不意味着能说一口流利的英语，电子表格的功能词典，很难告诉你如何在对的时间、对的地点，使用对的功能。

当人们发现围绕功能的教学高成本而低产出时，更多的行业高手把目光集中在应用上，通过一些典型应用的详细分解，让人们了解功能之间的联系和方法。例如制作一个工资表、设计一个计时器、分析某企业库存的情况，等等，通过具体的实例，让初学者掌握 Excel 的操作技巧。这样的学习方法可以有效地建立功能之间的联系，但仍然是基于现象而非本质，书上的问题解决了，换到工作中，场景和内容变换一下，又让表格新手们晕头转向。

只有少数那些刻苦钻研，勤奋好学的学员，先学习上面所说的"器"（功能、工具、技巧），再掌握其后的"术"（结合功能解决具体应用的方法），再经过无数次的锤炼和敲打，才能"渐进于无剑胜有剑之境"。这些高手们庖丁解牛游刃有余，见招拆招信手拈来，可是崇拜之余，当你向他们求教什么是表格之道，往往也无从回答，正所谓"道可道，非恒道"。

难道学习 Excel，就非要从功能开始一个不落地学起，然后再历练各行业的实际应用，才能掌握这表格之道吗？难道电子表格就没有可道之道、速学之道了吗？

非也！表格之道不仅可以说，可以学，而且不复杂不困难，大音希声，大道至简，表格之道看似虚无缥缈，实则至真至简，看似远在天边实际近在眼前。Excel 是用来处理数据的工具，所以，表格之道也就是数据之道，搞清楚数据在表格中运行规律的原理，表格之道立现！

1.1.2 表格之道的"点""线""面"

在多年教学实践中，我们发现表格问题即数据问题，渐渐地，我发现在表格中的数据总是以三个维度来展现，如表 1-1 所示。

表 1-1　　　　　　　　　　　　　　　表格工作的三个层级

维度	层级	范围	对应的功能
微观	点	数据在一个单元格	单元格式
中观	线	数据在一列单元格	函数
宏观	面	数据在一面单元格	数据透视表

换句话说，Excel 的核心问题是数据的处理和分析。它们分成三个层级，不同的层级又有不同的功能与之对应。而在这其中，最为重要的是数据的编辑计算和数据的透视分析，对于数据往往先"线"后"面"进行处理。

1. 点

这里说的"点"，是指 Excel 中的最小单位——单元格。通过对单元格的顺序进行排列（排序、筛选），对单元格的格式进行修改（单元格格式、自定义格式、条件格式、数据有效性），我们就能得出想要的答案。

例如，工资表反映的是企业所有员工工资的明细，现在需要将所有人员的工资以中文小写来显示，如图 1-1 所示。

图 1-1　中文小写显示格式

　　本例中，我们并没有改变数字的内容，而仅仅是改变了其显示格式，从阿拉伯数字转变为中文小写数字，这就是一个典型的"点"问题，操作步骤如下。

　　（1）选中整张表，按<Ctrl+1>快捷键打开单元格格式。

　　（2）在【设置单元格格式】|【数字】选项卡下选择【特殊】|【中文小写数字】，完成操作，如图 1-2 所示。

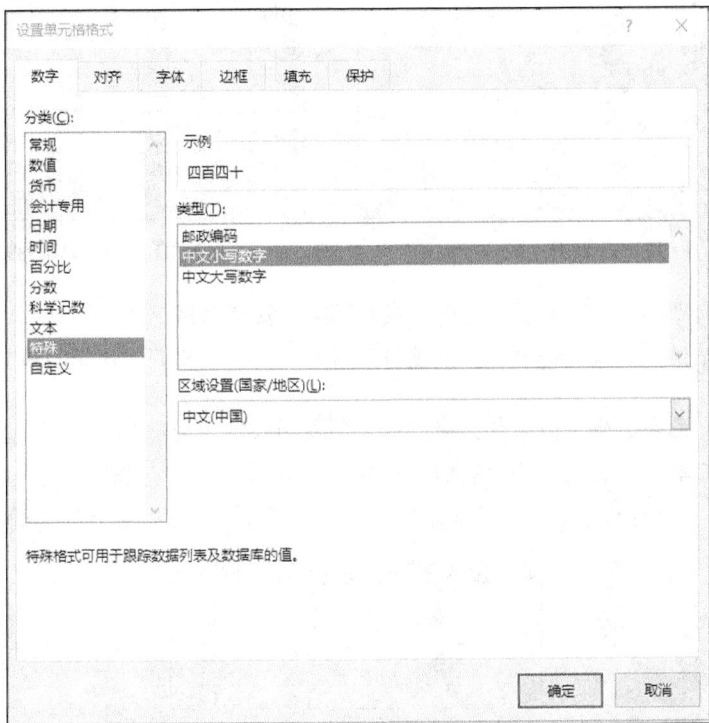

图 1-2　单元格格式，中文小写数字

这一类功能是最简单、最基础的功能，我们平时使用的排序、筛选、单元格格式、自定义格式、条件格式、数据有效性都是围绕“点”展开的功能，都是围绕“单元格”做文章，通过改变单元格的颜色、粗细、顺序、显示内容、显示效果来实现我们的分析需求。

2. 线

这里说的“线”，是指表格的一列。在日常工作中，经常会遇到下面这种情况，如图 1-3 所示。

工资表现在需要新增一列，计算员工的工资总额，我们在 E2 单元格，输入“=sum(B2:D2)”

该函数的作用是对 B2、C2、D2 三个单元格进行合计，很快大家就能发现，这一公式不仅对 E2 单元格适用，通过相对引用（后面会学习到）自动修改参数，整个 E 列都可以使用该公式，操作步骤如下。

将光标移动到 E2 单元格右下角，生成一个黑色“十”字，鼠标左键双击黑色“十”字，即可填充本列所有待计算单元格，如图 1-4 所示。

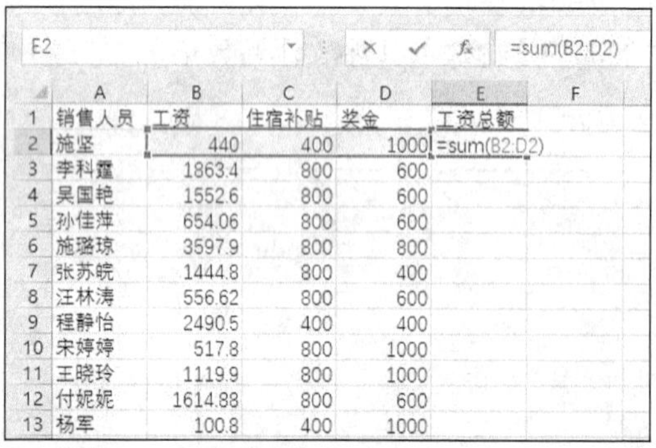

E2 =sum(B2:D2)

	A	B	C	D	E	F
1	销售人员	工资	住宿补贴	奖金	工资总额	
2	施坚	440	400	1000	=sum(B2:D2)	
3	李科霆	1863.4	800	600		
4	吴国艳	1552.6	800	600		
5	孙佳萍	654.06	800	600		
6	施璐琼	3597.9	800	800		
7	张苏皖	1444.8	800	400		
8	汪林涛	556.62	800	600		
9	程静怡	2490.5	400	400		
10	宋婷婷	517.8	800	1000		
11	王晓玲	1119.9	800	1000		
12	付妮妮	1614.88	800	600		
13	杨军	100.8	400	1000		

图 1-3 函数新增一列

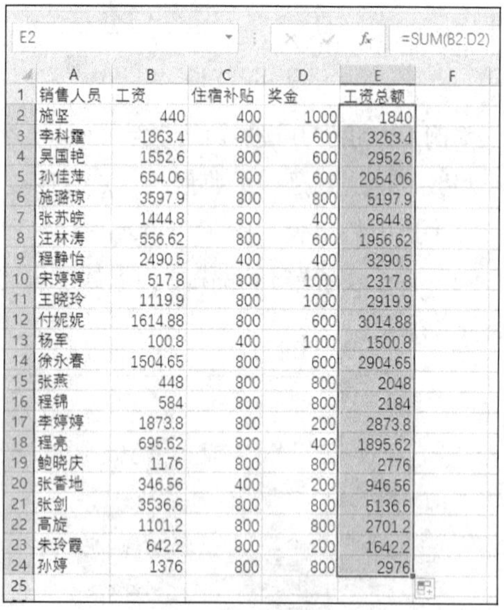

E2 =SUM(B2:D2)

	A	B	C	D	E	F
1	销售人员	工资	住宿补贴	奖金	工资总额	
2	施坚	440	400	1000	1840	
3	李科霆	1863.4	800	600	3263.4	
4	吴国艳	1552.6	800	600	2952.6	
5	孙佳萍	654.06	800	600	2054.06	
6	施璐琼	3597.9	800	800	5197.9	
7	张苏皖	1444.8	800	400	2644.8	
8	汪林涛	556.62	800	600	1956.62	
9	程静怡	2490.5	400	400	3290.5	
10	宋婷婷	517.8	800	1000	2317.8	
11	王晓玲	1119.9	800	1000	2919.9	
12	付妮妮	1614.88	800	600	3014.88	
13	杨军	100.8	400	1000	1500.8	
14	徐永春	1504.65	800	600	2904.65	
15	张燕	448	800	800	2048	
16	程锦	584	800	800	2184	
17	李婷婷	1873.8	800	200	2873.8	
18	程亮	695.62	800	400	1895.62	
19	鲍晓庆	1176	800	800	2776	
20	张香地	346.56	400	200	946.56	
21	张剑	3536.6	800	800	5136.6	
22	高旋	1101.2	800	800	2701.2	
23	朱玲霞	642.2	800	200	1642.2	
24	孙婷	1376	800	800	2976	
25						

图 1-4 数据列结果

这就是一个典型的“线”问题，所谓“线”问题，就是表格中的每一行都可以使用同一个计算规则计算得出结果，而这一结果可以生成一个新的列，满足我们的计算需求。

注释 很多学生会问为什么有“线”问题而没有“行”问题，那是因为电子表格可以简单地看成一个简化版的数据库，而数据都遵循一个统一的范式，即每一列称为一个字段，每一行称为一条信息，一条信息由若干条字段构成，如图 1-5 所示。

字段1	字段2	字段3	字段4	字段5
信息1	内容	内容	内容	内容
信息2	内容	内容	内容	内容
信息3	内容	内容	内容	内容
信息4	内容	内容	内容	内容
信息5	内容	内容	内容	内容
信息6	内容	内容	内容	内容

图 1-5 数据表的规范样式

数据库往往用函数新增字段，通过录入新增信息，这就是使用函数通常只有"线"问题而没有"行"问题的原因。

3．面

函数计算"线"问题可以满足新增一列的需求，但是很多时候，我们需要将整张表的数据进行"透视"，也就是打乱了重新整理。这个时候，函数就显得力不从心了，而"数据透视表"可以大显神威。

打开"部门工资表"，与之前不同的是新增一列字段"部门"，现在需要得出每个部门的基本工资总和，如图1-6所示。

操作步骤如下。

（1）在表格任一单元格中单击【插入】选项卡中的【数据透视表】按钮，生成透视表，在弹出的【创建数据透视表】对话框中单击【确定】按钮，如图1-7所示。

（2）将"部门"字段拖入行区域，"基本工资"字段拖入值区域，如图1-8所示。

图1-6 计算各部门工资总和   图1-7 创建数据透视表   图1-8 数据透视表字段

（3）最终结果如图1-9所示。

数据透视表是一个相当独特的功能。它采用生成一张新表格的方法，将原先表格的数据进行一次重新的排列和整理，得出用户想要的数据。所以它是解决一个"面"的问题，即通过生成一个新"面"来得出分析结果。

Excel 的核心功能，就是"点""线""面"，而且三大类功能循序渐进。对于一个系统性的专业复杂问题，通常需要先用"点"修改矫正格式，如果"点"解决不了，就需要用"线"来计算得出结果，而在使用"面"数据透视表之前，也需要大量使用函数对表格进行加工修正。可以说，三者是三位一体的，如图 1-10 所示。

图 1-9　透视表计算结果

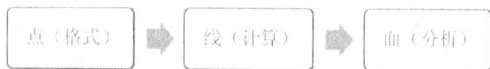

图 1-10　Excel 核心功能三步走

虽然为了方便自动计算，Excel 自带了 VBA 功能，为了开展商业智能和多维数据分析，微软在 Excel 后续的版本中嵌入了各类 Power 组件，但是点线面始终都是电子表格的核心功能，所有桌面数据工作，都应紧紧围绕三者展开。

1.2 | Excel 2010 的功能特性

作为 Excel 产品历史中最重要的一个版本，Excel 2007 曾在用户界面、文件格式和诸多功能上进行了一次意义非凡的变革，改变之大，甚至让许多老用户一时难以适应。Excel 2010 坚定地延续了所有的变革，并在增加了一系列新功能的同时，对众多细节进行了优化和提高。

1.2.1　用户界面

Excel 2010 使用了与 Excel 2007 相同的用户界面，即不再是 Excel 2003 及其更早版本中一贯使用的菜单和工具栏界面，而以 Ribbon（功能区）取而代之。

尽管熟悉这样的新界面需要不少的时间，但是这样的花费一定是值得的。新界面能让用户更便捷地使用 Excel 中越来越多的功能和命令，提高工作效率。

比 Excel 2007 更为先进的是，Excel 2010 支持在某种程度上的自定义功能，让用户更合适地组织出个性化的工作环境，如图 1-11 所示。

1.2.2　超大的表格空间

使用较早版本的用户常常抱怨 Excel 的一张工作表只能存储 65 536 行乘以 256 列数据，当数据量较大的时候，由于受到了表格空间的限制，大家不得不分多个工作表来处理，费时费力。而 Excel 2010 的每张工作表拥有 1 048 576 行和 16 384 列，可以进行一些简单的二维数据库存储和计算，在功能上千倍于 Excel 2003。

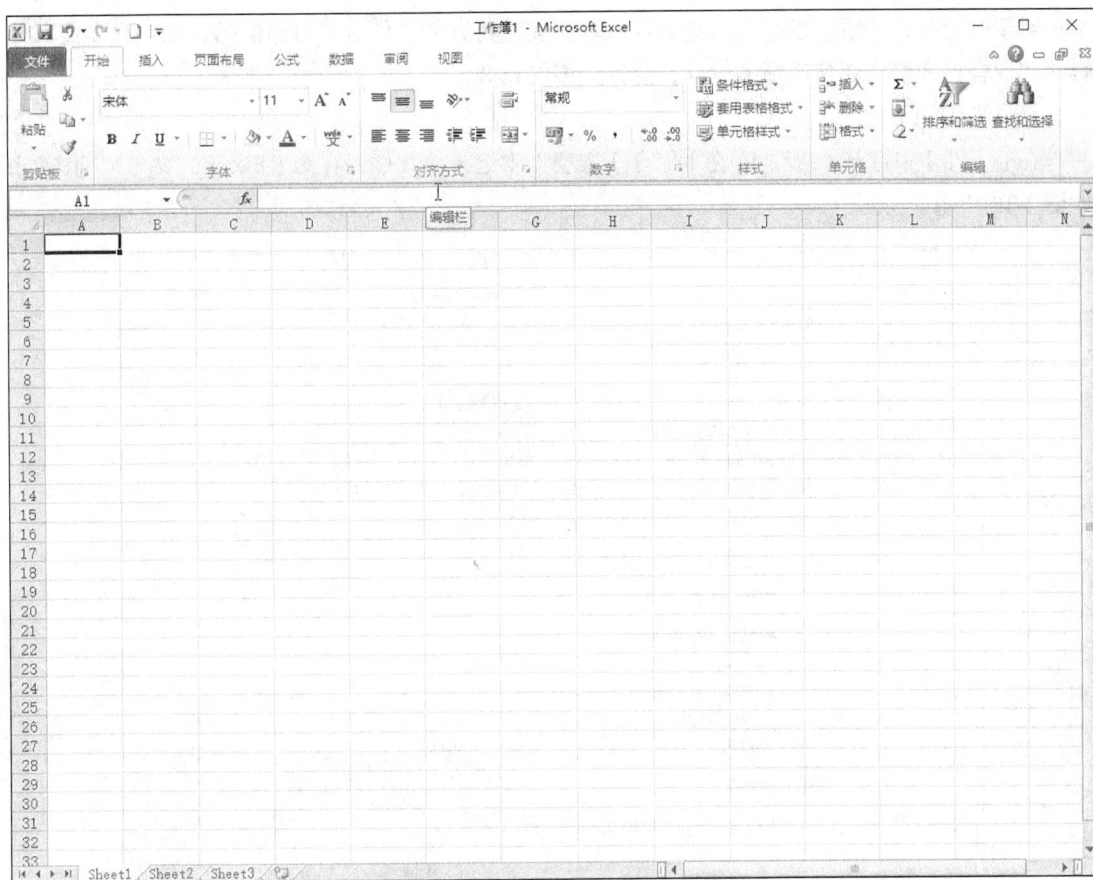

图 1-11　Excel 2010 界面效果

1.2.3　高效的数据分析

Excel 2010 改进了排序、筛选、数据透视表等多项数据分析功能，并首次在数据透视表中加入了"切片器"功能。该功能可以横跨多个透视表进行筛选，从而实现同时从不同视角观察数据分析结果的目标，详情参见第 8 章、第 9 章相关内容。

1.3 | 设置工作环境

为了能让 Office 2010 更好用，我们需要做一些初始设置。这不会花费我们多少时间，作用却很大。

1.3.1　保存的设置

Excel 2003 版本之后，微软选择了压缩率更高的 XML 文件格式，所以新版本的文件扩展名为.xlsx，有别于之前的扩展.xls。这给文件的兼容带来了极大的困难，如果你已经使用了较新的软件版本，那么新版本生成的文档是无法在老版本中打开的。

对于商业用户来说，发一个可能会导致客户无法打开的文件是不可原谅的，如何在功能和兼容之间取舍？我们应该使用新的软件，保存为旧的格式。

操作步骤如下。

在【文件】中打开【选项】，在【保存】选项卡中选择将文件保存为【Excel 97-2003 工作簿】，如图 1-12 所示。

图 1-12　将文件默认保存为【Excel 97-2003 工作簿】

该设置将会默认将文件保存为.xls 格式，可以在任意版本的 Office 中打开，具备了最大程度的兼容性。但是该设置也会导致部分新功能无法使用，所以如果表格主要是自用，而不需要发送给他人，谷哥建议保持默认设置，即【Excel 工作簿】，待需要时文件另存为【Excel 97-2003 工作簿】。

> 注意　如果经常将文件发送给客户或领导，应务必将保存格式设置为【Excel 97-2003 工作簿】。

1.3.2　界面设置

除了账号和保存格式，调整字体和工作表标签数对于减轻工作疲劳，提高专业程度有着巨大的帮助。

1. 字体

如果你每天都有数小时在电脑前处理 Excel 工作，一套舒适清晰的字体就显得必不可少了，

定】按钮，如图 1-15 所示。

图 1-15　修改默认字体

> （1）如果是临时安装字体，必须将所有 Office 文件关闭重新打开，才能在字体选项中找到新安装的字体。
>
> （2）通过单击鼠标右键新建 Excel 的方式可能会导致默认字体无法使用，需要双击 Excel 程序图标才能正常使用。

2．工作表标签数

Excel 文件默认拥有三张工作表标签，这是一个非常奇怪的设置，绝大部分时候我们用不到 Sheet2 和 Sheet3，所以我们习惯于只看 Sheet1，但是如果 Sheet2 里有信息，经常会被人忘记查看，如图 1-16 所示。

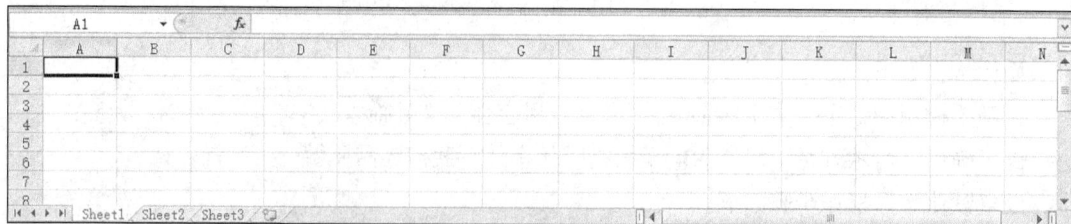

图 1-16　工作表标签数默认为 3

任何多余的部件都不应该出现在专业的表格里，我们应该将表格的工作表标签数降为 1。操作步骤如下。

在【文件】中打开【选项】，在【常规】选项卡【包含的工作表数】中选择包含的工作表数为 1，单击【确定】按钮，如图 1-17 所示。

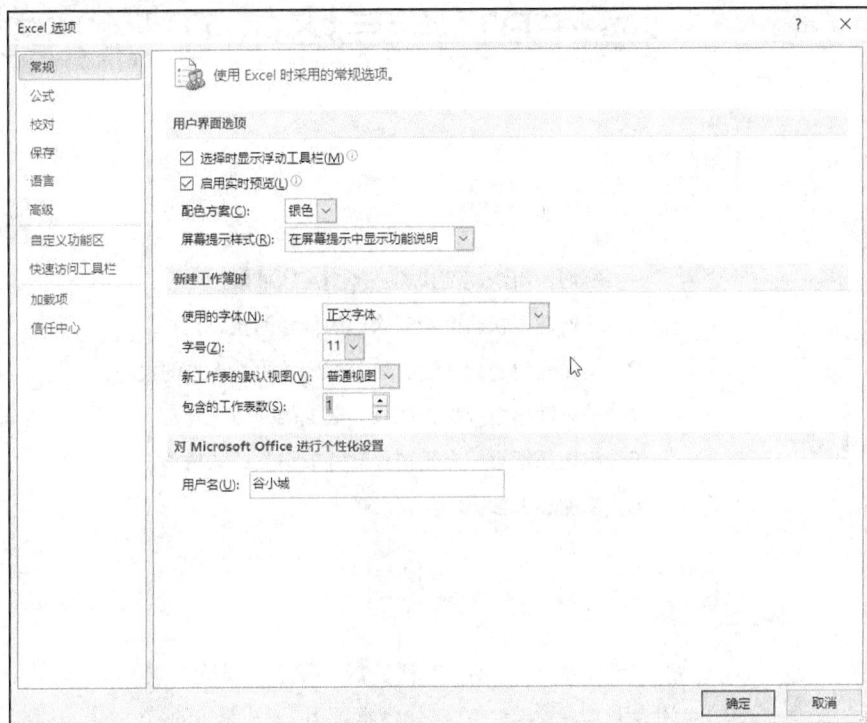

图 1-17　修改工作表标签数

综合实训

1．实训目的

设置好自己的电脑，使其处于最佳状态。

2．实训要求

根据本章教材，调整自己的电脑和 Excel 相关设置，为后面的学习做好准备。

第 2 章
操作电子表格的正确方式

学习目标

1. 掌握使用快捷键快速选择指定区域的技巧；
2. 掌握使用快捷键激活快速访问栏的技巧；
3. 掌握使用键盘或键盘加鼠标操作电子表格的技巧；
4. 掌握使用小键盘快速录入数据的技巧；
5. 掌握使用第三方云协作软件收集数据的技巧；
6. 掌握导入数据的技巧。

引言

正所谓工欲善其事必先利其器，磨刀不误砍柴工，在学习电子表格具体功能和专业应用之前，只有先掌握操作电子表格的方法，能够高效地与电子表格"交流"，快速地将数据导入 Excel 之中，才能更好地应用电子表格的相关技术功能。

2.1 使用快捷键操作电子表格

通过采用以键盘为主，结合鼠标的操作方式，可以成倍提高我们的日常工作效率，提升人与数据的亲密程度，为实现"人表合一"打下坚实基础，也为后期学习电子表格各项功能，做好前期准备工作。

2.1.1 为什么要使用快捷键功能

在使用电子表格处理数据的过程中，用户绝大部分的时间在使用键盘和鼠标与电脑进行交互。从使用习惯上来说，大家已经习惯了采用双手键盘录入内容，使用右手握持鼠标进行内容选择和功能点选。这样的操作模式对于低频数据工作来说是一个低门槛上手快的办法，但是对于长期伏案处理数据、录入数据的会计、财务人员来说，存在一些显而易见的问题。

（1）使用单一鼠标点选效率低下。

单一采用鼠标点选的方式，使得双手操作变成单手操作，右手工作量极为繁重，左手却无事可做，不仅降低了工作效率，长此以往还会带来鼠标手、肌腱炎等职业病。

（2）使用小键盘录入数据与鼠标点选不可兼得。

小键盘使用右手单手操作，鼠标也是使用右手单手操作，所以快速录入数据和鼠标点选只能二选一，否则频繁地在小键盘区域和鼠标之间切换，会大大降低录入数据的速度，影响数据工作的“节奏感”。

（3）鼠标点选功能效率低下。

图形化的界面，所见即所得的鼠标点选大大降低了用户使用软件的门槛，让软件的操作变得简单易行，但是对于一些常用功能，鼠标需要多次离开工作界面进行单击，费时费力，在效率和门槛之间，需要做出平衡与妥协。

例如在“练习文件 2.1.1 费用管理表.xlsx”中，我们需要删除表格中所包含的各种格式而保留表格内容，使用鼠标操作的办法分为三步，操作步骤如下。

（1）打开“练习文件 2.1.1 费用管理表.xlsx”，使用鼠标选择 A1:J10 单元格。

（2）单击【开始】选项卡，在编辑选项组中单击【清除】按钮，激活下拉按钮框。

（3）单击【清除格式】按钮，将所选表格格式清除，如图 2-1 所示。

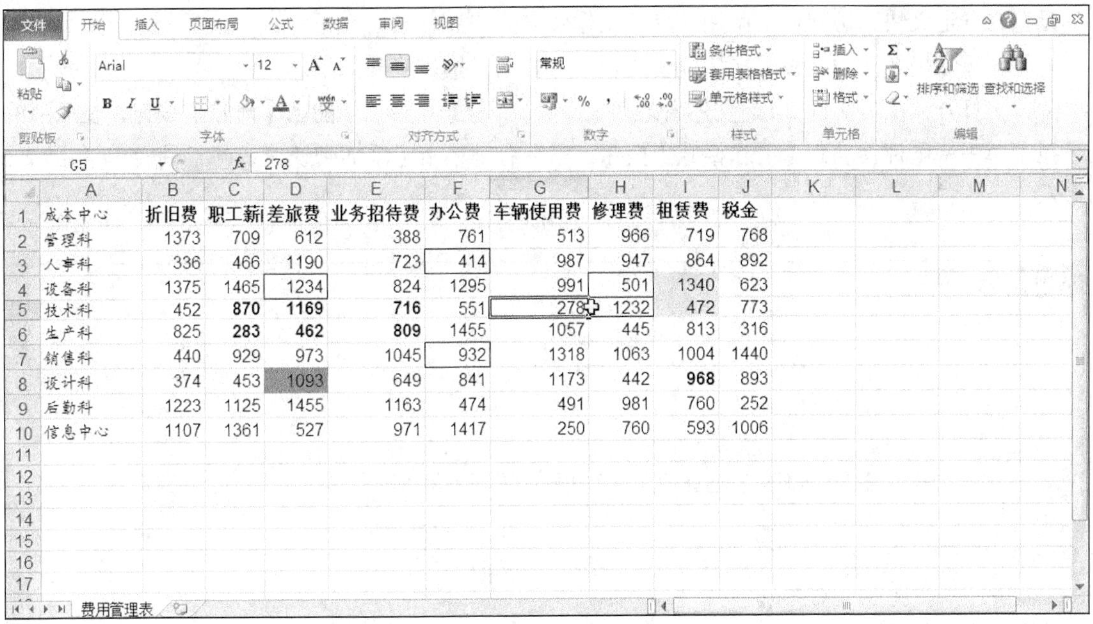

	A	B	C	D	E	F	G	H	I	J
1	成本中心	折旧费	职工薪	差旅费	业务招待费	办公费	车辆使用费	修理费	租赁费	税金
2	管理科	1373	709	612	388	761	513	966	719	768
3	人事科	336	466	1190	723	414	987	947	864	892
4	设备科	1375	1465	1234	824	1295	991	501	1340	623
5	技术科	452	870	1169	716	551	278	1232	472	773
6	生产科	825	283	462	809	1455	1057	445	813	316
7	销售科	440	929	973	1045	932	1318	1063	1004	1440
8	设计科	374	453	1093	649	841	1173	442	968	893
9	后勤科	1223	1125	1455	1163	474	491	981	760	252
10	信息中心	1107	1361	527	971	1417	250	760	593	1006

图 2-1　费用管理表

以上过程，鼠标一共发生 4 次单击，全部需要用右手完成，并且多次在工作界面和功能区之间移动，占用时间降低效率不说，长期工作还会带来鼠标手。

而使用快捷键操作，在整体工作量相当的情况下，左右手配合完成操作可以大大加快操作速度，提升使用体验，操作步骤如下。

（1）打开"练习文件 2.1.1 费用管理表.xlsx"使用鼠标选择 A1:J10 单元格。

（2）左手分别按<Alt+E+A+F>快捷键，实现表格格式清除。

> **注释** <Alt+E+A+F>快捷键操作，需要左手大拇指按<Alt>键的同时，左手食指按<E>键，然后松开<Alt>键，继续点按<A>键、<F>键，需要稍加练习。该组合键是 Excel 的一个较老的快捷键，遵循 Excel 2003 的使用习惯，并传承至今。
>
> 通过以上操作，在相同的工作量下，左手快捷键分担了右手鼠标的部分功能，从单手操作变为双手操作，成倍提高了工作效率。

> **总结** 将电子表格最常用的 5~10 个快捷键记住并加以灵活运用，用左手键盘分担右手鼠标甚至替代右手鼠标，可以大幅度提高表格操作效率并产生工作节奏感。

2.1.2 使用快速访问栏

快速访问栏是一项可以快速提高工作效率的设计，它可以将一些常用功能单独罗列在表格区域的左上角，并且用<Alt+数字>快捷键激活，对于某些记忆困难，快捷键繁复的功能键，可以将其设置在自定义快速访问栏中调用，提高工作效率。

将"清除格式"功能设置在快速访问栏中并调用，操作步骤如下。

（1）打开"练习文件 2.1.2 费用管理表.xlsx"，单击【开始】功能区【清除】按钮，在激活的下拉菜单中将鼠标移动到【清除格式】按钮，鼠标右键单击【添加到快速访问工具栏】，如图 2-2 所示。

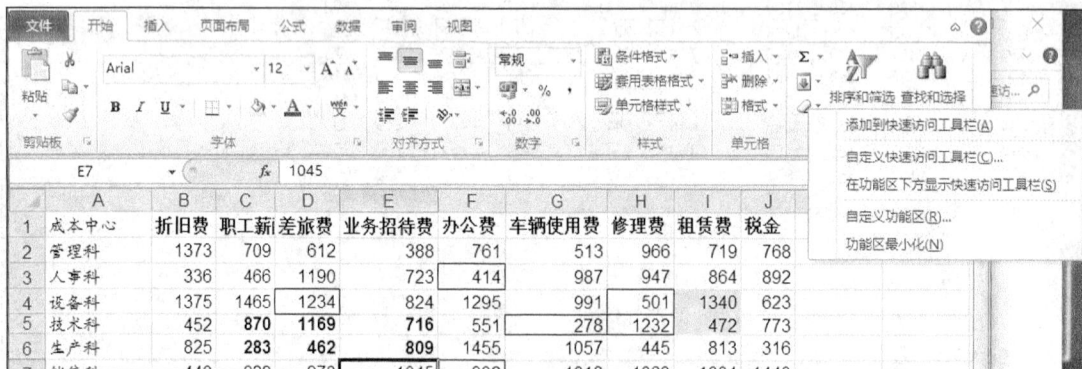

图2-2　费用管理表清除格式

（2）单击【自定义快速访问工具栏】，在下拉菜单中选择【其他命令】，弹出【Excel 选项】窗口，上下移动【清除格式】按钮位置，使之位于快速访问栏首个位置，如图 2-3、图 2-4 所示。

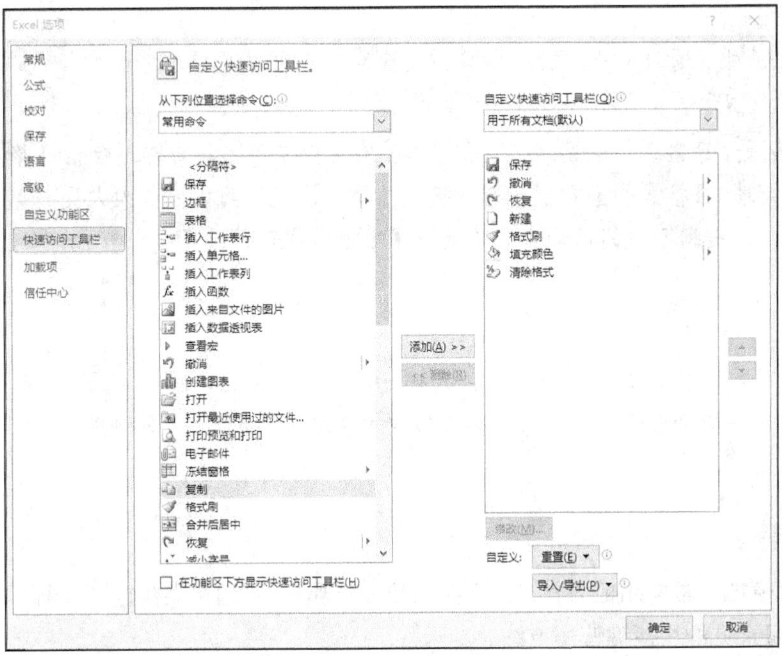

图2-3　Excel选项 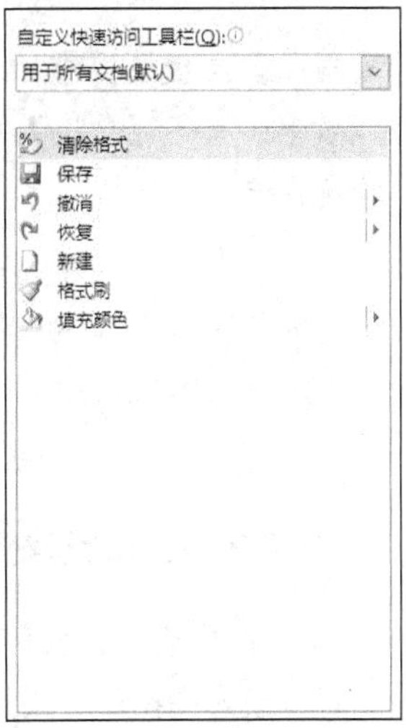　　　　　　　　　　　　图2-4　自定义快速访问工具栏

注
释　　　　根据需要可以将不常用或不需要放在访问栏中的快捷功能键删除，避免空间的占用。

（3）使用鼠标选择 A1:J10 单元格，按<Alt+1>快捷键，完成指定区域的格式清除工作，如图 2-5 所示。

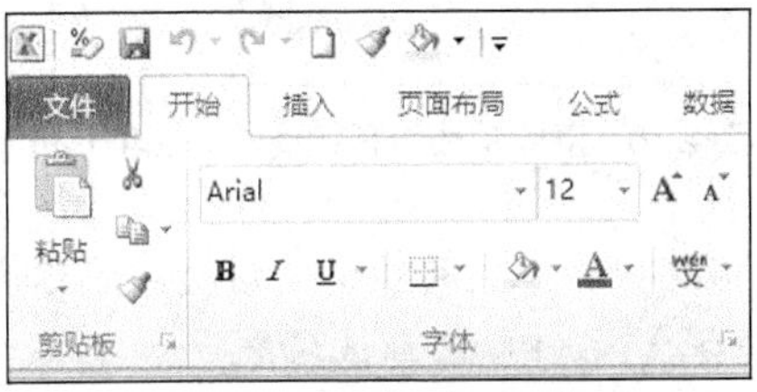

图2-5　快速访问工具栏

总
结　　　　（1）快速访问栏适合那些快捷键功能复杂，单击次数多并且常用的快捷键，如果快捷键简单，例如<Ctrl+C>快捷键复制操作，按键简单，不需要特别记忆，就没有必要放在快速访问栏中，以免占用空间。

（2）受制于左手手掌大小和人体工学，快速访问栏只有前三个按键可以盲打激活，分别是<Alt+1>快捷键、<Alt+2>快捷键、<Alt+3>快捷键，称之为"黄金三键客"。

（3）根据"总结（1）"和"总结（2）"，我们建议学员将【格式清除】、【排序】、【格式刷】三个功能作为黄金三键，另外可以增加【数据透视表】、【筛选】、【新建】、【保存】等快捷键，作为补充。

> **注释** 这三个按钮可以通过左手大拇指和食指完成单击，而超出部分，普通人特别是女性工作者，由于手掌大小，单击会产生困难。

使用这三个功能的原因是，日常工作中删除格式和增加格式是操作频度最高的工作，而【格式清除】快捷键操作过于繁琐、【格式刷】功能没有快捷键，使用快速访问栏可以大大提高工作效率；至于【排序】功能，根据不同的场景可以替换成【数据透视表】或【居中】，以个人情况来定。

> **课后练习** 将清除内容与格式、数据透视表、格式刷分别设置为快速访问栏前三项，将冻结窗格、排序、自动筛选、保存、新建文件设为快速访问栏第4～8项。

2.1.3 选择类快捷键

下面的内容中，我们会模拟日常应用最为常见的三类快捷操作场景，"选择类操作""编辑类操作""录入类操作"来练习常见的快捷键使用方法。

1．将指定单元格消除

打开"练习文件 2.1.3 选择 1.xlsx"，选中 B5 单元格，按<Alt+E+E+A>清除功能快捷键清除红色单元格的内容与格式，如图 2-6 所示。

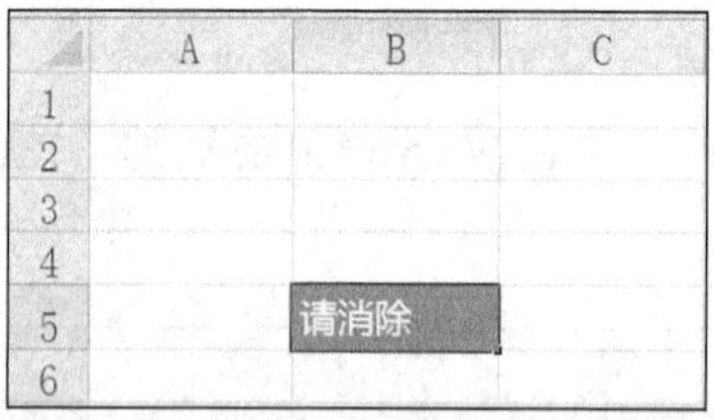

图 2-6 清除功能快捷键清除红色单元格 1

> **注释** 全部清除功能可以锻炼左手按键灵活性，不建议使用快速访问栏自定义；本练习考核<Alt+E+E+A>快捷键的熟练程度。

2．将指定单元格消除

操作步骤如下。

（1）打开"练习文件 2.1.3 选择 2.xlsx"。

（2）使用<↑ ↓ ← →>上下左右方向键，将光标移动到指定位置，按<Alt+E+E+A>清除功能快捷键清除红色单元格的内容与格式，如图 2-7 所示。

> **注释** 本练习考核方向键+<Alt+E+E+A>快捷键的熟练程度。

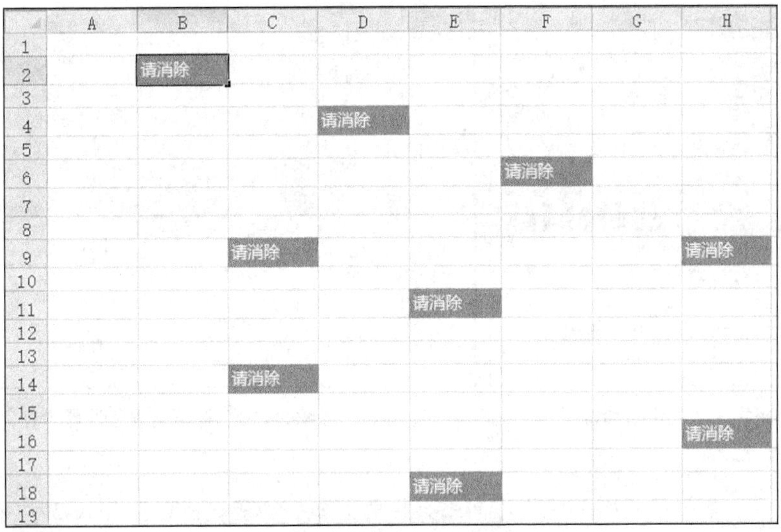

图 2-7　清除功能按钮清除红色单元格 2

3. 将指定单元格消除

打开"练习文件 2.1.3 选择 3.xlsx"，使用<Shift+↑ ↓ ← →>上下左右方向键，连选单元格，按<Alt+E+E+A>清除功能快捷键清除红色单元格的内容与格式，如图 2-8 所示。

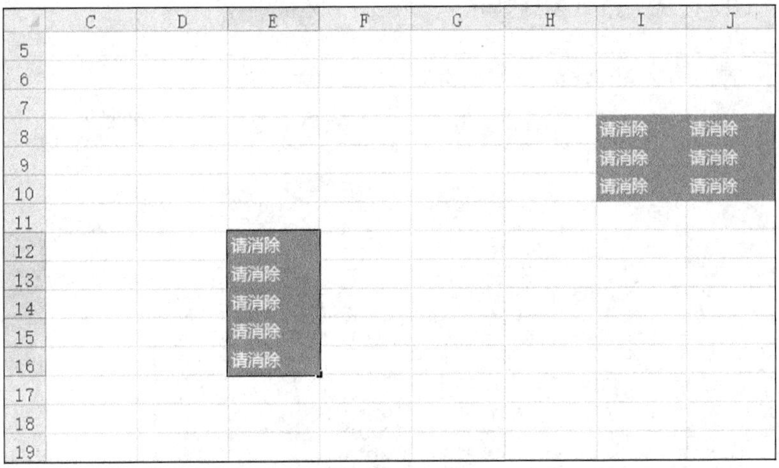

图 2-8　清除功能快捷键清除红色单元格 3

本练习考核<Shift>+方向键连续选择相邻单元格的能力。

4. 将红色单元格调整为绿色

（1）打开"练习文件 2.1.3 选择 4.xlsx"。

（2）将光标定位在 A2 单元格（不可用鼠标），按<Alt+H+H>快捷键激活主题颜色对话框，使用方向键选中绿色，按<Enter>键确认，如图 2-9 所示。

（3）按<Alt+2>快捷键激活格式刷功能，按<Ctrl+→>快捷键将 D2 单元格颜色调整为绿色完成操作，同步依次将所有红色单元格刷为绿色，如图 2-10 所示。

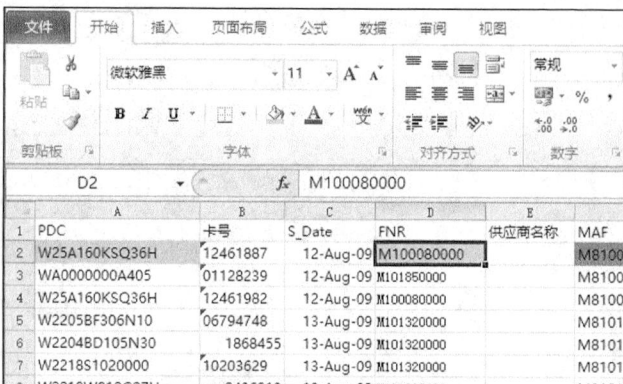

图 2-9 将填充颜色设置为绿色 1

图 2-10 将填充颜色设置为绿色 2

注释 本例格式刷是快捷访问工具栏的第二个功能，所以按<Alt+2>快捷键，请以自己电脑设置实际环境为准。本练习考核<Ctrl>+方向键跳跃连续单元格区域的操作，同时练习使用快捷访问栏激活格式刷功能。

5．将指定区域刷成七种填充颜色

（1）打开"练习文件 2.1.3 选择 5.xlsx"，将光标移动到 A1 单元格，按<Ctrl+Shift+→+↓>快捷键，选中 A1:G18 区域，如图 2-11 所示。

图 2-11 选择一个区域

（2）按<Ctrl+1>快捷键打开【设置单元格格式】对话框，使用左右方向键将光标移动到【填充】对话框，按<Alt+C>快捷键激活背景色，使用方向键，移动到红色填充按钮，单击<Enter>键确认，如图 2-12 所示。

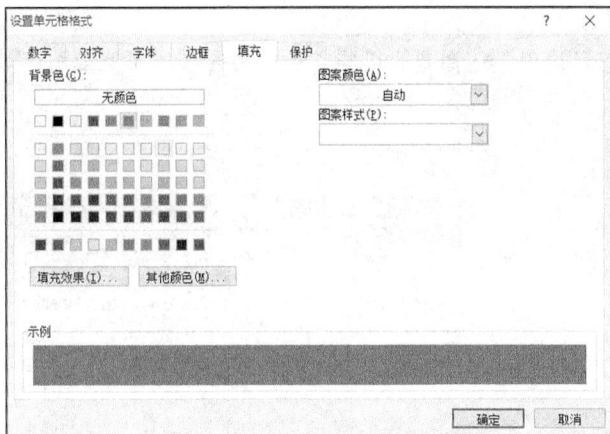

图 2-12　使用键盘增加一种颜色

（3）连续按 5 次<Tab>键，将光标移动到【确定】按钮，按<Enter>键确认。用同样方法将下方另外 6 个区域增加不同颜色，提高熟练度。

本练习考核<Ctrl+Shift+方向键>快捷键选择区域的能力，同时锻炼学员脱离鼠标使用键盘完成操作。

> 注释　　增加背景填充色的方法有很多，本练习采用的是最为复杂的方法，意在练习学员使用快捷键的能力，请用心训练。

6. 使用鼠标+功能键选择区域

（1）打开"练习文件 2.1.3 选择 6.xlsx"，使用<Ctrl>键+鼠标逐个点选颜色区域，如图 2-13 所示。

（2）按住<Shift>键+鼠标分别单击连续区域的左上角和右下角实现区域选择，如图 2-14 所示。

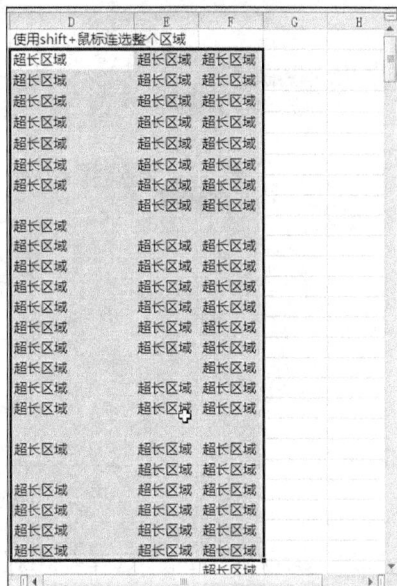

图 2-13　使用<Ctrl>键逐个单击单元格实现选择　　　图 2-14　使用<Shift>键选择超长区域

注
释

本练习适用于选择超大范围或连续的区域，其他常用选择类快捷键如图 2-15 所示。

	A	B
1		
2	应用范围	使用快捷键
3	不连续无规则区域	ctrl+鼠标
4	超长不连续区域	shift+鼠标
5	整张表	ctrl+A
6	跨表操作	CTRL+PAGEUP/PAGEDOWN

图 2-15　其他选择类快捷键方法

7．将不同类型值选定并填充颜色

将拥有相同类型内容的单元格批量选中并且填充颜色，效果如图 2-16 所示。本操作使用到定位功能，操作步骤如下。

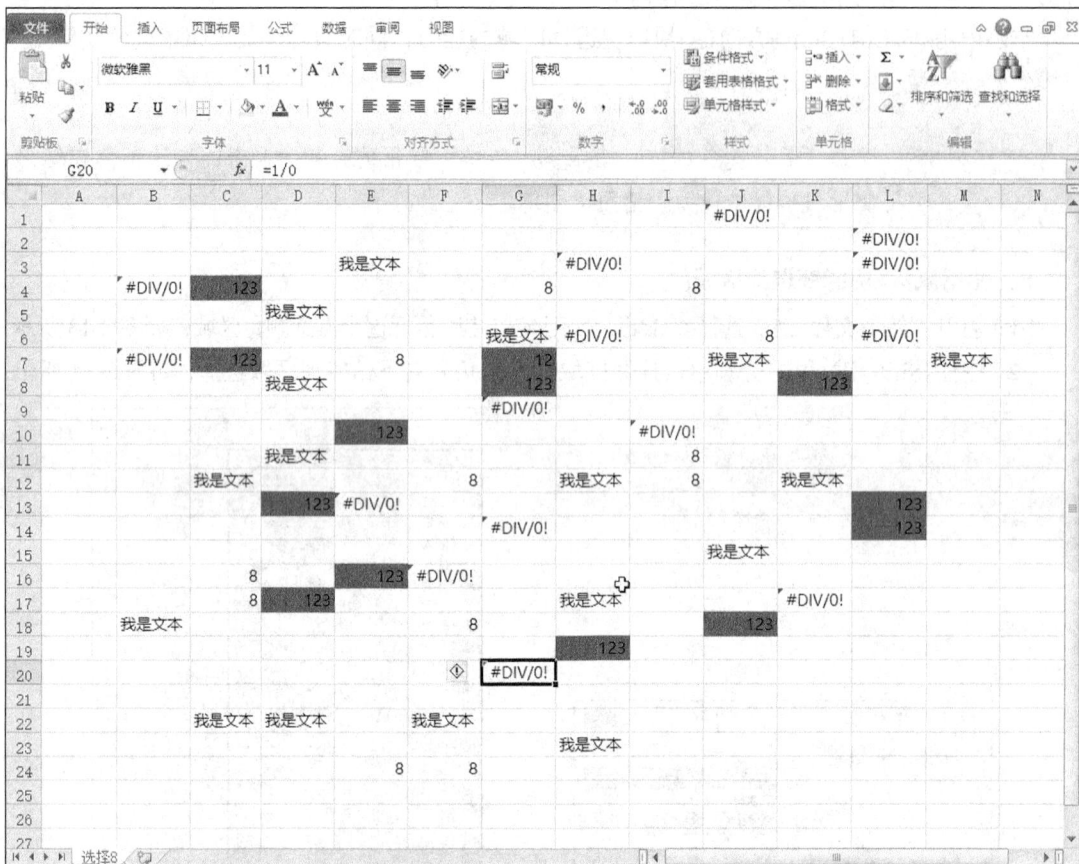

图 2-16　使用定位功能定位颜色

（1）打开"练习文件 2.1.3 选择 7.xlsx"，将单元格定义在表格内任一位置，按<F5>定位功能键，<Alt+S>快捷键定位条件，弹出定位条件对话框，选择<Alt+O>常量，分别按<Alt+X>快捷键、

〈Alt+G〉快捷键、〈Alt+E〉快捷键取消【文本】、【逻辑值】、【错误】勾选项，单击〈Enter〉键确定选中特定值，如图 2-17 所示。

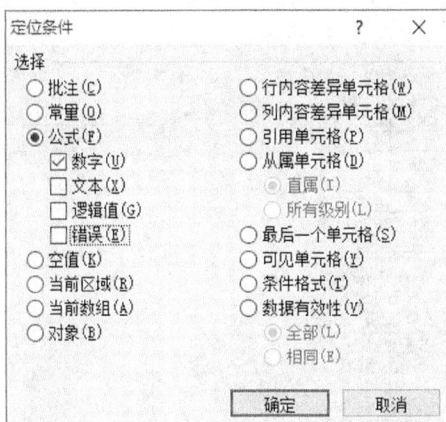

图 2-17　定位条件，【公式】—【数字】

（2）将不同类型的选择单元格分别赋予不同颜色，快捷操作方法参考"4. 将红色单元格调整为绿色"或"5. 将指定区域刷成七种填充颜色"，依次将颜色进行填充。

> 注释　　本练习考核〈F5〉键定位功能，定位功能可以迅速定位同一类型的单元格，如数值、文本、错误值等。

> 总结　　（1）7 项选择类操作重点考察的功能包括选择单一、相邻、跳跃、区域、规则、不规则、同一类型在内的多种选择方式，基本包含了快捷键常见的表格选择形式。
>
> （2）练习的设置仅仅是范例，需要大量重复练习和思考才能真正在日常生活中应用，并逐步替代鼠标功能。

2.1.4　编辑类快捷键

框选单元格是为了更好地编辑和操作，在熟悉了选择类相关快捷键之后，请您继续掌握相应的编辑与格式化快捷操作。

1．调整表格常用格式以方便使用

如图 2-18 所示，"练习文件 2.1.4 编辑 1.xlsx"是某个学院学生的名单信息，虽然信息完整，但格式混乱，请使用快捷键调整格式。

（1）打开"练习文件 2.1.4 编辑 1.xlsx"，将光标定位在 A1：E134 中的任一位置，按〈Ctrl+A〉快捷键全选整张表，按〈Alt+E+A+F〉快捷键清除格式。

（2）使用"选择 6"中的〈Shift〉键+鼠标方式选中 B2:B134 单元格区域，按〈F5〉键定位功能，定位【空值】，如图 2-19 所示，按〈Enter〉键确认。

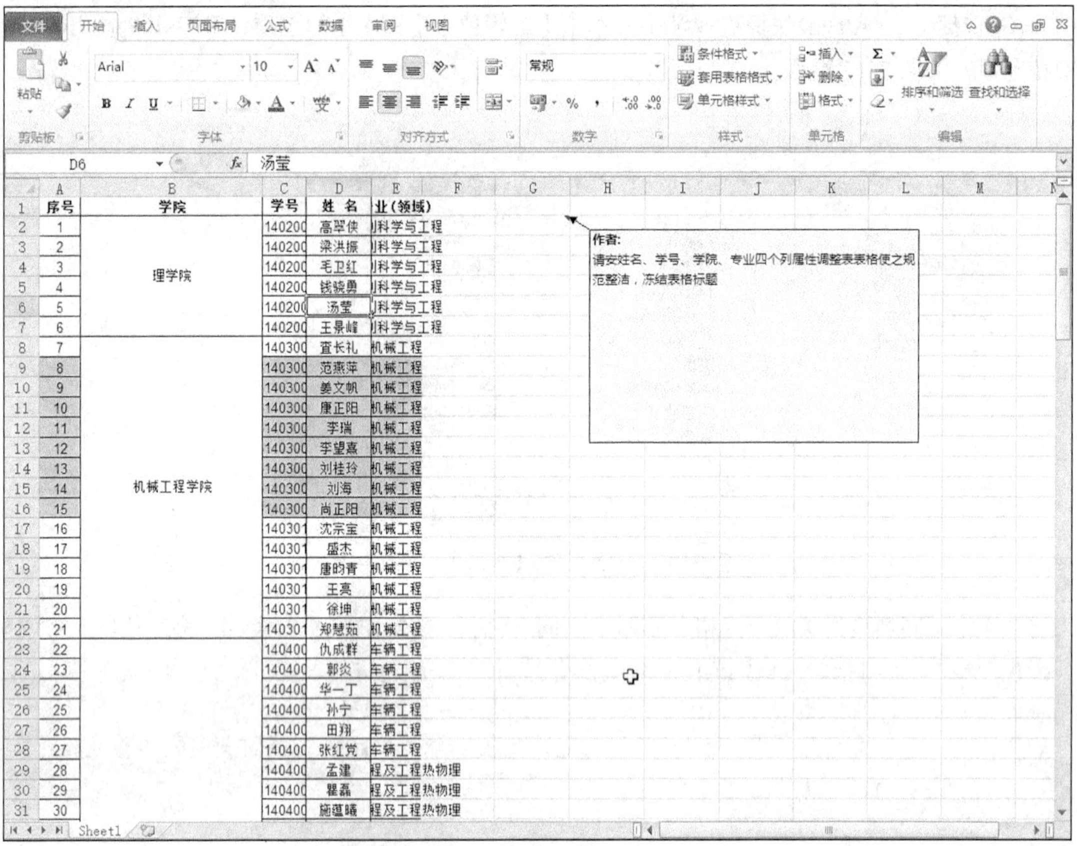

图 2-18　学员名单表

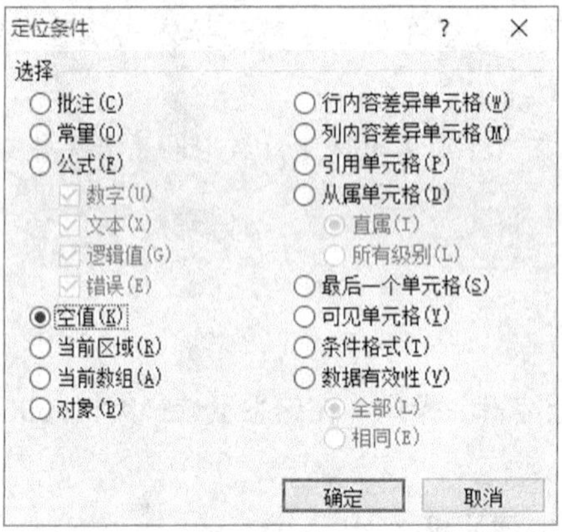

图 2-19　定位条件，【空值】

（3）在定位的所有空单元格中，光标落入 B3 单元格，在 B3 单元格当中输入"=B2"即让 B3 单元格等于 B2，按<Ctrl+Enter>快捷键批量填充空单元格，如图 2-20 所示，批量填充完成后效果如图 2-21 所示。

（4）鼠标选中 B 列，按<Ctrl+C>快捷键复制内容，再按<Ctrl+Alt+V>快捷键选择性粘贴，选择<Alt+V>快捷键"数值"，并按<Enter>键确认，如图 2-22 所示。

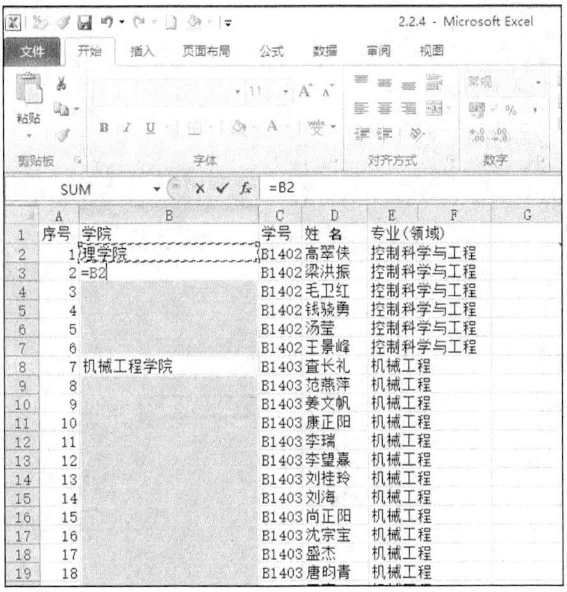

图 2-20　批量填充前

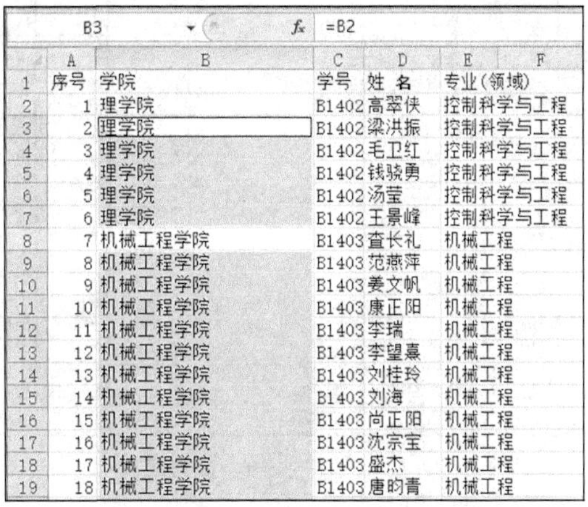

图 2-21　批量填充后

（5）按<Ctrl+A>快捷键全选整张表，使用鼠标双击任意行和任意列的缝隙处，使表格行列适应内容的长宽度，如图 2-23 所示。

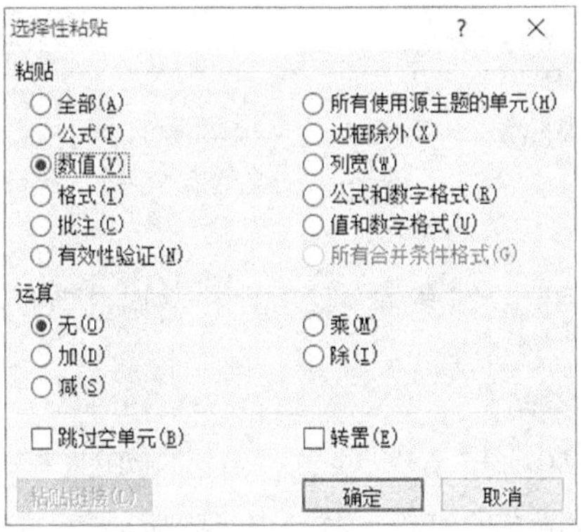

图 2-22　选择性粘贴

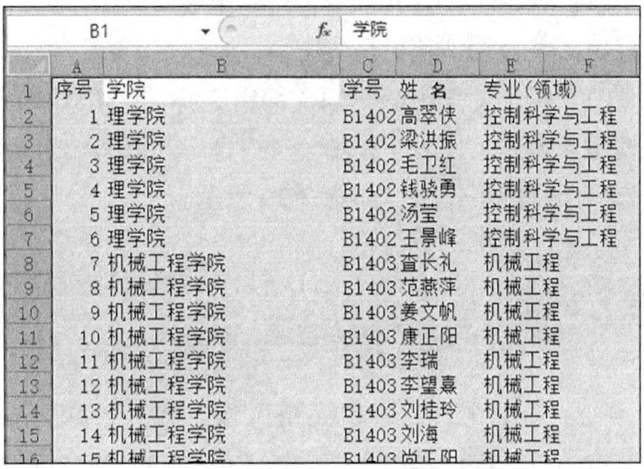

图 2-23　选择性粘贴完成

（6）选中 D 列，将光标移动到 D 列黑色边框处，转变为黑色十字箭头图标，按住<Shift>键同时用鼠标拖动边框，平移到 A 列与 B 列之间，在"工字型"光标卡住正确位置时，鼠标松手，依照题目要求，将各个字段调整为序号、姓名、学号、学院、专业的顺序，如图2-24 所示。

（7）将光标移动到 B2 单元格，按<Alt+W+F+F>快捷键冻结首行与首列，如图 2-25 所示。

> 注释　　　冻结窗格是按照所选单元格的左上角为中心，画一道"十"字线，该中心的上半部分和左半部分被冻结。

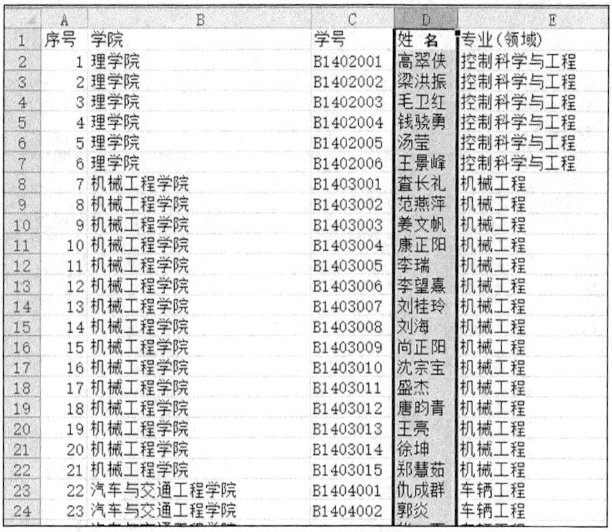

	A	B	C	D	E
1	序号	学院	学号	姓 名	专业（领域）
2	1	理学院	B1402001	高翠侠	控制科学与工程
3	2	理学院	B1402002	梁洪振	控制科学与工程
4	3	理学院	B1402003	毛卫红	控制科学与工程
5	4	理学院	B1402004	钱骁勇	控制科学与工程
6	5	理学院	B1402005	汤莹	控制科学与工程
7	6	理学院	B1402006	王景峰	控制科学与工程
8	7	机械工程学院	B1403001	査长礼	机械工程
9	8	机械工程学院	B1403002	范燕萍	机械工程
10	9	机械工程学院	B1403003	姜文帆	机械工程
11	10	机械工程学院	B1403004	康正阳	机械工程
12	11	机械工程学院	B1403005	李瑞	机械工程
13	12	机械工程学院	B1403006	李望熹	机械工程
14	13	机械工程学院	B1403007	刘桂玲	机械工程
15	14	机械工程学院	B1403008	刘海	机械工程
16	15	机械工程学院	B1403009	尚正阳	机械工程
17	16	机械工程学院	B1403010	沈宗宝	机械工程
18	17	机械工程学院	B1403011	盛杰	机械工程
19	18	机械工程学院	B1403012	唐昀青	机械工程
20	19	机械工程学院	B1403013	王亮	机械工程
21	20	机械工程学院	B1403014	徐坤	机械工程
22	21	机械工程学院	B1403015	郑慧茹	机械工程
23	22	汽车与交通工程学院	B1404001	仇成群	车辆工程
24	23	汽车与交通工程学院	B1404002	郭炎	车辆工程

图 2-24　调整顺序

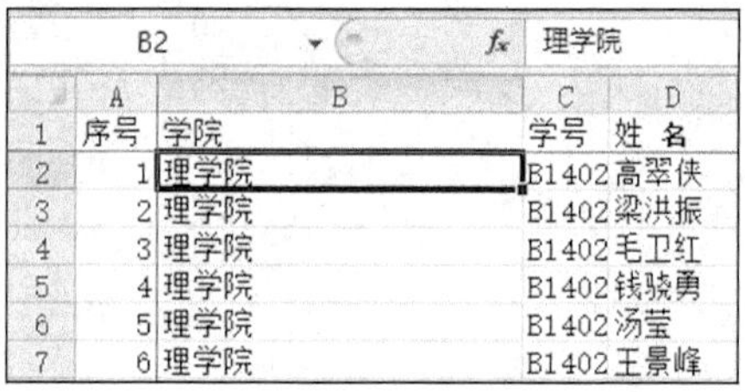

B2　理学院

	A	B	C	D
1	序号	学院	学号	姓 名
2	1	理学院	B1402	高翠侠
3	2	理学院	B1402	梁洪振
4	3	理学院	B1402	毛卫红
5	4	理学院	B1402	钱骁勇
6	5	理学院	B1402	汤莹
7	6	理学院	B1402	王景峰

图 2-25　冻结窗格

本练习考核撤销合并单元格、清除格式、调整顺序、冻结窗格、改变行列宽度和高度 5 个快捷操作，这五项操作是编辑功能最为常见的操作，需要勤加练习。

2．将多张表格数据整理到一张表中

“练习文件 2.1.4 编辑 2.xlsx”中包含 6 个月的费用明细表，需要将其整合到“新工作表中”。

（1）打开“练习文件 2.1.4 编辑 2.xlsx”，按<Ctrl+PageDown>快捷键切换到工作表“1 月”，按<Ctrl+Shift+PageDown>快捷键全选 6 个月的工作表，如图 2-26 所示。

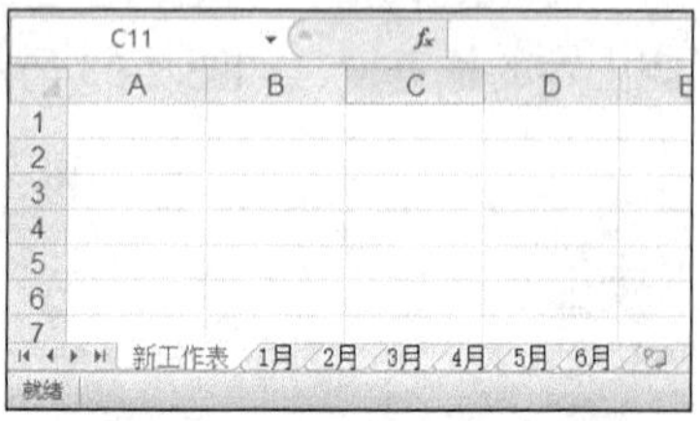

图 2-26　全选 6 个月的工作表

注释　<Ctrl+PageDown>快捷键是翻页功能，<Shift>键具备连选功能，所以合二为一具备连选翻页功能。

（2）选中 C2:K10 单元格区域，在 C2 单元格区域中输入随机函数“=RANDBETWEEN (1,10000)”，如图 2-27 所示。按< Ctrl+Enter>快捷键键批量填充所有单元格，由于随机函数会随时改变数字，需要将随机生成的数据确定下来，按<Ctrl+C>快捷键复制内容，再按<Ctrl+Alt+V>快捷键选择性粘贴，选择<Alt+V>快捷键“数值”，并按<Enter>键确认，如图 2-28 所示。

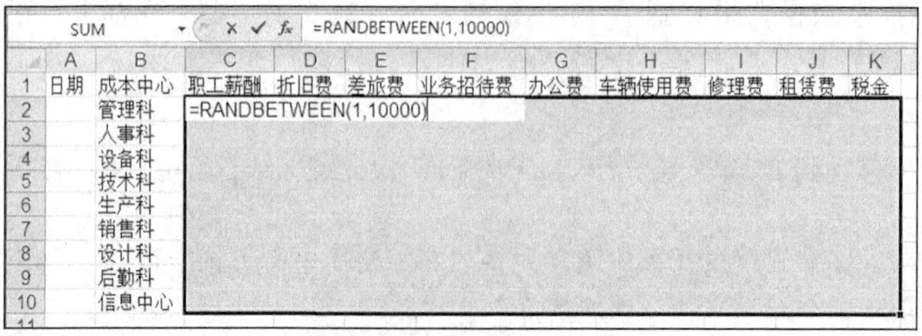

SUM　=RANDBETWEEN(1,10000)

	A	B	C	D	E	F	G	H	I	J	K
1	日期	成本中心	职工薪酬	折旧费	差旅费	业务招待费	办公费	车辆使用费	修理费	租赁费	税金
2		管理科	=RANDBETWEEN(1,10000)								
3		人事科									
4		设备科									
5		技术科									
6		生产科									
7		销售科									
8		设计科									
9		后勤科									
10		信息中心									

图 2-27　录入随机函数

（3）键盘选中 A2:A10 单元格，使用批量填充功能填充"1月"，使得 6 张报表都在同样的位置增加了该内容，如图 2-29 所示。单击"新工作表"，再单击"1月"退出连选 6 张工作表状态。

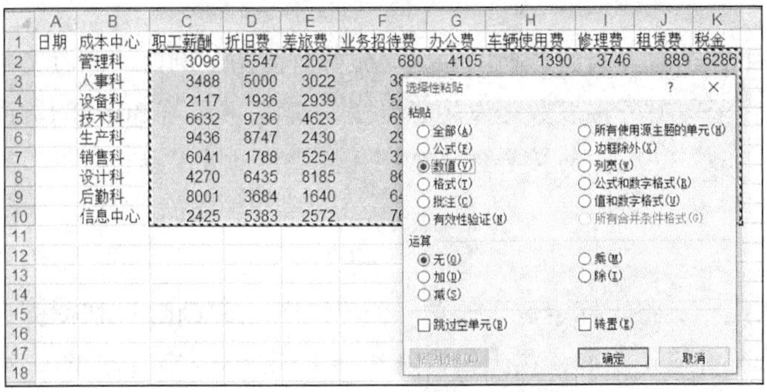

图 2-28　选择性粘贴所有数值

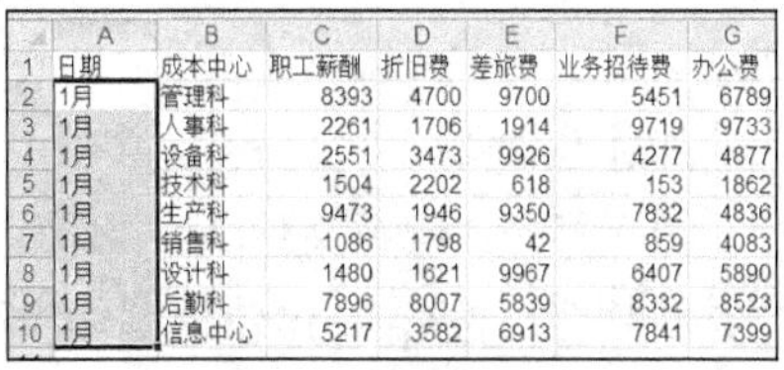

图 2-29　批量填充日期

（4）按<Ctrl+PageDown>快捷键将表格移动到"2 月"，按<F2>功能键，编辑 A2 单元格，将其修改为 2 月，并通过<Ctrl+Enter>快捷键批量填充，以同样的方法分别修改其余月份的报表首列，使之符合要求。

（5）使用快捷键将每个月的报表数据（除一月份包含首行外，其他月份均不含首行），复制粘贴到"新工作表"中，要求不使用鼠标。最终效果如图 2-30 所示。

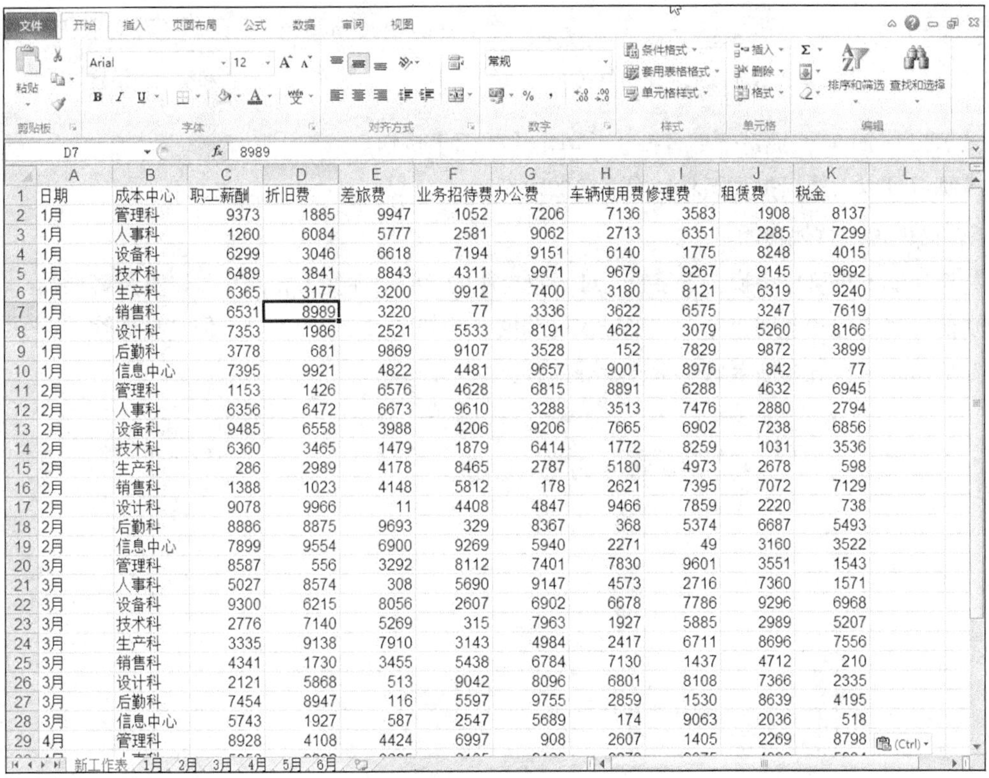

图 2-30　最终效果

注释 本练习考核<F2>键编辑功能、表与表之间的切换和连选、批量填充、复制粘贴功能等多种快捷键综合使用的能力，注意全程使用键盘操作，不允许用鼠标代替。

3．基础查找替换功能

在从外部数据源导入数据的过程中，经常会因为转换的原因导致数据出错，例如"练习文件2.1.4 编辑 3.xlsx"从网络中获取的上市公司财务报表数据发生了异变，2011 年 6 月 30 日的货币资金从"17291687379"变成了"17 291 687 379"这直接导致了数字无法进行计算汇总，如图 2-31 所示。

操作步骤如下。

（1）打开"练习文件 2.1.4 编辑 3.xlsx"，将光标定位于任意一个单元格，按<Ctrl+F>快捷键打开查找功能，按<Alt+P>快捷键切换到【替换】功能，在【查找内容：】中输入<空格>，如图 2-32 所示，查找内容为一个空格字符，而【替换为：】中不输入任何内容。

图 2-31　财务报表数据发生了异变　　　　图 2-32　查找和替换对话框 1

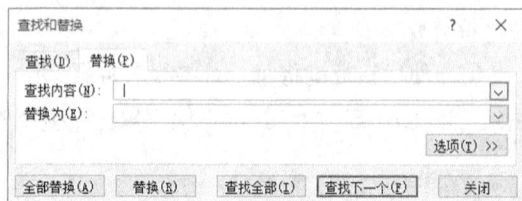

（2）按<Alt+A>快捷键全部替换，并单击【关闭】按钮。

本练习可以大规模提高删除特定字符的效率。

4．高级查找替换功能

替换功能不仅可以替换特定字符，对于有规律的字符，即使不相同也可以批量替换掉。"批量替换功能"表中的和并列包含一个工号代码和姓名，如图 2-33 所示。如何批量删除"-"之前的内容？如何只包含姓名甚至名？操作步骤如下。

图 2-33　高级替换功能

（1）打开"练习文件 2.1.4 编辑 4.xlsx"将 D2:D48 单元格复制粘贴到 E 列，按<Ctrl+H>快捷键打开替换功能，查找内容为"*-"，替换为"空值"，如图 2-34 所示。

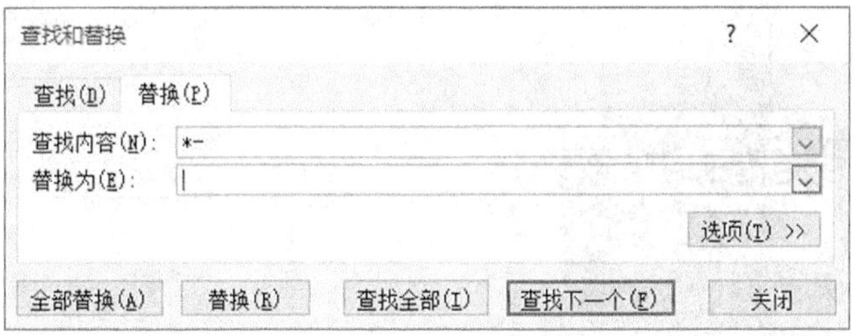

图 2-34　查找和替换对话框 2

> **注释**　"*"代表任意多个字符，"*-"代表"减号"前任意多字符将被查找定位。

（2）按<Alt+A>快捷键全部替换。可以用"?"号代替"*"号，"?"号代表单一字符，而"*"号代表任意多个字符。请思考如何完成"只含姓名"和"只含名字"的填充。

2.1.5　输入类快捷键和技巧

1．使用小键盘快速录入数据

对于金融、会计、统计等行业，并不是所有的数字都是自动生成的，很多时候我们需要人工将数据录入电子表格中。特别是对于银行柜员，数字录入的速度和准确率是能否上岗的重要标准。这个时候我们通常是采用小键盘盲打的方式，未加训练的速度一般是 50～80 个数字每分钟，短暂的训练后即可达到 180～200 个数字每分钟。对于经常面对数据录入的相关从业人员来说小键盘盲打能够使工作效率成倍提高。

采用小键盘录入数据，操作步骤如下。

（1）将光标定位在录入栏 C2 单元格，将右手以自然状态放置于小键盘之<4>、<5>、<6>、<+>，并且可以用中指感知数字键<5>上面的凸点，如图 2-35 所示。

（2）双眼平视电脑屏幕，不要低头看键盘，用食指敲击<1>、<4>、<7>三键，中指敲击<2>、<5>、<8>三键，无名指敲击<3>、<6>、<9>、<.>四键，小拇指敲击回车键，大拇指敲击<0>键，实现数字的快速录入与盲打。

> **总结**　小键盘输入数据练习最关键的地方在于不能低头看键盘，采用盲打的方式录入数据，所以开始练习的时候不要追求速度，而是注意养成盲打的习惯。开始慢一点，保持不低头，保持正确率，稍加练习速度很快就能上来。

2．快速制造随机数字

工作时需要虚拟增加一些数据，使用随机函数 Randbetween 即可得到。

（1）打开"练习文件 2.1.5 输入 2.xlsx"，在 B3 单元格内输入=RANDBETWEEN(65,100)，意

为在 65～100 之间随机选取自然数，按<Enter>键确认内容，双击 B3 单元格右下角，填充整列，如图 2-36 所示。

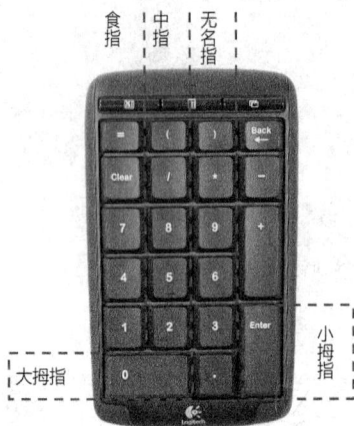

图 2-35　小键盘指法

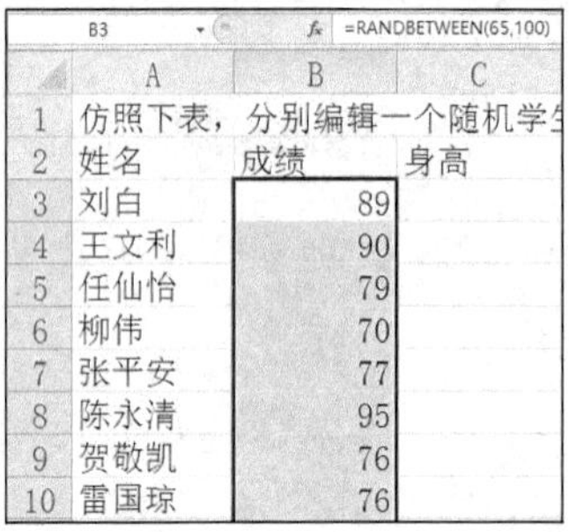

B3	=RANDBETWEEN(65,100)	
A	B	C
1 仿照下表，分别编辑一个随机学生		
2 姓名	成绩	身高
3 刘白	89	
4 王文利	90	
5 任仙怡	79	
6 柳伟	70	
7 张平安	77	
8 陈永清	95	
9 贺敬凯	76	
10 雷国琮	76	

图 2-36　随机函数

（2）按<Ctrl+C>快捷键复制区域内容，按<Ctrl+Alt+V>快捷键选择性粘贴数值，将公式转化为数值。用同样的方法请思考如何生成身高、体重、体温等项目。

注释

成绩还可以按照正态分布产生随机数据，但是需要使用多种函数嵌套，我们会放在函数一章具体介绍。

练习

以此方法录入 C2:C31 单元格，共 300 个数字，100 秒为满分，150 秒为及格。

2.2 使用第三方软件快速获取数据

数据云端化、协作化是电子表格发展的方向和趋势，微软从 Office 2013 开始已经单独开发了电子表格的在线版本——Excel Online。但是受制于国内网络环境和使用习惯，微软自带的电子表格 Online 系统在应用体验上实在谈不上优秀。迫不得已，我们在国内寻找可以用于数据协作的云端表格替代产品，我们以"简道云"为例，展示如何使用第三方在线表单工具进行数据获取。

2.2.1 简道云简介

简道云是一款支持个人 DIY 制作的多功能在线表单报表应用工具，可以通过简道云设计各式各样的简易信息化系统，可以实现诸如迷你 CRM（客户关系管理），进销存管理、个人记账本、简单的人事管理系统、财务系统，甚至是调查问卷、报名登记申请等微型应用。用户可以根据自己的需求设计自己的应用，并不需要任何的编程基础。简道云也提供通用的模板，用户可以选取合适的模板，根据自己的需要修改即可。

1．可跨平台无障碍访问

简道云是基于 Html5 语言开发的，可跨平台无障碍访问。用户可以在 PC 端编辑好自己的应用，然后在手机、电脑、平板等任何接入互联网的设备上进行数据录入和处理。整个简道云的设计界面简洁，通过简单的拖拽，就能够完成。

2．高效的信息搜集工具

简道云首先是您的高效信息搜集工具。通过简明扼要的表单，编辑好文本、数字、下拉列表、日期时间等控件，形成录入表。同时还支持 Excel 数据导入，支持表单外链（调查问卷、报名表等）上报等。

3．强大的数据管理工具

简道云还是您专业的数据管理工具。实用的报表控件可以让您录入、导入、收集的信息灵活地反映出来，明细表，汇总表，图表应有尽有，完全可以胜任财务汇总分析、CRM（客户关系管理）资料管理、问卷分析、任务管理、进销存管理等多种任务。简道云的数据分析能力不容小觑。信息化时代是一个数字的时代，通过一定的计算和展现，将复杂繁琐的数据变成决策成为了一种主流。简道云提供了这样的分析功能，后期还将开放接口整合 BI（商业智能），进一步强化数据分析能力。

4．多人群组的互联网工具

简道云不是一款单机软件，也不是一个个人账户，简道云是一个支持多人群组的互联网工具。通过群组邀请和权限管理，可以分配给不同的成员不同的权限，来录入和查看不同的功能模块。同时支持移动端访问，让数字化办公不再拘泥于计算机前。

5．专业模板一键套用

简道云还为用户提供了一些模板，支持一键套用，并且可以根据自己的实际需求修改。简道云还会扩充模板库，让用户更加方便快捷地设计自己的应用。如果用户愿意，也可以分享出自己的模板，供其他用户套用。简道云的高级应用就是通过表单和报表的组合，实现一个迷你的信息化系统，为个人、个体和小微企业提供不需要服务器的内部管理、客户关系管理、企业资源计划或者财务系统。

通过简道云可以完成大量在线数据协作工作，我们这里只选取最简单也是最常用的在线表单数据收集功能来介绍。

工作情境 你是某代理加盟店的财务人员。该加盟店在全省总共有 7 家分店、35 名销售人员，销售方式主要是采用销售人员上门推销的形式。你的一项重要工作就是实时登记汇总销售人员的销售记录。由于采用上门推销的方式，为了确保销售数据实时更新，散落在全省各地的三五十名销售人员需要及时上传销售数据。我们可以制作一个表单来利用移动互联网获取数据。扫描图 2-37 所示二维码，即可在线获得销售数据表，通过填写表单将数据上传服务器，进行汇总整理。

图 2-37　手机二维码和手机界面

下面，我们将具体介绍实现过程，讲解如何使用简道云在线表单快速收集数据。

2.2.2　将现有数据导入简道云中

手动录入姓名、工号等信息会降低工作效率，并且带来信息错误、口径不一致等问题。我们可以将现有字段数据，例如员工姓名、工号、手机品牌等导入表单之中，在导入的过程中既可以采用手动录入的形式，也可以自动导入 Excel 表格。下面介绍自动导入 Excel 表格的方式。

操作步骤如下。

1．注册登录，新建空白文档

登录简道云官方网站（https://www.jiandaoyun.com），以本人邮箱注册登录，单击【创建新应用】，新建一个"手机销售表"的应用，如图 2-38 所示。

2．从 Excel 创建表单

编辑应用，单击【新建表单】，在弹出的窗口中选择【从 Excel 创建表单】，如图 2-39 所示。

3．导入数据

单击【选择文件】在文件夹中找到"练习文件 2.2.2 手机报价.xlsx"将其导入，并且单击【下一步】、【下一步】、【查看数据】按钮，单击【保存】按钮。导入结果如图 2-40 所示。

4．检查数据

单击【数据管理】按钮，可以看到导入的数据表格情况。该 Excel 文件包含"品牌""型号""版本""参考价格"四个字段，其中版本是型号的子集，型号是品牌的子集，也就是说一个品牌有多种型号，一个型号有多个版本，不同版本对应不同的参考价格，如图 2-41 所示。

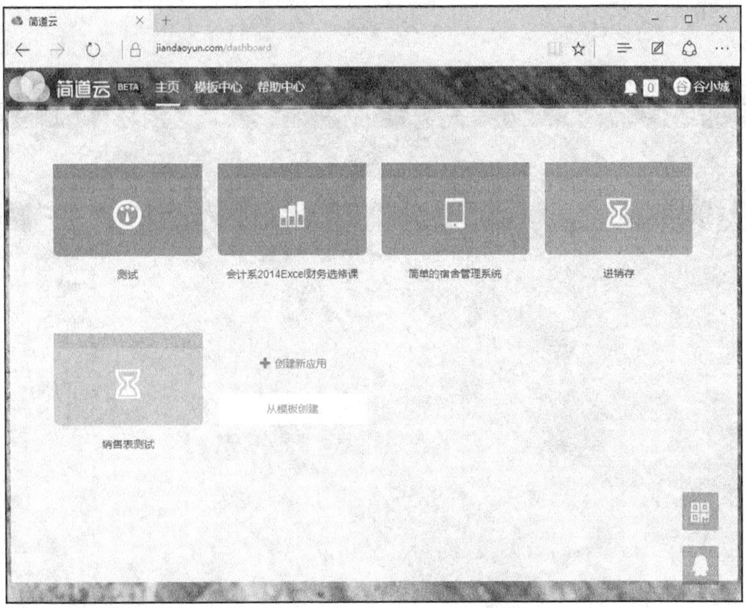

图 2-38　简道云个人中心界面

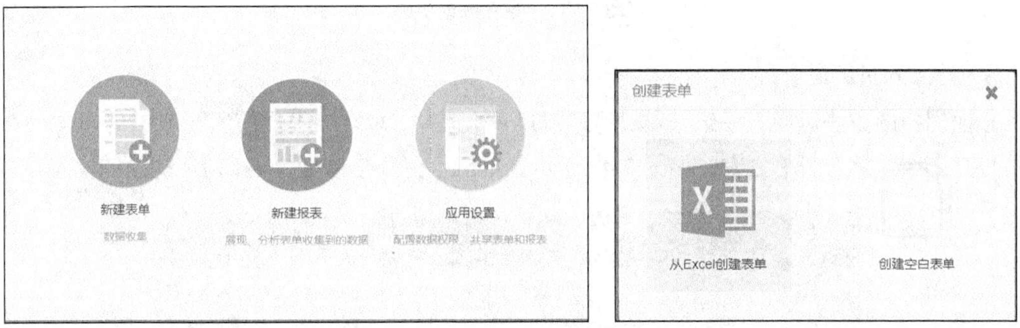

图 2-39　从 Excel 创建表单

图 2-40　导入手机报价数据

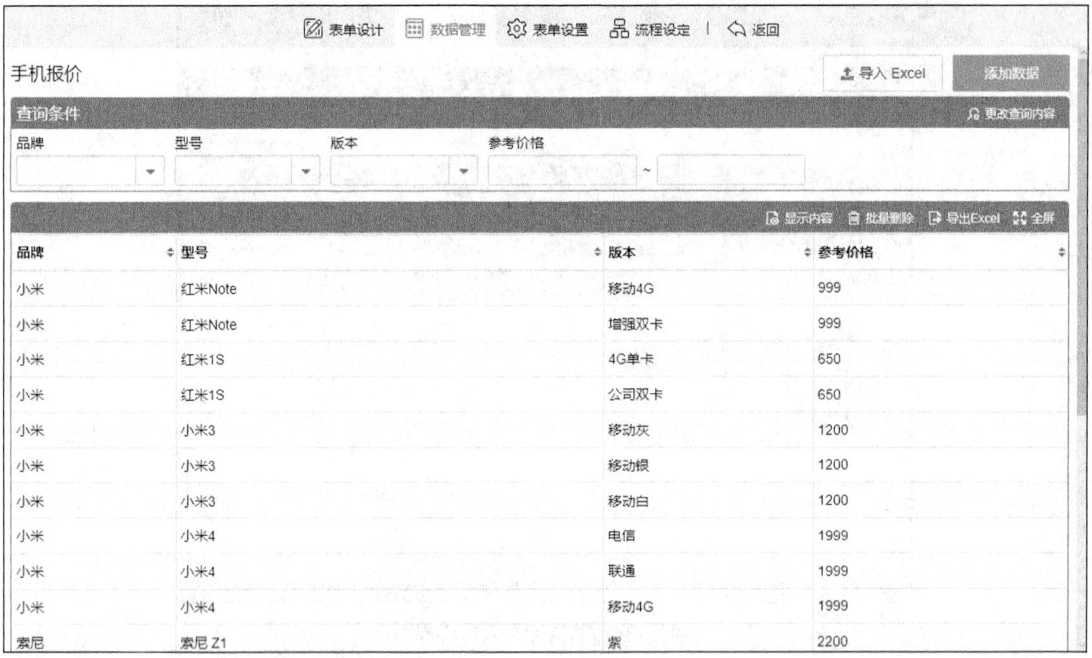

图 2-41　导入数据结果

5．导入人员信息

按照同样的方法返回上一级菜单，另外新建一个表单，取名"人员信息"，将"练习文件 2.2.2 人员信息.xlsx"导入表单之中，如图 2-42 所示，单击【保存】按钮，返回上一级菜单。

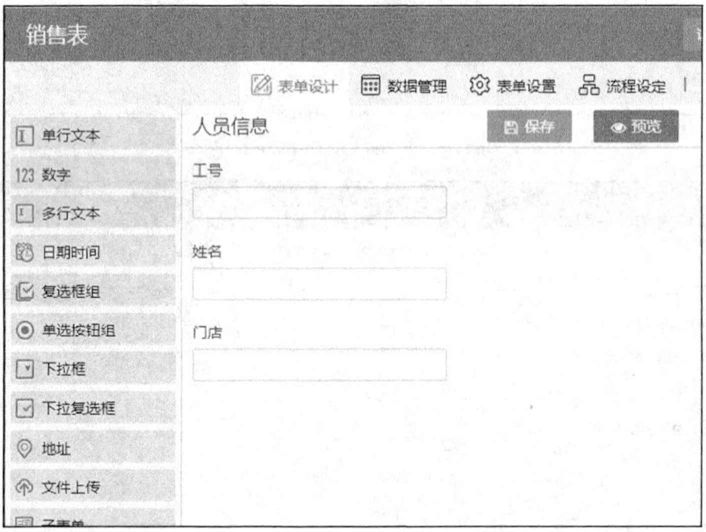

图 2-42　导入人员信息

总结

（1）数据导入电子表格应该只包含字段和信息，以横行纵列的形式展现，不应合并单元格、空行、空列、空单元格、合计项等内容。

（2）导入后的数据可以在【数据管理】中编辑内容，从而对数据进行修改。

2.2.3 创建手机销售信息联动

利用已经导入的"人员信息"和"手机报价"数据，我们可以新建表单收集数据，具体方式如下。

1. 创建表单

在"手机销售表"页面里【新建表单】，选择【创建空白表单】，如图 2-43 所示，命名为"手机销售数据上交"，如图 2-44 所示。

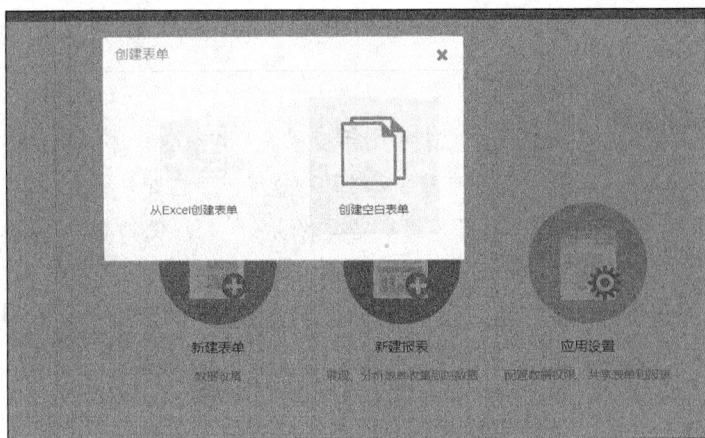

图 2-43　创建空白表单　　　　　　　　　　图 2-44　命名表单

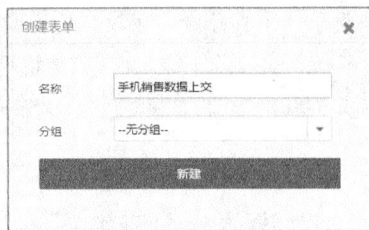

2. 设置"手机品牌"字段

将【下拉框】控件拖入工作面板，在标题栏中填入"手机品牌"按<Enter>键确认，在【选项】下拉列表框中选择【关联其他表单数据】—【手机报价——品牌】，该设置类似于电子表格中的数据验证功能，将下拉列表框中的内容指定为某个字段内的数据，如图 2-45 所示。

图 2-45　设置"手机品牌"字段

注意　本步骤将新建表单"手机销售数据上交"表中"手机品牌"字段与"手机报价"表中的"品牌"字段相关联，创建了一个类似数据验证的效果，使得"手机销售数据上交"表中"手机品牌"字段只可以显示"手机报价"表中的"品牌"字段的内容。

3. 设置"手机型号"字段

将【下拉框】控件拖入工作面板，在标题栏中填入"手机型号"按<Enter>键确认，如图2-46所示。在【选项】下拉列表框中选择【数据联动】，在【数据联动设置】当中设置为关联"手机报价"数据表，当"手机品牌"值等于"品牌"值时，"手机型号"字段联动显示为"型号"中对应的值，如图2-47所示。

注释　本步骤一方面将"手机销售数据上交"表中"手机型号"字段与"手机报价"表中的"型号"字段相关联，起到了与"步骤3"相同的效果。并在此基础上，关联了"手机品牌"字段，使得"手机型号"字段具备了多级数据有效性的特征。例如当"手机品牌"选择"小米"时，"手机型号"只能选择小米旗下的各款产品，而"手机品牌"选择"苹果"时，"手机型号"只能选择苹果旗下的各款产品。

4. 关联数据

以同样的方法，新增"手机版本"字段，选择【数据联动】，参数设置如图2-48所示。

图2-46　设置"手机型号"字段

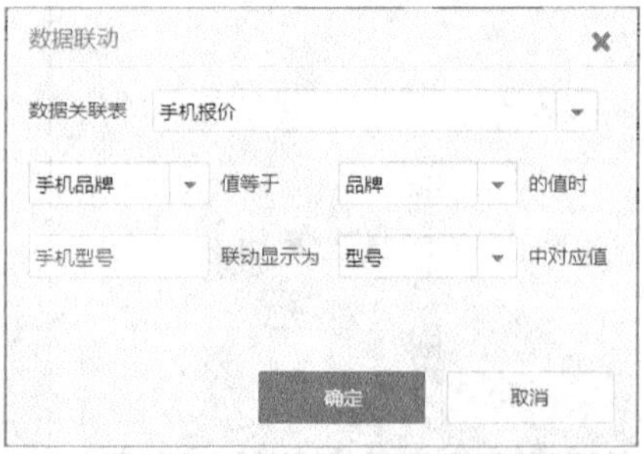

图2-47　设置"手机型号"字段数据联动　　　　图2-48　设置"手机版本"字段数据联动

5．检查实验效果

单击【预览】按钮，实验三个字段的关联效果。当手机品牌选择"苹果"，手机型号选择"iPhone 6 PLUS"时，【手机版本】下拉列表框中弹出相关产品的可选项，如图 2-49 所示。

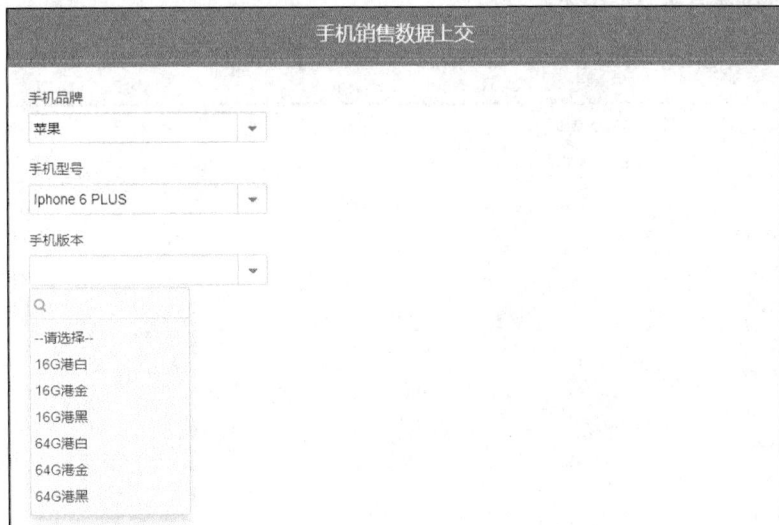

图 2-49　三个字段的关联效果

6．继续完善

回到【表单设计】界面，增加一条分割线，标题为"手机销售信息"，单击【保存】按钮完成，如图 2-50 所示。

图 2-50　添加分割线

> **总结**
>
> （1）数据导入电子表格应该只包含字段和信息，以横行纵列的形式展现，不应合并单元格、空行、空列、空单元格、合计项等内容。
>
> （2）导入后的数据可以在【数据管理】中编辑内容，从而对数据进行修改。
>
> （3）数据关联可以实现多级数据联动效果，提高了数据提交的效率和智能化，应该尽可能采用。

2.2.4 添加销售人员信息

以类似"手机销售信息"添加的方式添加"销售人员信息"。具体步骤如下。

1. 添加"销售员姓名"字段

设置【关联其他表单数据】—【人员信息——姓名】，如图 2-51 所示。

图 2-51 添加"销售员姓名"字段

2. 添加"工号""门店"字段

调用【单行文本】，采用【数据联动】方式，分别添加"工号""门店"字段，使得显示销售员姓名时，自动显示"工号"和"门店"字段，如图 2-52 所示。单击预览可以看到使用效果。

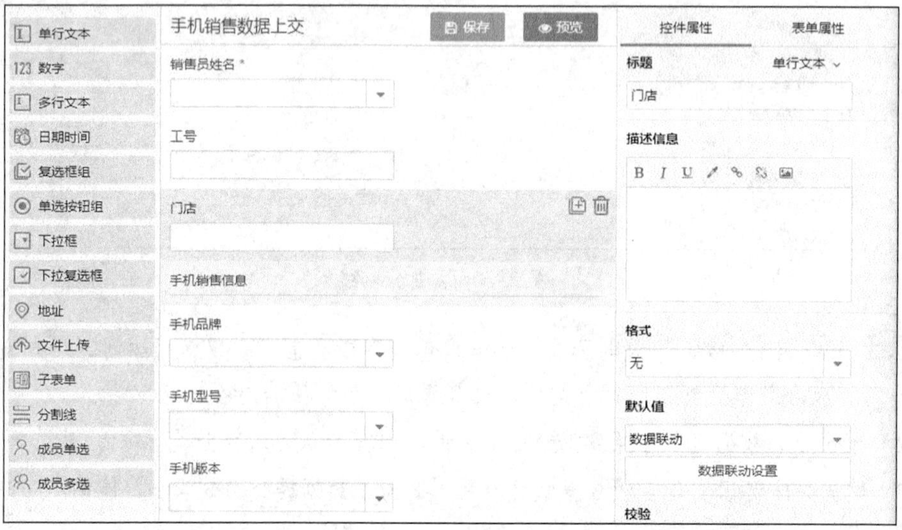

图 2-52 添加"工号""门店"字段

注释
　　由于"姓名"字段与"工号""门店"字段一一对应，而不是像之前"手机信息"表中的子集关系，所以输入"姓名"后可以自动显示"工号""门店"信息。

总结
　　（1）对于一对一关系，如一个姓名对应唯一的工号、门店时，可以采用数据联动的方式快速录入数据（当姓名不唯一时，建议用工号作为首项，确保信息一一对应）。
　　（2）"工号""门店"自动显示依赖于使用【单行文本】控件，如果使用【下拉框】控件则无法自动弹出信息。

2.2.5　增加销售额计算字段

本表单最终需要收集的是销售金额的数据，通过以下步骤来完成。
（1）拖拽一条【分割线】控件，命名为"销售金额信息"。
（2）拖拽一条【数字】控件，命名为"参考售价"设置【数据联动】，【数据联动设置】如图2-53所示，关联表格"手机报价"，当"手机版本"的值等于"版本"时，"参考售价"联动显示为"参考价格"中的对应值，单击【确定】按钮，如图2-54所示。

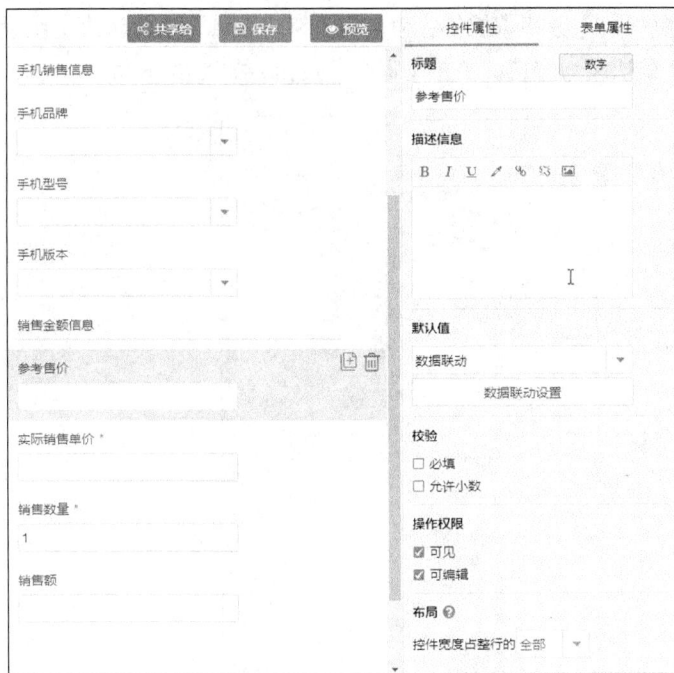

图 2-53　添加参考售价字段　　　　图 2-54　设置"参考售价"字段数据联动

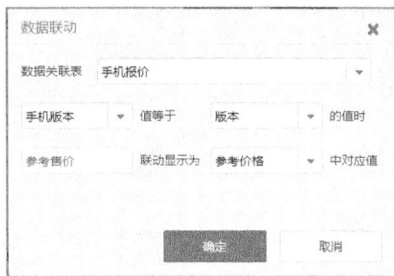

（3）添加"实际销售单价"。拖拽一条【数字】控件，命名为"实际销售单价"，【校验】复选框设置为【必填】、【允许小数】，如图2-55所示。

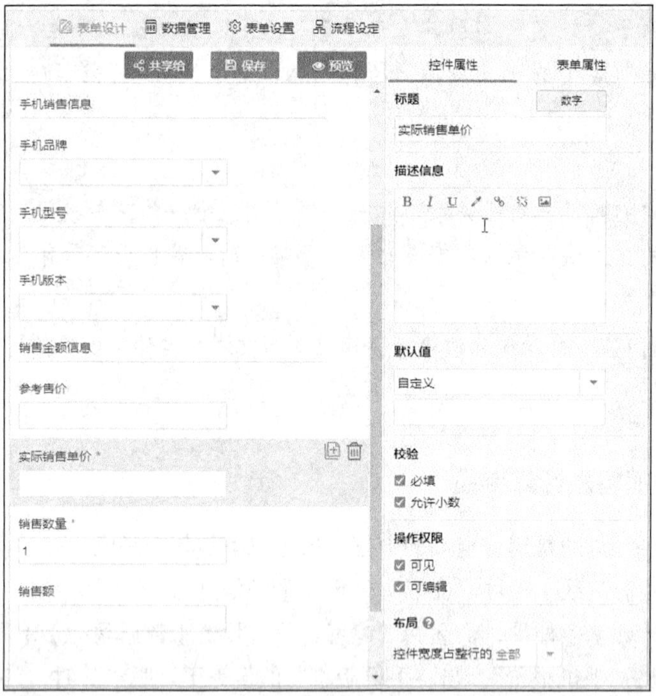

图 2-55 添加"实际销售单价"字段

（4）添加"销售数量"控件。拖曳一条【数字】控件，命名为"销售数量"，【默认值】设置为【自定义】，在自定义数字当中设置默认值为"1"，单击【保存】按钮，如图 2-56 所示。

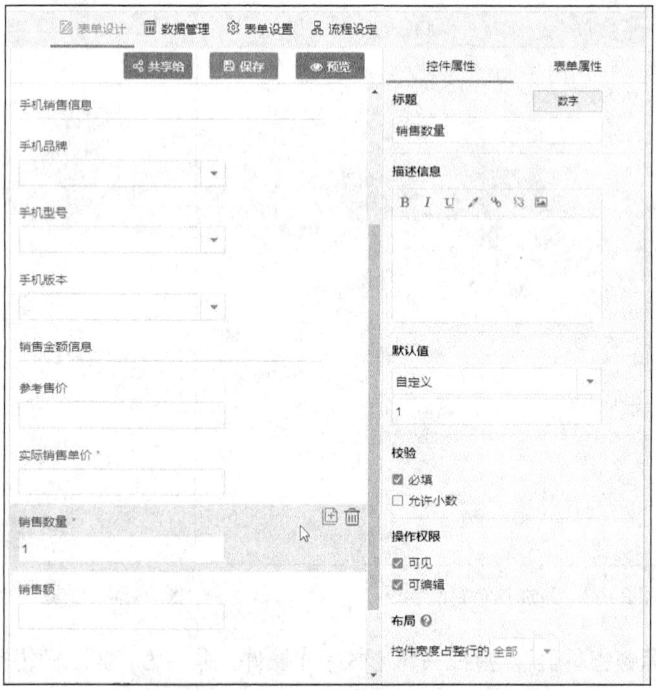

图 2-56 添加"销售数量"控件

38

（5）添加"销售额"控件。拖拽一条【数字】控件，命名为"销售额"，【默认值】设置为【公式编辑】，在公式中设置，单击"确定"按钮完成操作，如图 2-57 所示。

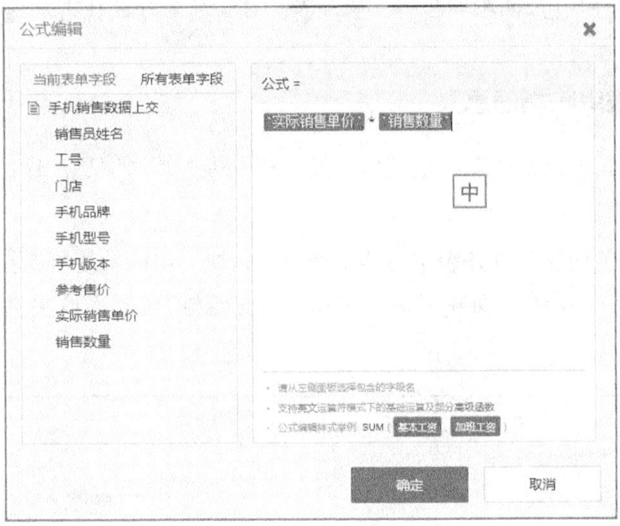

图 2-57 添加"销售额"控件

（6）检验最终效果。单击【预览】按钮。当输入"刘桂玲"时，系统自动弹出"工号""门店"字段。输入手机相关信息后，返回"参考价格"。输入"实际销售单价"和"销售数量"时返回总销售额。最终效果如图 2-58 所示。

图 2-58 最终效果

（1）任何以数字内容显示的字段都应该使用【数字】控件，时间日期也是同样的道理。

（2）简道云支持四则运算和一些简单的函数，善加利用可以让表单功能更加强大。

2.2.6　发布表单收集信息

将该表单保存后，可以在线发布给销售人员，在手机上填写信息，操作步骤如下。

1．发布

单击【表单设置】功能，打开表单链接【开启】按钮，将网址复制给销售人员，表单链接同时还支持"二维码""企业号""外链扩展"等功能，方便与 H5 界面或手机 APP 对接，如图 2-59 所示。

图 2-59　发布链接

2．收集信息导出

信息收集完毕后，使用【数据管理】功能，单击【导入 Excel】导出数据文件，可以在本地 Excel 中继续加工分析，如图 2-60 所示。

（1）【表单设置】不仅支持发布表单，还支持发布在线查询数据内容。

（2）【数据管理】不仅支持导出数据，还支持导入数据，换句话说，可以通过导入数据、手动录入数据、在线填写表单三种方式获取数据。

（3）本例只是使用了简道云的在线表单功能，还有更多的功能应用我们会在练习手册中介绍。

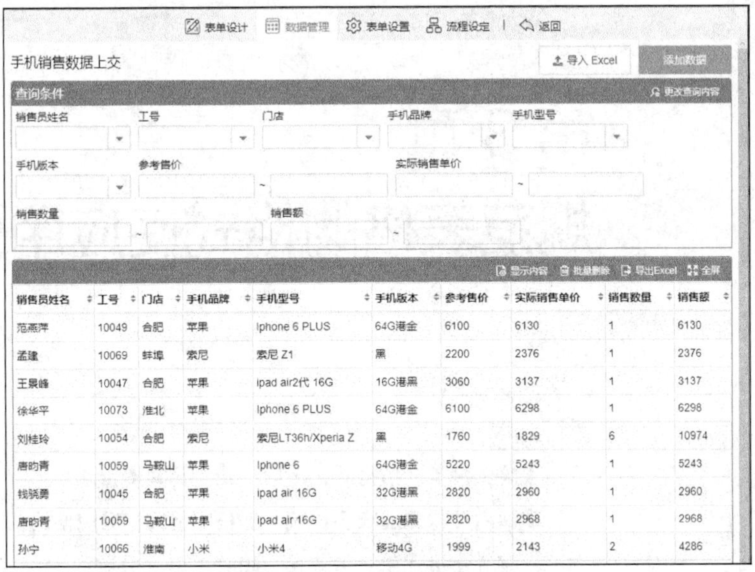

销售员姓名	工号	门店	手机品牌	手机型号	手机版本	参考售价	实际销售单价	销售数量	销售额
范燕萍	10049	合肥	苹果	Iphone 6 PLUS	64G港金	6100	6130	1	6130
孟建	10069	蚌埠	索尼	索尼 Z1	黑	2200	2376	1	2376
王景峰	10047	合肥	苹果	ipad air2代 16G	16G港黑	3060	3137	1	3137
徐华平	10073	淮北	苹果	Iphone 6 PLUS	64G港金	6100	6298	1	6298
刘桂玲	10054	合肥	索尼	索尼LT36h/Xperia Z	黑	1760	1829	6	10974
唐昀青	10059	马鞍山	苹果	Iphone 6	64G港金	5220	5243	1	5243
钱晓勇	10045	合肥	苹果	ipad air 16G	32G港黑	2820	2960	1	2960
唐昀青	10059	马鞍山	苹果	ipad air 16G	32G港黑	2820	2968	1	2968
孙宁	10066	淮南	小米	小米4	移动4G	1999	2143	2	4286

图 2-60　收集信息导入

注释　简道云是一款在线表单软件，版本不断更迭演进，同学们在学习时版本可能与教材略有不同。

综合实训

1．实训目的

练习设计在线表单

2．实训要求

请打开“示例文件全国省市县.xls”，如图 2-61 所示，本表包含了我国 30 个省、直辖市，351 个市或地区，2704 个县或县级市数据，请设计一个三级校验表单，并且从网上填写。

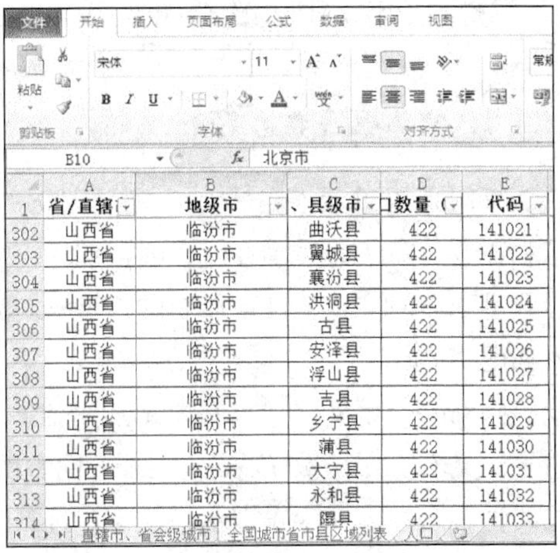

	省/直辖	地级市	县级市	口数量（	代码
302	山西省	临汾市	曲沃县	422	141021
303	山西省	临汾市	翼城县	422	141022
304	山西省	临汾市	襄汾县	422	141023
305	山西省	临汾市	洪洞县	422	141024
306	山西省	临汾市	古县	422	141025
307	山西省	临汾市	安泽县	422	141026
308	山西省	临汾市	浮山县	422	141027
309	山西省	临汾市	吉县	422	141028
310	山西省	临汾市	乡宁县	422	141029
311	山西省	临汾市	蒲县	422	141030
312	山西省	临汾市	大宁县	422	141031
313	山西省	临汾市	永和县	422	141032
314	山西省	临汾市	隰县	422	141033

图 2-61　省市县数据

第 3 章
规范表格的格式使应用更高效

学习目标

1. 了解两种单元格格式，即数字格式和文本格式；
2. 掌握两种特殊的数字格式，即日期格式和时间格式；
3. 掌握数字格式和文本格式之间的转换；
4. 熟练掌握表格十诫；
5. 熟练使用套用表格格式。

引言

就像推倒多米诺骨牌一样，推的那一刹那，很简单，但是要想推得漂亮，必须保证所有的骨牌都在正确的位置上，而真正难的，恰恰是让这些骨牌得以正确的摆放。同样，要使 Excel 强大的分析工具能够发挥作用，必须保证表格格式的规范性。

本章就是介绍如何正确地摆放数据，如果这一章没有学好，那么后面再多的技术和功能都无从谈起。

3.1 格式规范的基本概念

3.1.1 文本在左数字在右

默认情况下（单元格格式为常规），Excel 常规定义了两种基本格式，即数字和文本，默认为文本在左，数字在右。当我们在 Excel 单元格里输入阿拉伯数字 123 时，它是自动靠右的，当我们输入"文本"时，它是自动靠左的，如图 3-1 所示。

我们判断一个单元格格式是文本还是数字，有一个方法：在对齐格式常规状态下，文本靠左，数字靠右。Excel 内置的格式其实只有文本格式和数字格式两种。图 3-2 所示表格中，从 A1 到 D1 分别有汉字和阿拉伯数字，哪个是数字格式，哪个是文本格式呢？

图 3-1　文本靠左，数字靠右

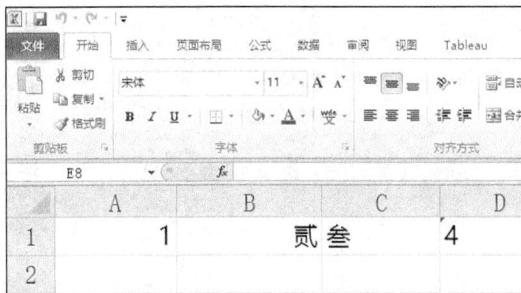

图 3-2　数字文本单元格

如果凭直觉，我们可能认为这四个都是数字，但是在 Excel 里，C1 和 D1 是文本，A1 和 B1 是数字。

数字和文本有一系列的差异，我们给大家罗列了几条，如图 3-3 所示。

从特征上说，数字自动靠右对齐，文本自动靠左对齐。从格式上说，数字是可以不断变化的，但文本相对固定。比如说数字 2，我们可以通过改变它的格式，让它变成 2.00 或者贰等。从长度上说，数字在 11 位以内包括 11 位，会正常显示，超过 11 位会自动转为科学计数法。这样在我们想输入身份证号码或电话号码的时候很不方便，我们可以转换为文本格式。具体方法是：输入数字之前先将单元格格式由"常规"改为"文本"格式，再输入身份证号码或电话号码就可以了。文本格式下我们可以输入任意长度。最后，在四则运算方面，数字可以计算，而文本经常无法计算，如图 3-4 所示。

图 3-3　数字与文本的差别

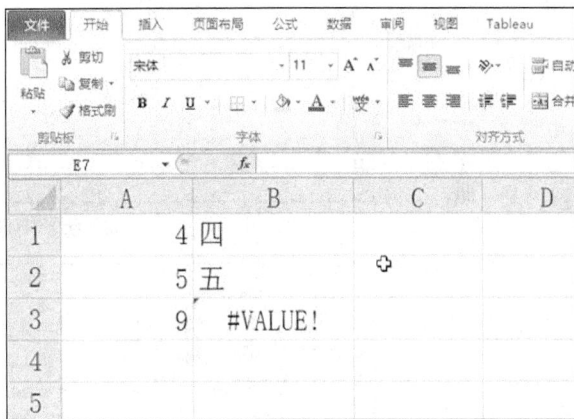

图 3-4　文本和数字的计算

3.1.2　特殊的日期时间格式

我们刚刚讲过 Excel 单元格格式中只有文本格式和数字格式两种，那么日期和时间是什么格式呢？

输入日期 2016 年 8 月 2 日，默认通过/或-分隔年月日数字，即以日期格式显示 2016/8/2。接着输入时间 9:30，如图 3-5 所示。

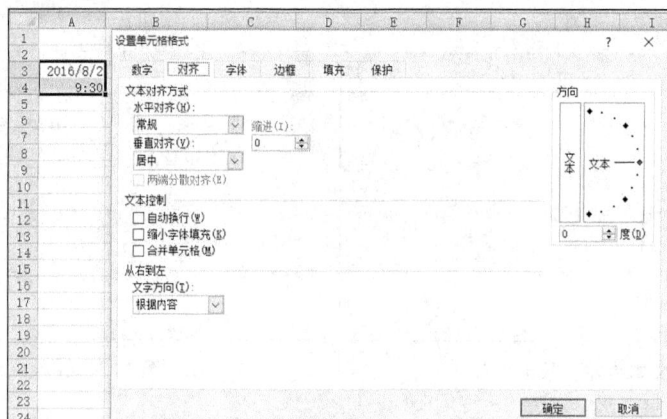

图 3-5　时间和日期

　　大家可以看到，在常规状态下，它们靠右对齐的。时间和日期只是一个障眼法，它只不过是用一个特定的格式显示的数字而已。拨开它的面纱，我们让它们在常规状态下显示，分别如图 3-6（a）和图 3-6（b）所示。

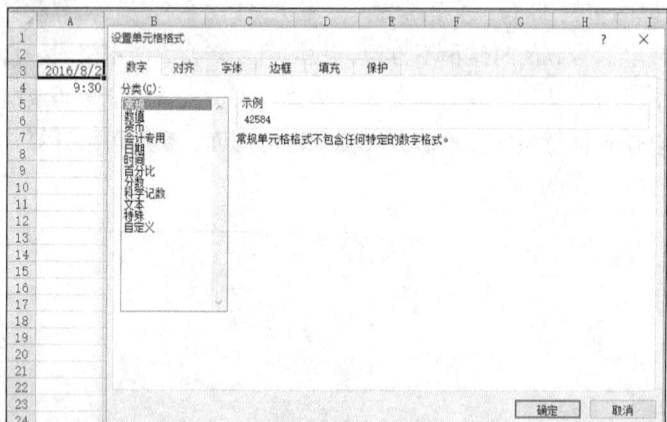

(a) 常规状态下日期的显示

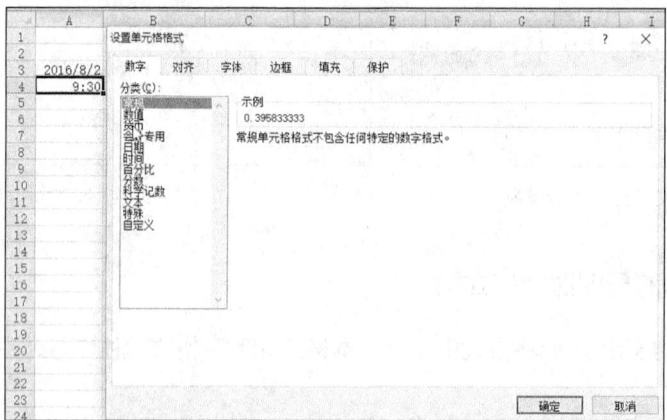

(b) 常规状态下时间的显示

图 3-6　日期和时间在常规状态下的显示

日期 2016/8/2 其实在 Excel 里存储的是数字 42584，时间 9:30 实际在 Excel 里存储的是数字 0.395833333。日期在 Excel 里是以整数存储的，Excel 默认以 1900 年 1 月 1 日作为系统日期存储的时间，在单元格里将它设置为常规，则以数字 1 显示。2016 年 8 月 2 日在 Excel 里显示的是 42584，相当于 1900 年 1 月 1 日过去了 42584 天。

时间在 Excel 里相当于 0～1 之间一个均分的数字。大家可以计算一下，一天 24 小时，9:30 正好相当于 0～1 之间的 9.5/24=0.395833333。

日期和时间归根结底是一种数字，只不过改了它的格式，让你觉得它是日期和时间格式。在这里需要注意的是，许多初学者会按照自己的习惯输入日期和时间。对于日期 2016/8/2，他直接输入 20160802，对于时间 9:30，他直接输入 0930，这时系统就识别不了，如图 3-7 所示。

图 3-7　时间和日期的错误录入

总结　输入日期 2016 年 8 月 2 日，我们可以通过/或-分隔年月日数字，系统会识别是日期 2016/8/2，而且是以数字 42584 存储的，而不是数字 20160802。我们必须要以规范的方式输入日期和时间，系统才能以规范的方式进行存储。

3.1.3　文本与数字格式的转化

在实际工作中我们经常有这样的需要：把数字转换成文本，或者把文本转换成数字。例如在"练习文件 3.1.3 文本和数字转换.xlsx"中，我们怎么样把数字转换成文本呢？具体操作步骤如下。

（1）打开"练习文件 3.1.3 文本和数字转换.xlsx"，选中对应的单元格，按<Ctrl+1>快捷键。

（2）在弹出的【设置单元格格式】对话框中单击【数字】选项下的【文本】，如图 3-8 所示。

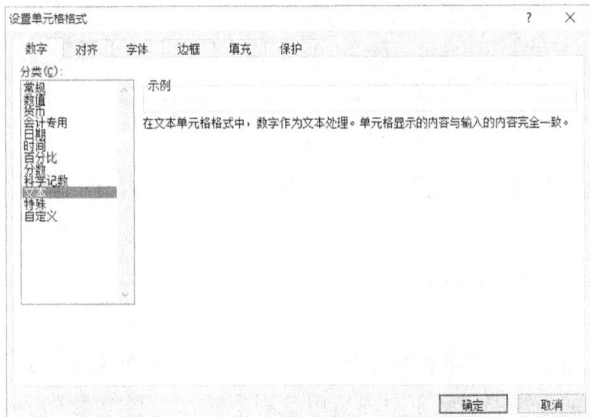

图 3-8　设置单元格格式

（3）单击【确定】按钮。

（4）输入正确的数字，如图 3-9 所示。

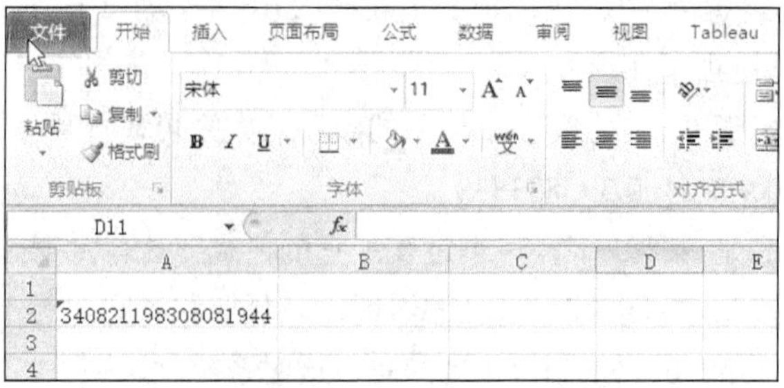

图 3-9　数字转换为文本

注释　　先设置单元格格式为"文本"，再输入数字。不能先输入数字，再设置单元格格式为"文本"，这样容易造成数字丢失。

数字转换成文本比较简单，文本转换为数字相对复杂一些。下面是我们从淘宝的购销存系统里导出的一张表格，如图 3-10 所示。

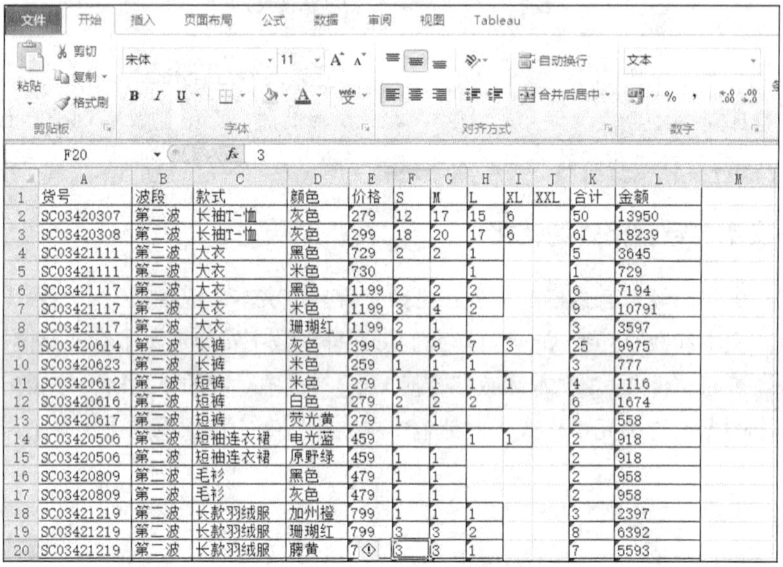

图 3-10　淘宝店进货表

我们会发现相关的数据都文本化了，所有的数字都靠左，并且在错误提示里提醒我们单元格中的数字为文本格式。

有三种方法把这些文本格式转换为数字格式。

方法一，具体操作步骤如下。

（1）打开"练习文件 3.1.3 文本和数字转换.xlsx"，选中所有文本格式的数字。

（2）在左上角弹出的【错误提示】选项组里选择【转换为数字】，将所有文本转换为数字，如图 3-11 所示。

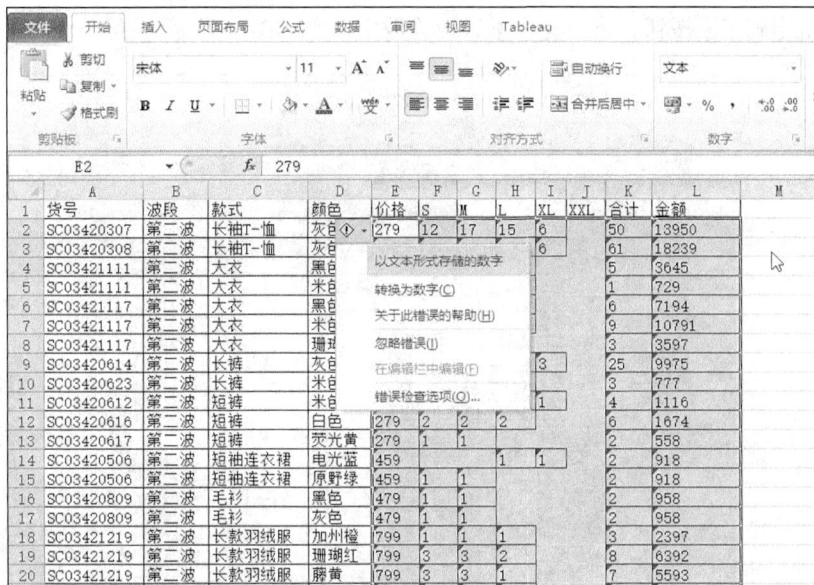

图 3-11　文本转换为数字（方法一）

方法二，具体操作步骤如下。

（1）打开"练习文件 3.1.3 文本和数字转换.xlsx"，在空白的单元格里输入数字 1。

（2）选中这个单元格，按<Ctrl+C>快捷键，如图 3-12 所示。

图 3-12　复制数字 1

（3）选中所要转换的范围 E2:L41，按选择性粘贴<Ctrl+Alt+V>快捷键。

（4）在弹出的【选择性粘贴】对话框中选择【乘】，如图 3-13 所示。

（5）单击【确定】按钮，将所有文本转换为数字，如图 3-14 所示。

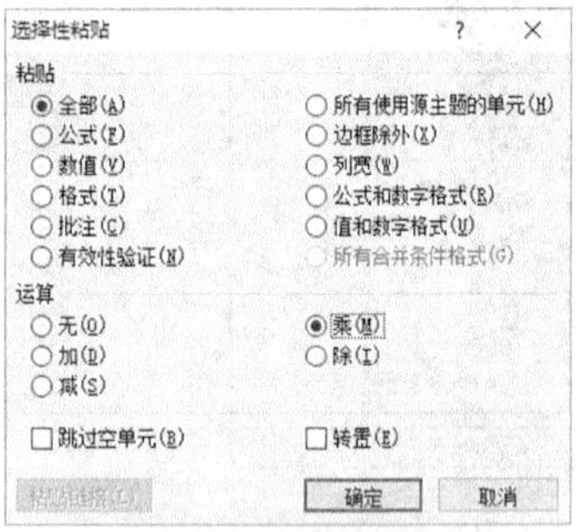

图 3-13　选择性粘贴

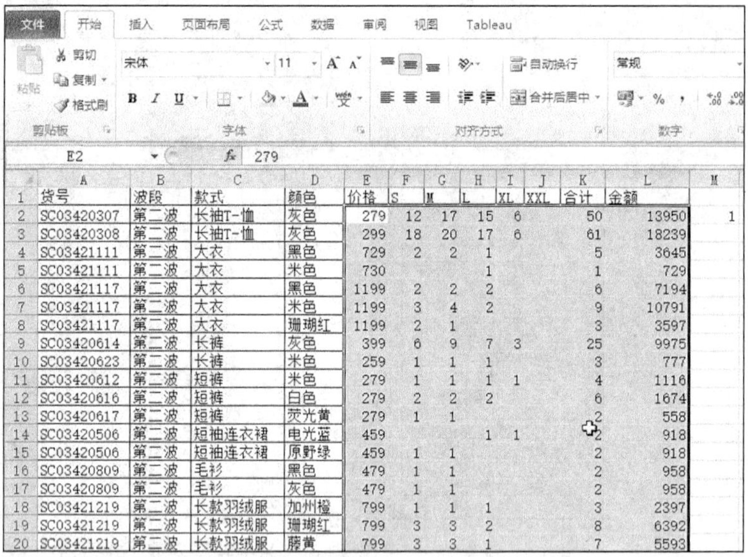

图 3-14　文本转换为数字（方法二）

> 注释　此种方法可能容易把数字 1 的格式也粘贴上，导致所有数字的表格线丢失，这时候我们可以重新添加表格线，也可以在第一步操作的时候给 1 加上表格线，这样表格线就不会丢失了。

方法三，具体操作步骤如下。

（1）打开"练习文件 3.1.3 文本和数字转换.xlsx"，选中 E 列。

（2）选择【数据】选项卡中【分列】。

（3）在弹出的【文本分列向导—第 1 步，共 3 步】对话框中单击【完成】按钮，如图 3-15 所示。结果如图 3-16 所示。

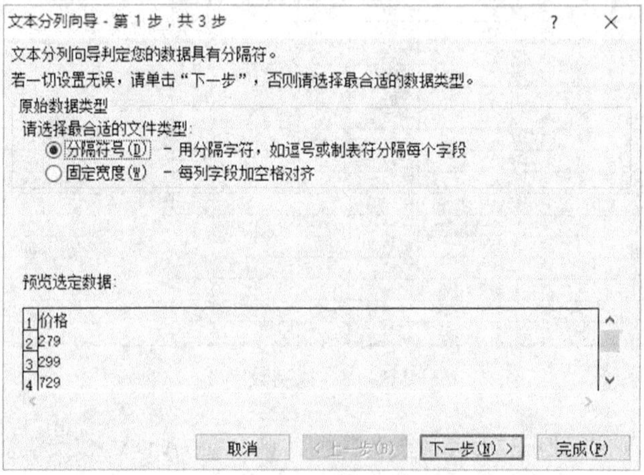

图 3-15　数据分列

货号	波段	款式	颜色	价格	S	M	L	XL	XXL	合计	金额
SC03420307	第二波	长袖T-恤	灰色	279	12	17	15	6		50	13950
SC03420308	第二波	长袖T-恤	灰色	299	18	20	17	6		61	18239
SC03421111	第二波	大衣	黑色	729	2	2	1			5	3645
SC03421111	第二波	大衣	米色	730			1			1	729
SC03421117	第二波	大衣	黑色	1199	2	2	2			6	7194
SC03421117	第二波	大衣	米色	1199	3	2	4			9	10791
SC03421117	第二波	大衣	珊瑚红	1199		2	1			3	3597
SC03420614	第二波	长裤	灰色	399	6	9	7	3		25	9975
SC03420623	第二波	长裤	米色	259	1	1	1			3	777
SC03420612	第二波	短裤	米色	279	1	1	1	1		4	1116
SC03420616	第二波	短裤	白色	279	2	2	2			6	1674
SC03420617	第二波	短裤	荧光黄	279	1	1				2	558
SC03420506	第二波	短袖连衣裙	电光蓝	459			1	1		2	918
SC03420506	第二波	短袖连衣裙	原野绿	459		1	1			2	918
SC03420809	第二波	毛衫	黑色	479	1	1				2	958
SC03420809	第二波	毛衫	灰色	479	1	1				2	958
SC03421219	第二波	长款羽绒服	加州橙	799	1	1	1			3	2397
SC03421219	第二波	长款羽绒服	珊瑚红	799	3	3	2			8	6392
SC03421219	第二波	长款羽绒服	藤黄	799	3	3	1			7	5593

图 3-16　文本转换为数字（方法三）

注释　这种方法每次只能操作一列，对于列数比较多的表格工作量太大。

3.2　表格十诫

在讲表格十诫之前我们先讲表格的通用格式。通用格式就是所有的 Excel 表格都应该按照这种格式来编辑和录入，这种格式最有利于 Excel 的使用、计算和加工。Excel 数据分为后台和前台两个部分：后台存储、加工、分析、计算数据得出结果，而前台是用来展示和传递数据的。后台的数据不是展示给人看的，你要想给别人看，就要通过一种方式或者一种功能转换成前台，变成前台的窗口，才能展示和传递给人看。如果你想计算和分析，那就必须按照后台数据库的方式来规范和整齐地摆放数据。电子表格实际上是简化版的数据库，它的很多功能和方法实际上跟数据库是一样的。那么我们应该怎样规范地摆放数据呢？平时在摆放数据的时候应该注意什么呢？根据大家在做表格的时候容易犯的错误，我们总结了表格十诫，即①合并单元格；②没有序号；③表头不规范；④胡乱合计；⑤不符合透视表规范；⑥错误理解 0；⑦分裂表格；⑧数字文本化；⑨单元格非原子化；⑩包含空格与非正常格式。

3.2.1　合并单元格

大家在做表格的时候容易犯的第一个错误就是合并单元格，如图 3-17 所示。

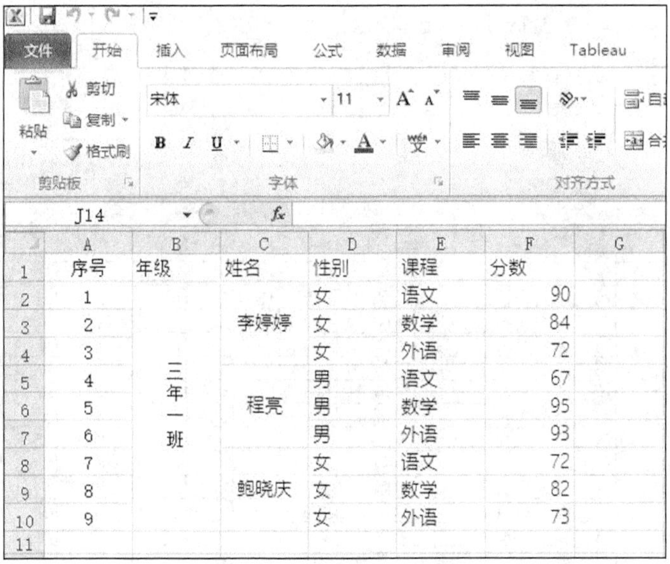

	A	B	C	D	E	F	G
1	序号	年级	姓名	性别	课程	分数	
2	1	三年一班	李婷婷	女	语文	90	
3	2			女	数学	84	
4	3			女	外语	72	
5	4		程亮	男	语文	67	
6	5			男	数学	95	
7	6			男	外语	93	
8	7		鲍晓庆	女	语文	72	
9	8			女	数学	82	
10	9			女	外语	73	
11							

图 3–17　合并单元格的表格

李婷婷分别考了语文、数学、外语 3 门课程，但是表格没有把姓名列成三行，而是把姓名合并在一个单元格里。这样看起来很舒服，其实犯了一个错误：由于显示数据和存储数据一个是前台一个是后台，这样合并单元格后，整张表无法进行数据分析，更谈不上排序、筛选和应用数据透视表了。

在“练习文件 3.2.1 表格十诫之合并单元格.xlsx”中，我们应该取消合并单元格，具体操作步骤如下。

（1）打开“练习文件 3.2.1 表格十诫之合并单元格.xlsx”，使用鼠标选中 C2:C10 单元格，

（2）单击【开始】选项卡下【合并后居中】按钮，如图 3-18 所示。

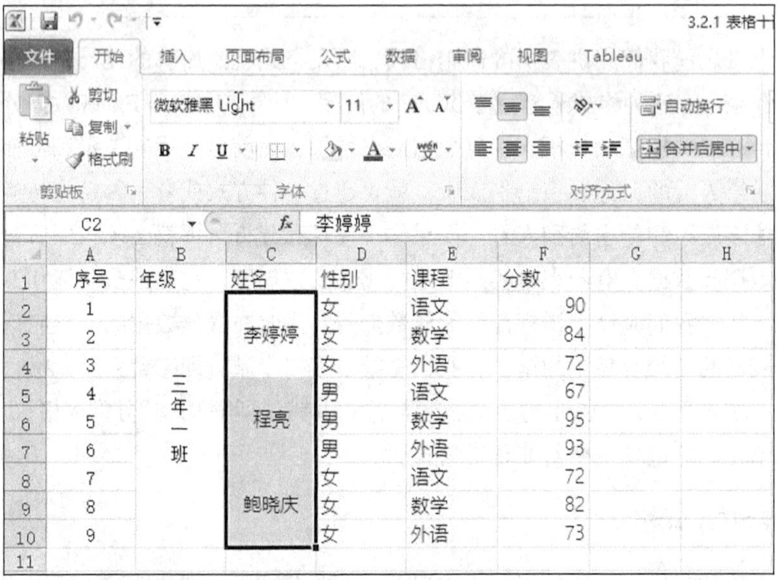

	A	B	C	D	E	F	G	H
1	序号	年级	姓名	性别	课程	分数		
2	1	三年一班	李婷婷	女	语文	90		
3	2			女	数学	84		
4	3			女	外语	72		
5	4		程亮	男	语文	67		
6	5			男	数学	95		
7	6			男	外语	93		
8	7		鲍晓庆	女	语文	72		
9	8			女	数学	82		
10	9			女	外语	73		
11								

图 3–18　取消合并单元格

（3）按定位功能键<F5>，按定位条件<Alt+S>快捷键，在弹出的定位条件对话框中选择【空值】，单击【确定】按钮，如图 3-19 所示。

（4）在 C3 单元格里输入公式"=C2"，按批量填充快捷键<Ctrl+Enter>快捷键，如图 3-20 所示。

图 3-19 定位空值

图 3-20 输入公式，批量填充

（5）选中区域 C2:C10，分别按复制<Ctrl+C>快捷键、选择性粘贴<Ctrl+Alt+V>快捷键，在弹出的【选择性粘贴】对话框中选择【数值】，最后单击【确定】按钮把单元格里的公式去掉，如图 3-21 所示。

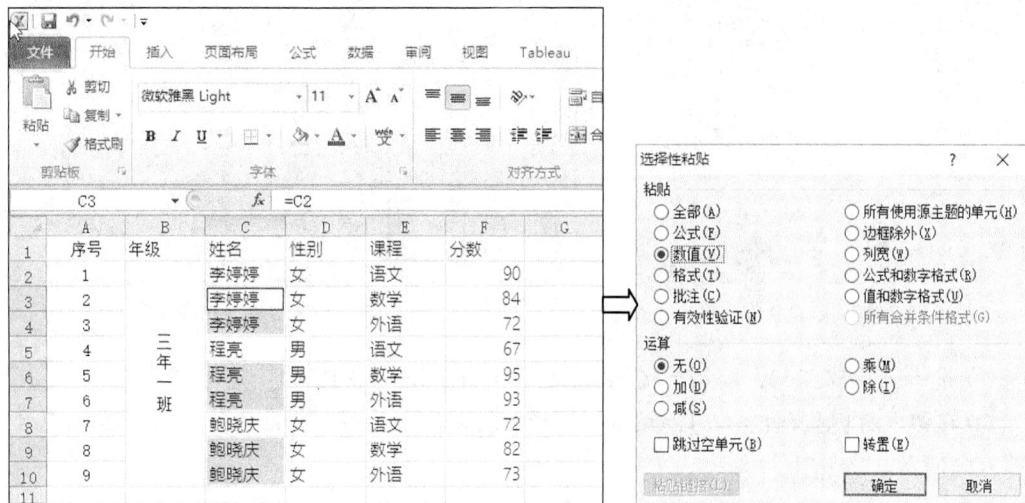

图 3-21 删除公式

接下来怎样取消"三年一班"的合并单元格，并让"三年一班"字体横向排列呢？
具体操作步骤如下。

（1）打开"练习文件 3.2.1 表格十诫之合并单元格.xlsx"，选中 B2：B10，单击【开始】选项卡【清除】选项组中【清除格式】，如图 3-22 所示。

图 3-22　清除格式

（2）按快捷键<F5>，在弹出的【定位】对话框中选择【定位条件】。

（3）在【定位条件】对话框中选择【空值】，然后按【确定】按钮，如图 3-23 所示。

（4）在 B3 单元格里输入公式 "=B2"，按批量填充<Ctrl+Enter>快捷键，如图 3-24 所示。

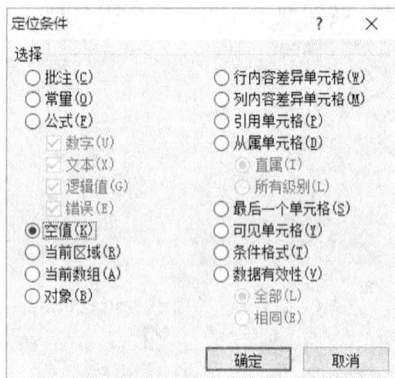

图 3-23　定位空值

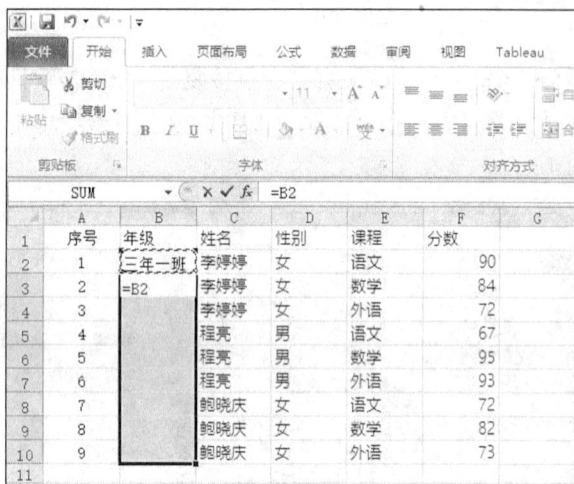

图 3-24　输入公式，批量填充

（5）选中区域 B2:B10，按<Ctrl+C>快捷键、<Ctrl+Alt+V>快捷键。

（6）在弹出的【选择性粘贴】对话框中选择【数值】，然后单击【确定】按钮，删除所有公式，如图 3-25 所示。

注释　　当几千个单元格需要填充时，工作量就特别大，可以用上面的方法来实现更快的填充。因为单元格里有公式，无法排序筛选，所以后面的步骤是把单元格里的公式去掉。

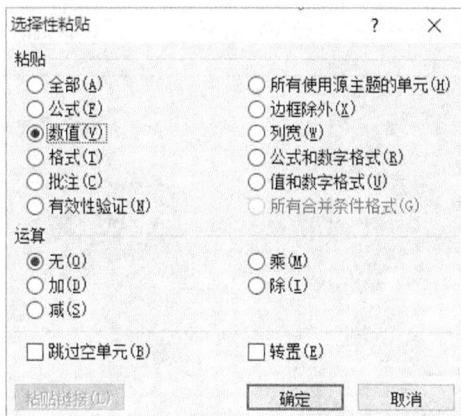

图 3-25　删除公式

3.2.2　没有序号

表格十诫之二，没有序号。对于一个规范的电子表格，序号其实很重要。例如，图 3-26 所示这张表格，一旦我们对表格进行排序、筛选、移动等处理，就会打乱原来的顺序。如果想回到最初的顺序几乎不可能，这时候序号的作用就非常明显。

在"练习文件 3.2.2 表格十诫之没有序号.xlsx"中，新增一列序号具体操作步骤如下。

（1）打开"练习文件 3.2.2 表格十诫之没有序号.xlsx"，选中 A 列，单击右键，选择【插入】，如图 3-27 所示。

图 3-26　没有序号的学生成绩表

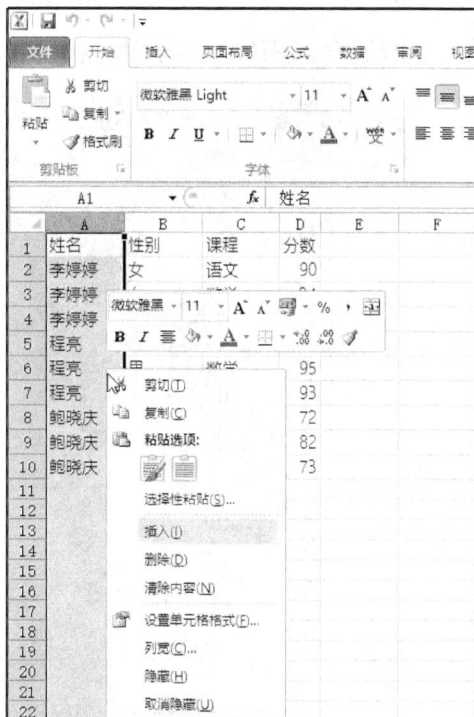

图 3-27　插入一列

（2）在 A1 单元格输入"序号"，在 A2 单元格输入"1"，然后快速填充，如图 3-28 所示。

图 3-28　快速填充序号

（3）在自动填充选项的下拉列表里选择【填充序列】，序号添加成功，如图 3-29 所示。

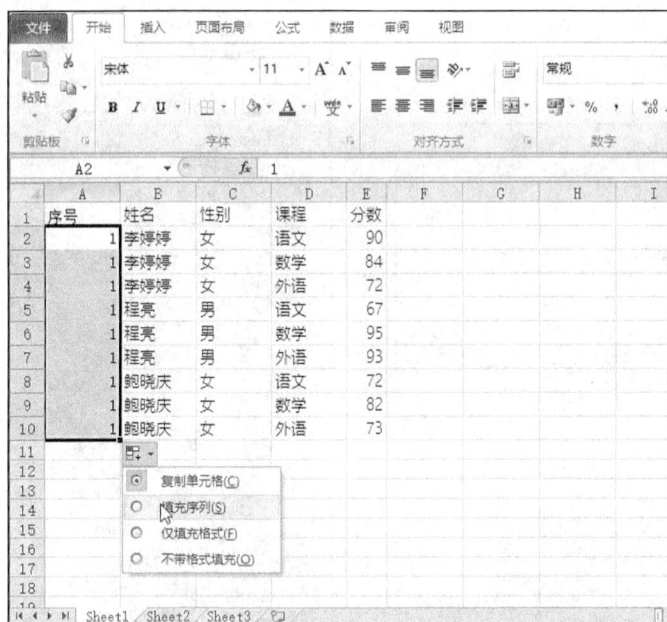

图 3-29　添加序号序列

序号其实是每条信息唯一的、独立的、不重复的一个代码。有了这个代码，这张表格无论怎么打乱顺序，我们都可以通过对序号的升序排序回到最初的状态。

3.2.3　表头不规范

很多人喜欢给表格加上一个漂亮的表头，殊不知，这样的表头其实是把表格作为前台来展示给大家看的，无法对表格进行数据的统计、分析处理。这些边框、文本框都不应该出现在我们的表格里，如图 3-30 所示。

图 3-30　表头不规范的电子表格

在"练习文件 3.2.3 表格十诫之表头不规范.xlsx"中怎样删除修改表头，让表格更加规范呢？具体操作如下。

（1）打开"练习文件 3.2.3 表格十诫之表头不规范.xlsx"，选中 B1 单元格中的连接符。

（2）单击【开始】选项卡【清除】选项组中【全部清除】按钮，如图 3-31 所示。

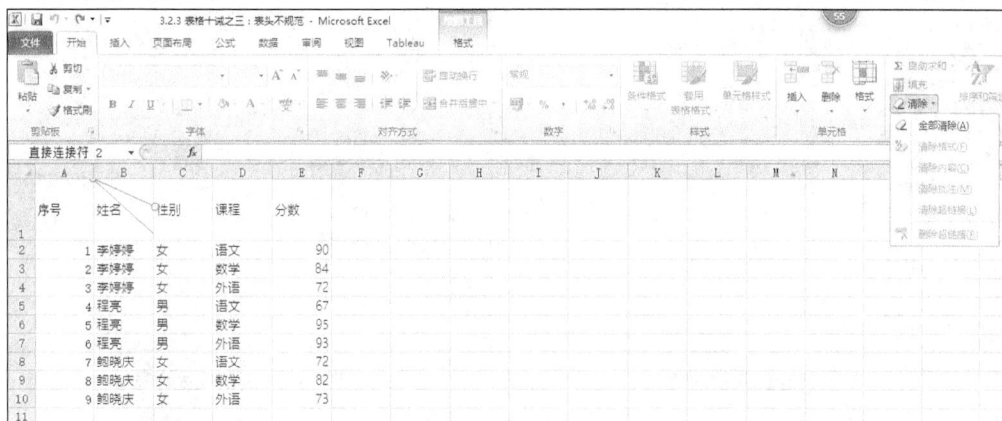

图 3-31　清除连接符

（3）用同样的方法清除剩下的连接符，如图 3-32 所示。

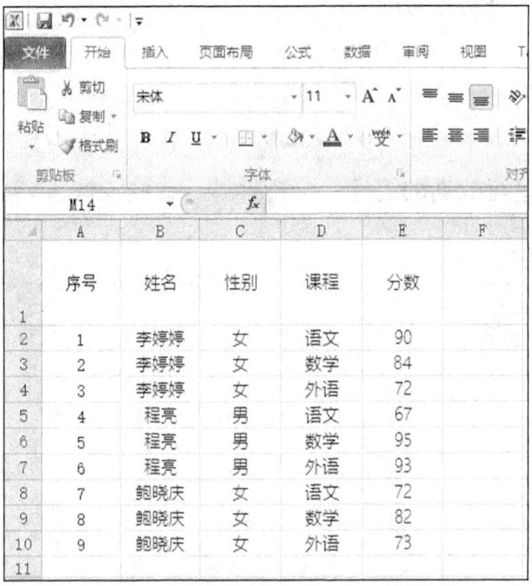

序号	姓名	性别	课程	分数
1	李婷婷	女	语文	90
2	李婷婷	女	数学	84
3	李婷婷	女	外语	72
4	程亮	男	语文	67
5	程亮	男	数学	95
6	程亮	男	外语	93
7	鲍晓庆	女	语文	72
8	鲍晓庆	女	数学	82
9	鲍晓庆	女	外语	73

图 3-32　清除表头的表格

3.2.4　胡乱合计

很多学生有一个习惯，喜欢在表格最后一行增加一个合计栏，如图 3-33 所示。

殊不知，合计数可以通过数据透视表或者套用表格格式自动生成，它不应该出现在表格内部。这样做的直接结果就是无法对电子表格排序筛选。一旦对表格里的分数进行降序排列，表格里的合计栏就排到第一位了，而且合计数变成了 0，如图 3-34 所示。

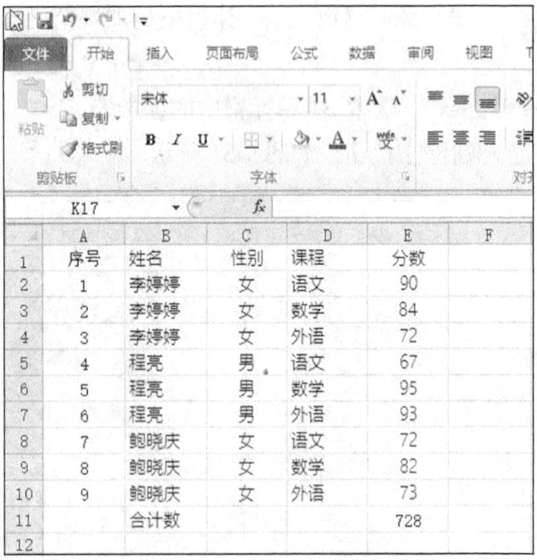

序号	姓名	性别	课程	分数
1	李婷婷	女	语文	90
2	李婷婷	女	数学	84
3	李婷婷	女	外语	72
4	程亮	男	语文	67
5	程亮	男	数学	95
6	程亮	男	外语	93
7	鲍晓庆	女	语文	72
8	鲍晓庆	女	数学	82
9	鲍晓庆	女	外语	73
	合计数			728

图 3-33　有合计数的表格

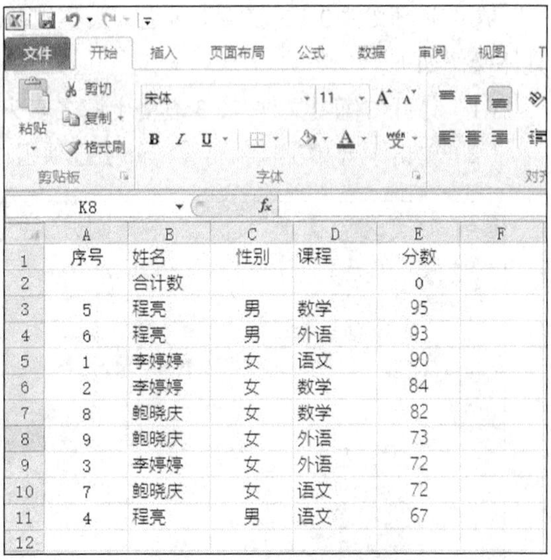

序号	姓名	性别	课程	分数
	合计数			0
5	程亮	男	数学	95
6	程亮	男	外语	93
1	李婷婷	女	语文	90
2	李婷婷	女	数学	84
8	鲍晓庆	女	数学	82
9	鲍晓庆	女	外语	73
3	李婷婷	女	外语	72
7	鲍晓庆	女	语文	72
4	程亮	男	语文	67

图 3-34　降序后的表格

合计数不应该出现在源数据里，它可以出现在数据前台而不是数据后台。那我们想随时关注合计数怎么办？可以在状态栏里单击鼠标右键，选中"求和"，如图 3-35 所示。

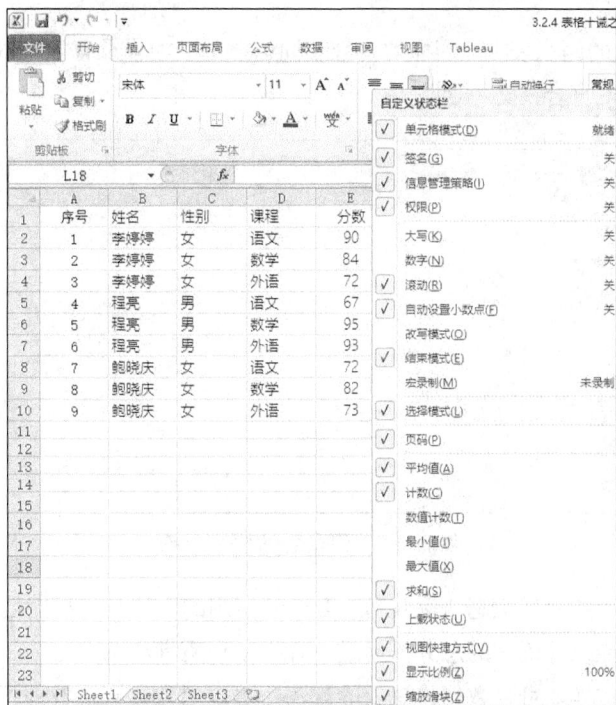

图 3-35　打开自定义状态栏

这样我们就可以在状态栏看到合计数 728 了。同时，如果你选中"平均值""计数"，同样可以在状态栏看到平均值是 80.88，计数是 9，如图 3-36 所示。

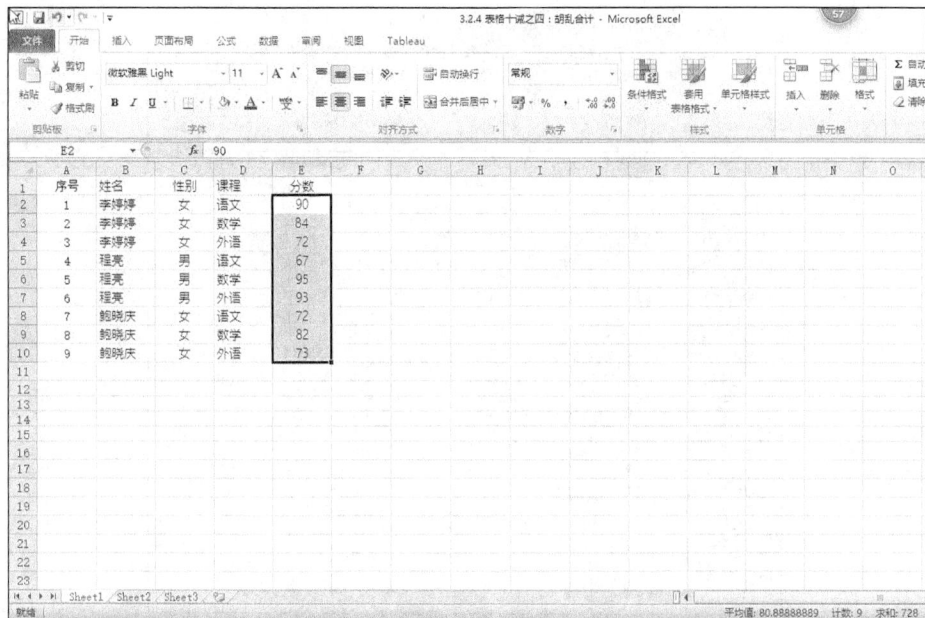

图 3-36　合计数在状态栏显示

3.2.5 不符合透视表规范

先看图 3-37 所示的两张表格，同样的内容不同的摆放，如果没有学过数据透视表规范，大家肯定觉得左边的表格更符合视觉习惯。

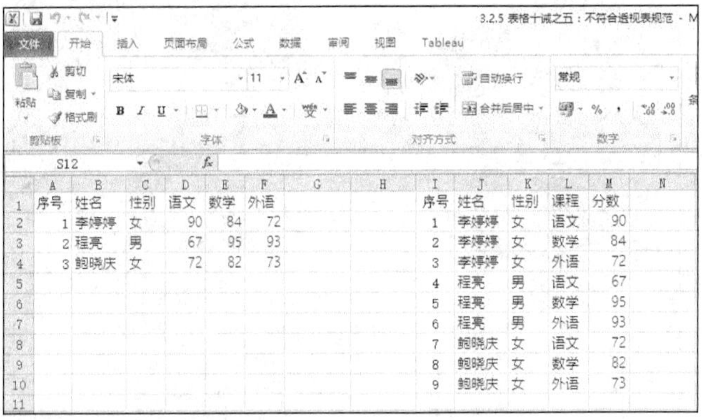

序号	姓名	性别	语文	数学	外语
1	李婷婷	女	90	84	72
2	程亮	男	67	95	93
3	鲍晓庆	女	72	82	73

序号	姓名	性别	课程	分数
1	李婷婷	女	语文	90
2	李婷婷	女	数学	84
3	李婷婷	女	外语	72
4	程亮	男	语文	67
5	程亮	男	数学	95
6	程亮	男	外语	93
7	鲍晓庆	女	语文	72
8	鲍晓庆	女	数学	82
9	鲍晓庆	女	外语	73

图 3-37 不同格式的两张表格

其实右边的表格更符合数据透视表规范。Excel 使用的习惯是尽可能地把同类的内容放在一列。左边的表格我们能统计语文的总分，但是统计不了所有课程的总分。我们应该把所有课程的分数放在一列显示，这样才符合数据透视表的规范，可以对数据进行各种统计分析。

图 3-38 所示的表格是某个电视台从周一到周日每个时间段的收视率。这个表格就不符合数据透视表规范。

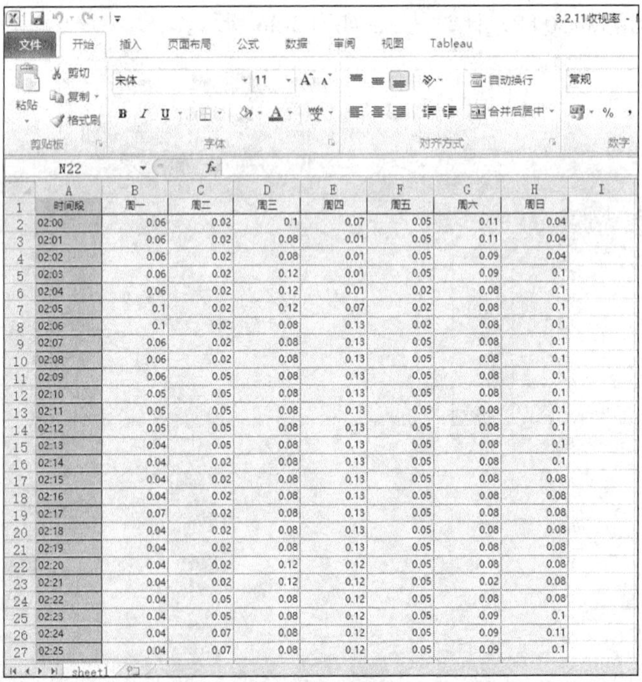

时间段	周一	周二	周三	周四	周五	周六	周日
02:00	0.06	0.02	0.1	0.07	0.05	0.11	0.04
02:01	0.06	0.02	0.08	0.01	0.05	0.11	0.04
02:02	0.06	0.02	0.08	0.01	0.05	0.09	0.04
02:03	0.06	0.02	0.12	0.01	0.05	0.09	0.1
02:04	0.06	0.02	0.12	0.01	0.02	0.08	0.1
02:05	0.1	0.02	0.12	0.07	0.02	0.08	0.1
02:06	0.1	0.02	0.08	0.13	0.02	0.08	0.1
02:07	0.06	0.02	0.08	0.13	0.05	0.08	0.1
02:08	0.06	0.02	0.08	0.13	0.05	0.08	0.1
02:09	0.06	0.05	0.08	0.13	0.05	0.08	0.1
02:10	0.05	0.05	0.08	0.13	0.05	0.08	0.1
02:11	0.05	0.05	0.08	0.13	0.05	0.08	0.1
02:12	0.05	0.05	0.08	0.13	0.05	0.08	0.1
02:13	0.04	0.05	0.08	0.13	0.05	0.08	0.1
02:14	0.04	0.02	0.08	0.13	0.05	0.08	0.1
02:15	0.04	0.02	0.08	0.13	0.05	0.08	0.08
02:16	0.04	0.02	0.08	0.13	0.05	0.08	0.08
02:17	0.07	0.02	0.08	0.13	0.05	0.08	0.08
02:18	0.04	0.02	0.08	0.13	0.05	0.08	0.08
02:19	0.04	0.02	0.08	0.13	0.05	0.08	0.08
02:20	0.04	0.02	0.12	0.12	0.05	0.08	0.08
02:21	0.04	0.02	0.12	0.12	0.05	0.02	0.08
02:22	0.04	0.05	0.08	0.12	0.05	0.08	0.08
02:23	0.04	0.05	0.08	0.12	0.05	0.09	0.1
02:24	0.04	0.07	0.08	0.12	0.05	0.09	0.11
02:25	0.04	0.07	0.08	0.12	0.05	0.09	0.1

图 3-38 电台收视率

怎么修改让它符合数据透视表规范呢？具体操作步骤如下。

（1）打开"练习文件 3.2.11 收视率.xlsx"，在【Tableau】选项卡中，选择【Reshape Data】，弹出【Reshape Data】对话框，如图 3-39 所示。

（2）在【Reshape Date】对话框中单击【OK】按钮，就会生成一个符合数据透视表规范的电子表格，如图 3-40 所示。

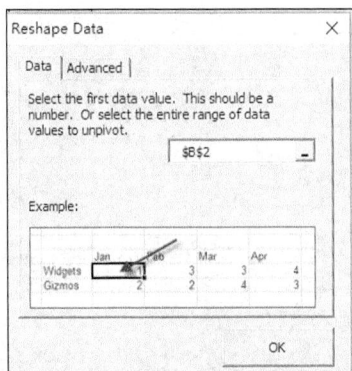

图 3-39 【Reshape Data】对话框

图 3-40 符合数据透视表规范的收视率表格

这样一个符合数据透视表规范的电子表格直接插入数据透视表就可以了，这里不再赘述。

3.2.6 错误理解 0

在 Excel 中，0 和没有是不一样的。如图 3-41 所示，程亮的语文成绩没有，说明他没有参加考试；而他的数学成绩是 0，说明他参加了考试，只是发挥失常，考了 0 分。

图 3-41 学生成绩表

当我们选中区域 E2：E10 时，表格下面的状态栏显示平均分为 70.75 分，计数为 8，如图 3-42 所示。

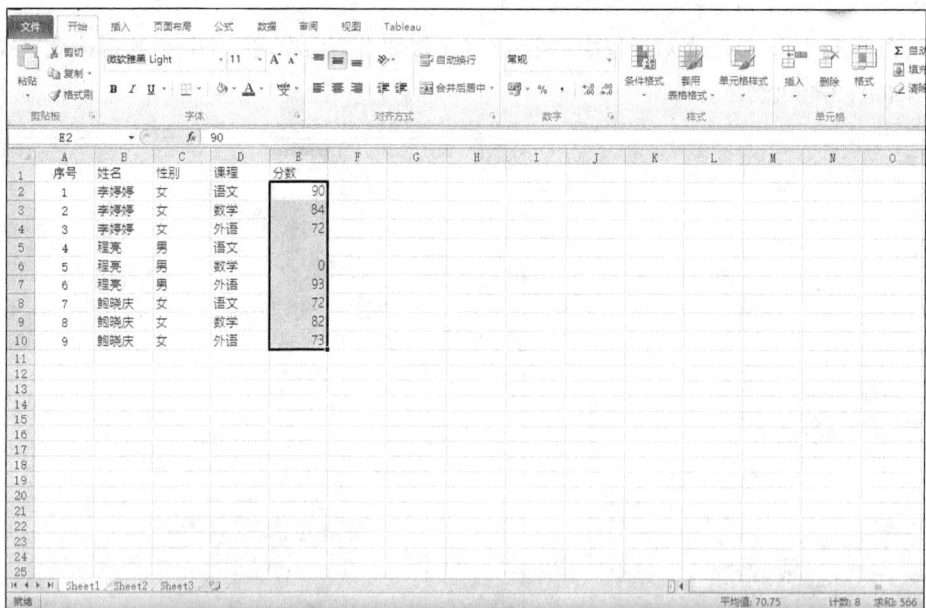

图 3-42　状态栏中显示平均值、计数和求和

如果在单元格 E5 里输入 0，想想会发生什么样的变化？

如图 3-43 所示，平均值变为 62.88，计数变为 9。明显结论不同，之前的平均值是总分除以 8 的结果，而添加了 0 后平均值就是总分除以 9 的结果。所以，0 和没有是有差别的。

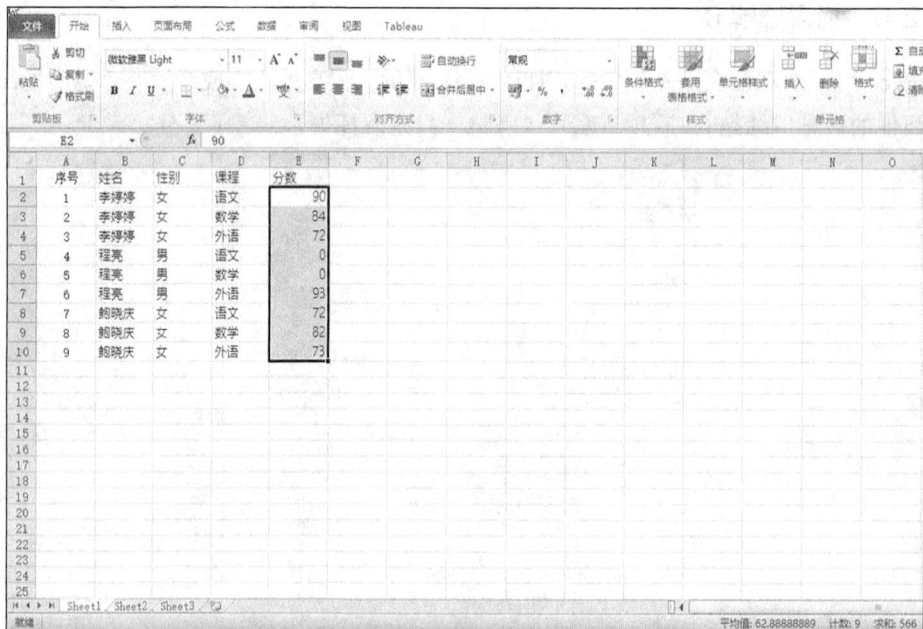

图 3-43　添加 0 后的变化

既然是有差别的，那么平时在录入数据的时候，一定要分清两者的区别。该输入时一定要输入，该空格时一定要空格。

3.2.7 分裂表格

分裂表格是在 Excel 表格中常见的错误，如图 3-44 所示。

这看似是一张表，实际上是两张表。想要做一班和二班的比较分析，就必须把它修改成一张表，如图 3-45 所示。

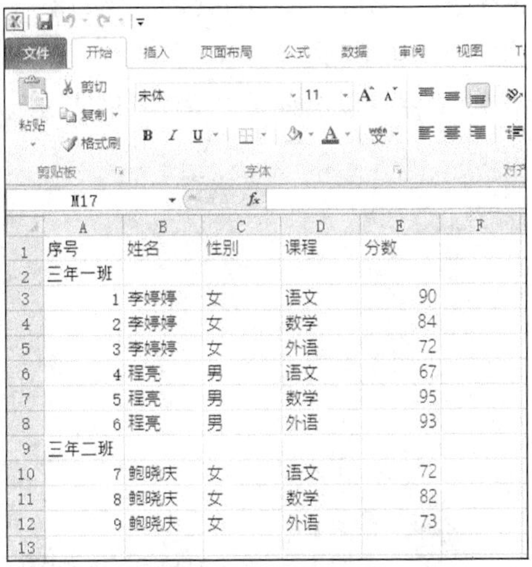

	A	B	C	D	E	F
1	序号	姓名	性别	课程	分数	
2	三年一班					
3	1	李婷婷	女	语文	90	
4	2	李婷婷	女	数学	84	
5	3	李婷婷	女	外语	72	
6	4	程亮	男	语文	67	
7	5	程亮	男	数学	95	
8	6	程亮	男	外语	93	
9	三年二班					
10	7	鲍晓庆	女	语文	72	
11	8	鲍晓庆	女	数学	82	
12	9	鲍晓庆	女	外语	73	
13						

图 3-44 分裂的表格

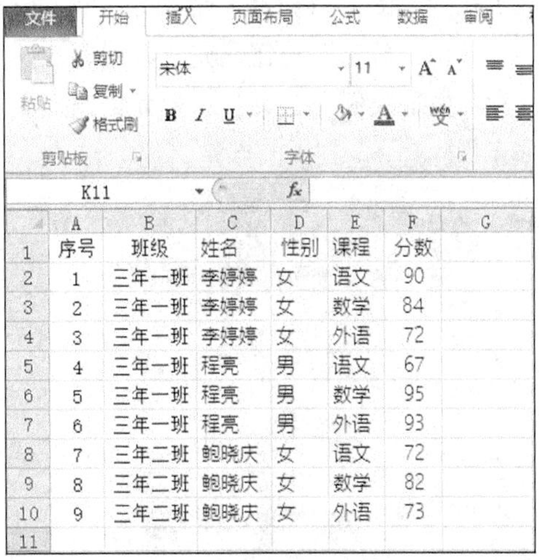

	A	B	C	D	E	F	G
1	序号	班级	姓名	性别	课程	分数	
2	1	三年一班	李婷婷	女	语文	90	
3	2	三年一班	李婷婷	女	数学	84	
4	3	三年一班	李婷婷	女	外语	72	
5	4	三年一班	程亮	男	语文	67	
6	5	三年一班	程亮	男	数学	95	
7	6	三年一班	程亮	男	外语	93	
8	7	三年二班	鲍晓庆	女	语文	72	
9	8	三年二班	鲍晓庆	女	数学	82	
10	9	三年二班	鲍晓庆	女	外语	73	
11							

图 3-45 符合规范的表格

这样就是一个完整的符合 Excel 表格规范的表格，这时候想要做数据的比较分析就没有问题了。

3.2.8 数字文本化

什么是数字文本化？顾名思义，就是把本应该以数字格式存储的数字以文本格式存储在表格里了，如图 3-46 所示。

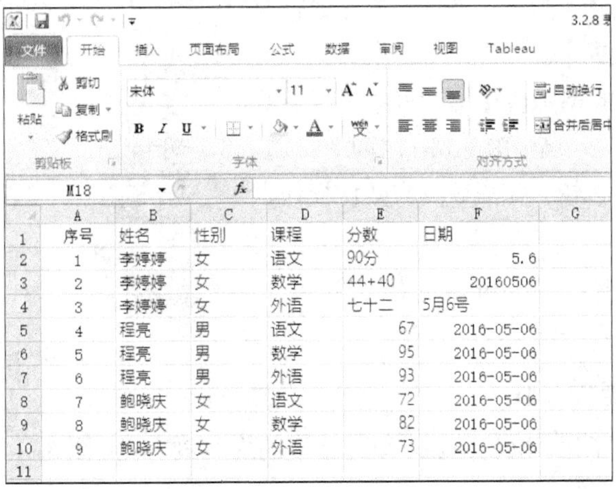

	A	B	C	D	E	F	G
1	序号	姓名	性别	课程	分数	日期	
2	1	李婷婷	女	语文	90分	5.6	
3	2	李婷婷	女	数学	44+40	20160506	
4	3	李婷婷	女	外语	七十二	5月6号	
5	4	程亮	男	语文	67	2016-05-06	
6	5	程亮	男	数学	95	2016-05-06	
7	6	程亮	男	外语	93	2016-05-06	
8	7	鲍晓庆	女	语文	72	2016-05-06	
9	8	鲍晓庆	女	数学	82	2016-05-06	
10	9	鲍晓庆	女	外语	73	2016-05-06	
11							

图 3-46 数字文本化

　　这说明在填数字的时候不规范，成绩和日期明明是数字格式的，录入的却是文本格式，直接导致无法计算。表格里不规范的分数我们可以先手动修改过来，以后如果有同样的情况，即需要录入数字，并且有一定范围的，我们可以在数据录入之前用数据有效性来限制这个区域录入数据的范围。例如在"练习文件 3.2.8 表格十诫之数字文本化.xlsx"中，我们用数据有效性限制录入数据的范围，具体操作步骤如下。

　　（1）打开"练习文件 3.2.8 表格十诫之数字文本化.xlsx"，选中 E 列，选择【数据】选项卡中【数据有效性】选项组中的【设置】。

　　（2）在弹出的【数据有效性】对话框中设置有效性条件为允许 0～100 之间的整数。

　　（3）单击"确定"按钮，完成数据有效性操作，如图 3-47 所示。

　　这样，如果我们在 E 列任一单元格输入文本"90 分"，系统就会提示你"输入值非法"，如图 3-48 所示。

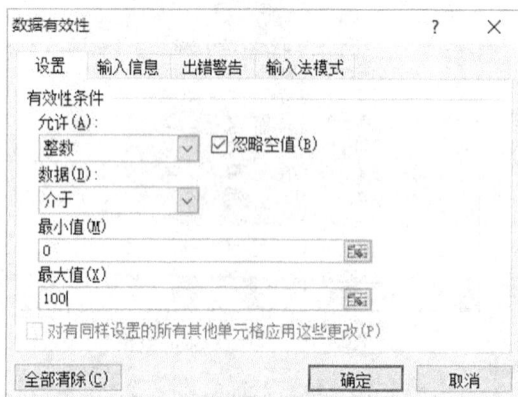

图 3-47　数据有效性设置

图 3-48　系统提示

　　这样就避免了表格数据录入不规范的问题。同样，表格里的日期也要规范输入。当然为了避免事后修改的麻烦，我们同样可以在录入之前就用数据有效性来限制这个区域录入数据的范围。具体操作步骤如下。

　　（1）选中 F 列，选择【数据】选项卡中【数据有效性】选项组中的【设置】。

　　（2）在弹出的【数据有效性】对话框中设置有效性条件为允许介于2016-5-1至2016-5-31之间的日期。

　　（3）单击【确定】按钮，完成数据有效性操作，如图 3-49 所示。

　　例如，我们在 F 列任一单元格输入数字"5.6"，系统就会提示你"输入值非法"。

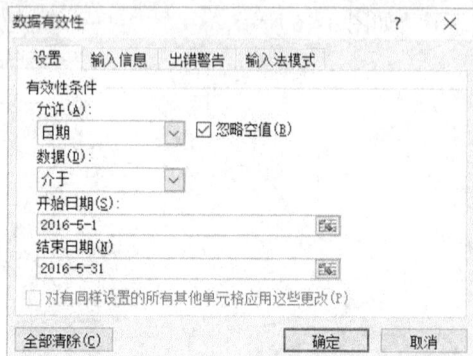

图 3-49　数据有效性

3.2.9　单元格非原子化

　　我们要求单元格原子化，也就是要求单元格里的内容最小化。图 3-50 所示表格中就出现了单元格非原子化的情况。

图 3-50　单元格非原子化

这个表格里课程分数没有最小化，课程和分数在一个单元格里。这样直接导致求和或者统计不同科的分数等最基本的计算分析都做不了，必须把它们分开。所以我们要求单元格原子化，一个单元格里只能放最小的不可分割的信息。

在"练习文件 3.2.9 表格十诫之单元格非原子化.xlsx"中，我们怎么把单元格原子化呢？这里有两种方法。

方法一，具体操作步骤如下。

（1）打开"练习文件 3.2.9 表格十诫之单元格非原子化.xlsx"，选中 D 列，在【数据】选项卡中选择【分列】选项组。

（2）在弹出的【文本分列向导—第 1 步，共 3 步】对话框中选择【固定宽度】，单击【下一步】按钮，如图 3-51 所示。

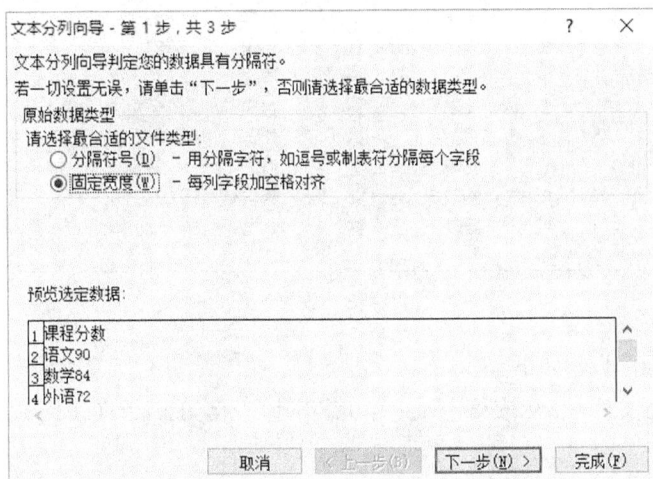

图 3-51　数据分列

（3）在弹出的【文本分列向导—第2步，共3步】对话框中选择建立分列线，单击【完成】按钮，完成分列操作，如图3-52所示。数据分列后的效果如图3-53所示。

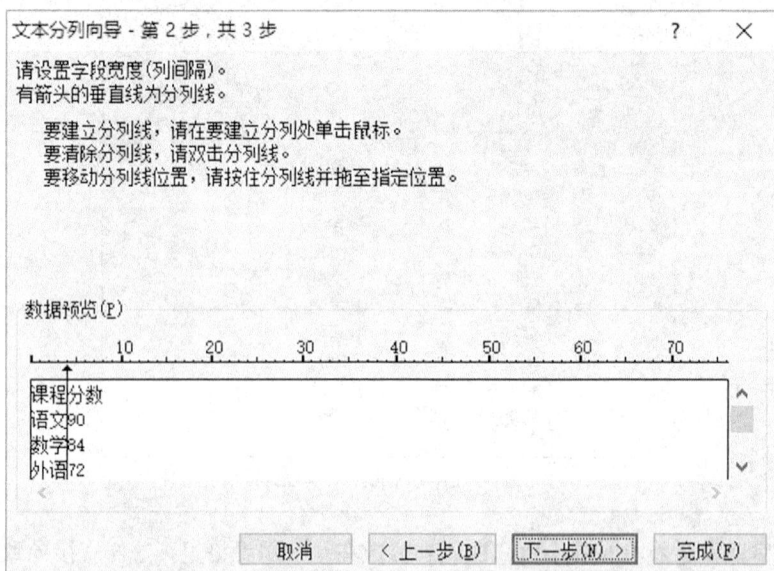

图3-52　划分列线

图3-53　数据分列

方法二，具体操作步骤如下。

（1）打开"练习文件3.2.9表格十诫之单元格非原子化.xlsx"，在E1单元格输入函数"=left（ ）"，如图3-54所示。

（2）在弹出的【函数参数】对话框里输入具体的参数，如图3-55所示。

图 3-54 录入函数 1

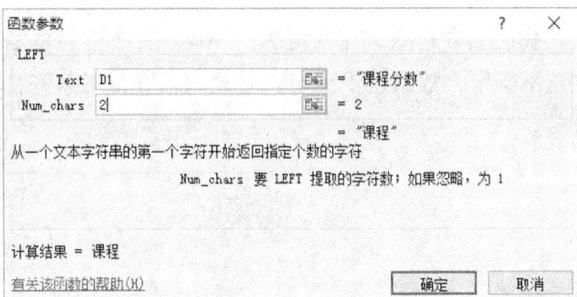

图 3-55 录入参数 1

（3）单击【确定】按钮，课程就分到 E 列了，如图 3-56 所示。

以同样的方法，在 F 列用 right 函数拆分分数，如图 3-57、图 3-58、图 3-59 所示。

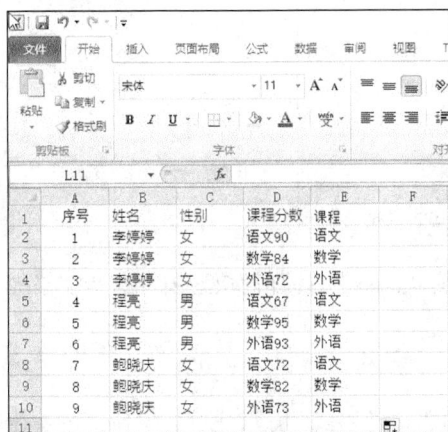

图 3-56 课程被分到 E 列

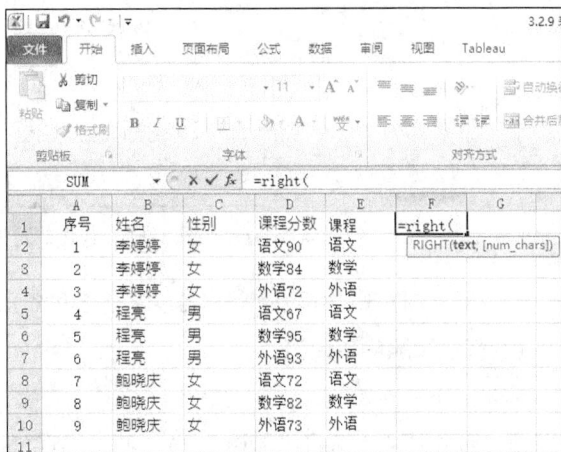

图 3-57 录入函数 2

图 3-58 录入参数 2

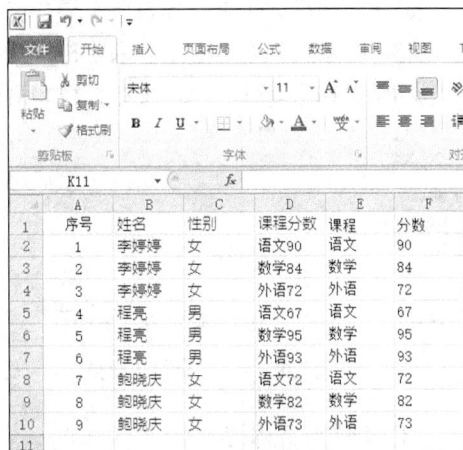

图 3-59 完成数据分列

最后删除 D 列就可以了。

3.2.10 包含空格与非正常格式

我们经常遇到这样的情况，Excel 表格里面总是有很多的空格和非正常格式，这些单元格的位置不确定，数量也不确定，导致表格非常不整齐，而且影响 Excel 数据分析的功能，如图 3-60 所示。

图 3-60　包含非正常格式的表格

在"练习文件 3.2.10 表格十诫之包含空格和非正常格式.xlsx"中，如何快速去掉这些空格呢？

1．替换法删除单元格

具体操作步骤如下。

（1）打开"练习文件 3.2.10 表格十诫之包含空格和非正常格式.xlsx"，选中 B 列，按查找和替换快捷键<Ctrl+F>。

（2）在弹出的【查找和替换】对话框中选择【替换】按钮。

（3）在【查找内容】里输入空格，【替换为】里什么内容也不输入，如图 3-61 所示。

（4）选择【全部替换】按钮，把表格里所有空格全部清除，如图 3-62 所示。

图 3-61　查找和替换

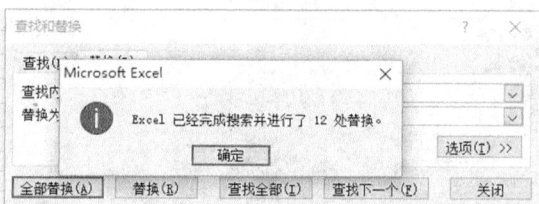

图 3-62　删除空格

2．分散对齐保持美观

在"练习文件 3.2.10 表格十诫之包含空格和非正常格式.xlsx"中，如果想让表格更美观一些，让姓名对齐，又不想要空格的存在，怎么办？

具体操作步骤如下。

（1）打开"练习文件 3.2.10 表格十诫之包含空格和非正常格式.xlsx"，选中 B 列，按快捷键 <Ctrl+1>，在【对齐】标签下【水平对齐】选项里选择【分散对齐】，如图 3-63 所示。

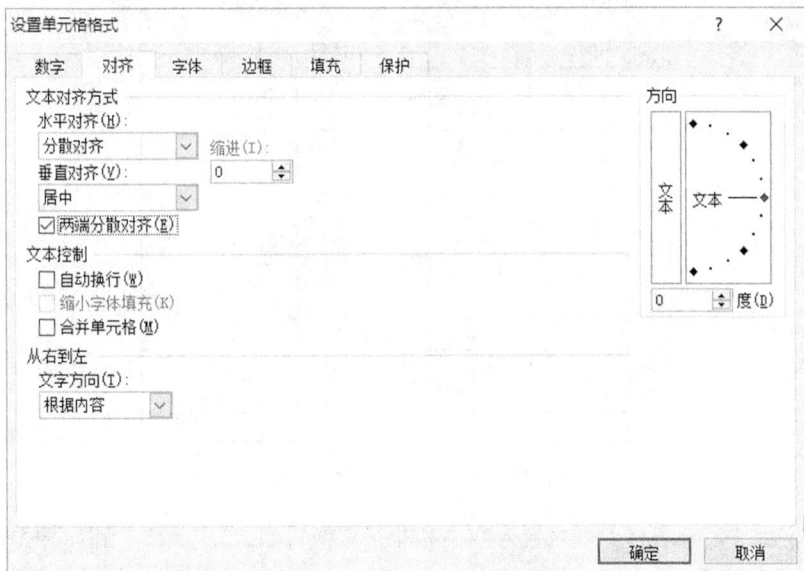

图 3-63　分散对齐设置

（2）单击【确定】按钮，效果如图 3-64 所示。

图 3-64　分散对齐效果

3．批量删除空行空列

表格十诫还包括表格的一些非正常格式，比如空行、空列等，如图 3-65 所示。这些都需要我们在数据分析之前处理掉，以免影响对表格的后期操作。

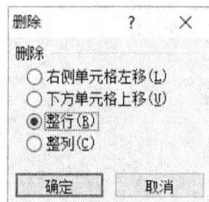

图 3-65　包含空行的表格

在"练习文件 3.2.10 表格十诫之包含空格和非正常格式.xlsx"中，怎样删除表格中的空行呢？

方法一，操作步骤如下。

（1）打开"练习文件 3.2.10 表格十诫之包含空格和非正常格式.xlsx"，全选表格，使用定位功能键〈F5〉，在弹出的【定位】对话框中选择【定位条件】，在弹出的【定位条件】对话框中选择【空值】，然后单击【确定】按钮，定位所有空行，如图 3-66 所示。

（2）单击鼠标右键【删除】，选择【整行】，单击【确定】按钮，如图 3-67 所示。

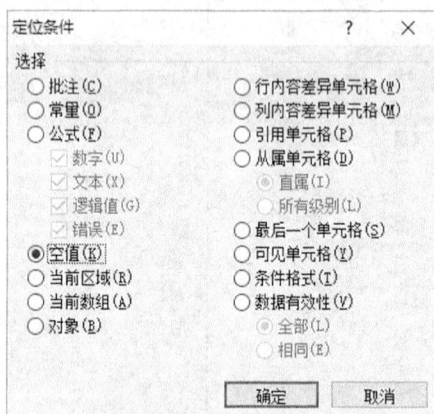

图 3-66　定位空行

图 3-67　删除空行 1

注释　如果 Excel 表格里有多个空列，此方法同样适用。

方法二,操作步骤如下。

对序号进行排序,空行就会跳到最后,然后单击右键删除,如图 3-68～图 3-71 所示。

图 3-68 排序

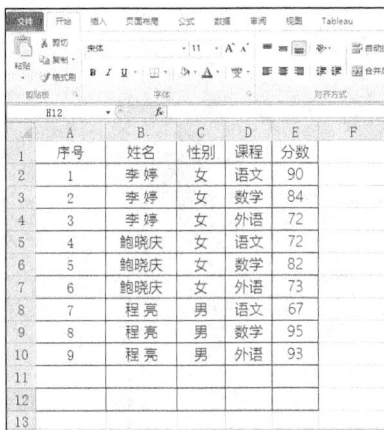

图 3-69 空行跳到最后

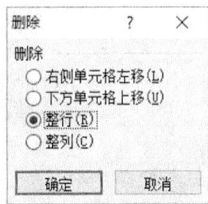

图 3-70 删除空行 2

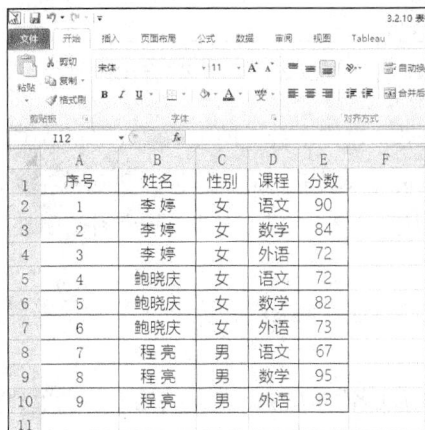

图 3-71 删除空行后的表格

总结一下表格十诫，我们可以得出这样的结论：首先，一个正确的规范的表格应该有完整的字段标题，首字段应该是序号，方便我们排序、汇总、筛选、标识每一条独立的信息，数字和日期应该有正确的格式；其次，尽可能使用数据有效性设置来避免录入信息的错误和不规范；最后，表格应符合数据透视表的规范，没有空行、空列、合计项、合并单元格等不规范项。

3.3 表格十诫的实践应用

下面我们来看几个表格十诫的具体实践应用案例。

3.3.1 游戏广告表修正

图 3-72 所示为一个游戏广告表，大家看看这个表格有哪些不规范的地方？

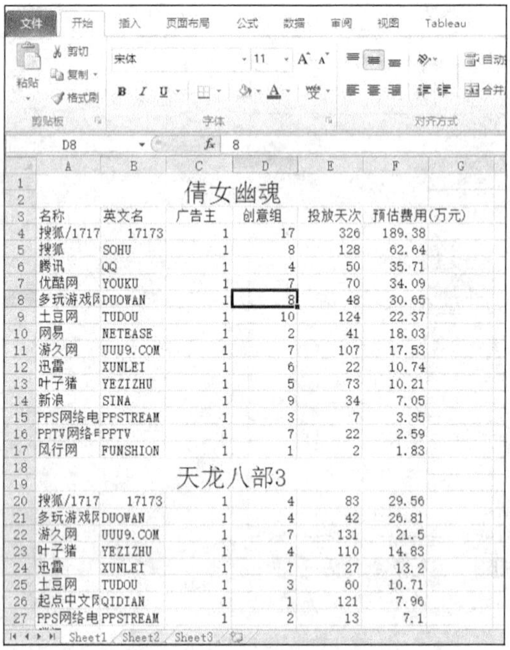

	A	B	C	D	E	F
1–2	倩女幽魂					
3	名称	英文名	广告主	创意组	投放天次	预估费用(万元)
4	搜狐/1717	17173	1	17	326	189.38
5	搜狐	SOHU	1	8	128	62.64
6	腾讯	QQ	1	4	50	35.71
7	优酷网	YOUKU	1	7	70	34.09
8	多玩游戏[	DUOWAN	1	8	48	30.65
9	土豆网	TUDOU	1	10	124	22.37
10	网易	NETEASE	1	2	41	18.03
11	游久网	UUU9.COM	1	7	107	17.53
12	迅雷	XUNLEI	1	6	22	10.74
13	叶子猪	YEZIZHU	1	5	73	10.21
14	新浪	SINA	1	9	34	7.05
15	PPS网络电	PPSTREAM	1	3	7	3.85
16	PPTV网络	PPTV	1	7	22	2.59
17	风行网	FUNSHION	1	1	2	1.83
18–19	天龙八部3					
20	搜狐/1717	17173	1	4	83	29.56
21	多玩游戏[	DUOWAN	1	4	42	26.81
22	游久网	UUU9.COM	1	7	131	21.5
23	叶子猪	YEZIZHU	1	4	110	14.83
24	迅雷	XUNLEI	1	7	27	13.2
25	土豆网	TUDOU	1	3	60	10.71
26	起点中文[	QIDIAN	1	1	121	7.96
27	PPS网络电	PPSTREAM	1	2	13	7.1

图 3-72　游戏广告表

这是两个网络游戏投放在不同媒体平台上的天数、费用等数据，单看这个表格没有什么问题，但仔细一看，这个表格被分裂成两张表了，无法横向分析这两个游戏之间的数据。它违反了表格十诫之七：分裂表格。在“练习文件 3.3.1 游戏广告.xlsx”中，我们应该怎样修改这个表格让它更规范呢？具体操作步骤如下。

（1）打开“练习文件 3.3.1 游戏广告.xlsx”，选中 A 列，单击鼠标右键，在弹出的选项中选择【插入】项，插入一列。

（2）在 A3 单元格输入“游戏名”，在 A4 单元格输入“倩女幽魂”，在 A20 单元格输入“天龙八部 3”，如图 3-73 所示。

图 3-73　插入游戏名

（3）删除第 1、2、18、19 行。

（4）全选 A 列，按定位功能键<F5>，在弹出的定位对话框中选择【定位条件】按钮，在弹出的【定位条件】对话框中选择【空值】，然后单击【确定】按钮，如图 3-74 所示。

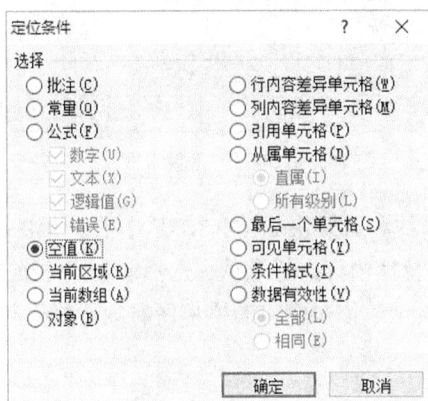

图 3-74　定位空值

（5）在 A3 单元格中输入公式 "=A2"，使用快捷键<Ctrl+回车>快速填充，如图 3-75 所示。

（6）全选 A 列，使用复制快捷键<Ctrl+C>，选择性粘贴快捷键<Ctrl+Alt+V>，在弹出的【选择性粘贴】对话框中选择【数值】，单击【确定】按钮，如图 3-76 所示。该步骤将删除所有公式。

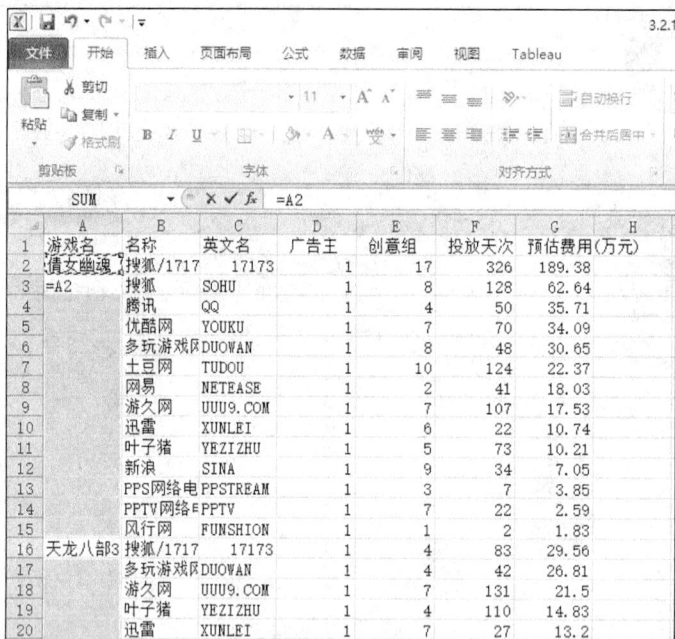

图 3-75　输入公式

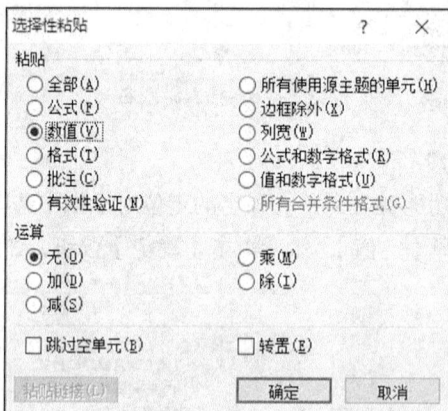

图 3-76　删除公式

（7）全选整张表，使用查找和替换快捷键<Ctrl+F>，在弹出的【查找和替换】对话框中选择【替换】，查找内容输入空格，替换内容选择默认，选择【全部替换】，系统提示完成 4 处替换，单击【确定】按钮，如图 3-77 所示。该步骤将表格里所有的空格全部去掉。

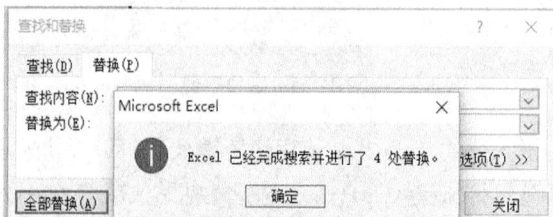

图 3-77　删除空格

除了分裂表格外，这个表格还有一个小问题，英文名中有数字"17173"。我们要把这个数字格式转换成文本格式，具体操作如下。

（1）打开"练习文件 3.3.1 游戏广告.xlsx"，按下快捷键<Ctrl+1>，在弹出的对话框【设置单元格格式】中选择【文本】。

（2）单击【确定】按钮，就可以把数字转换为文本了，如图 3-78 所示。

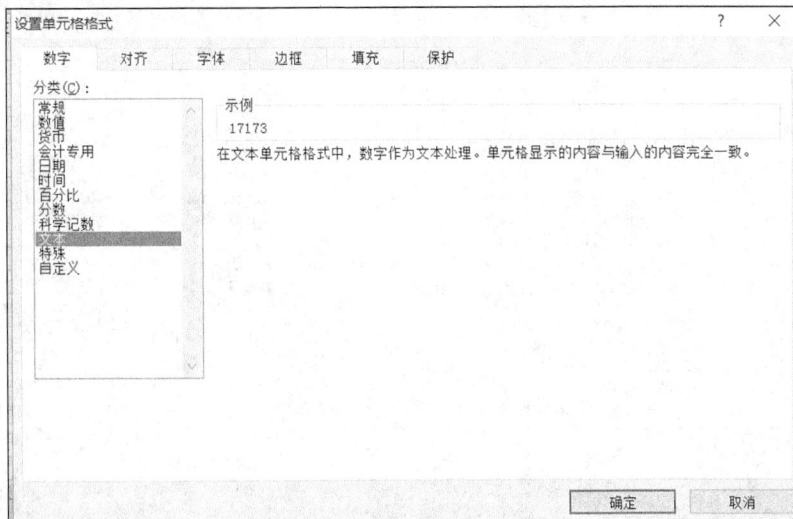

图 3-78　数字转换文本

3.3.2　机票订单修正

大家看如图 3-79 所示的表格，第一眼看上去就比较乱，无论是字体还是格式，都不规范。

图 3-79　机票表

在"练习文件 3.3.2 机票表.xlsx"中，如何修改表格使其规范？具体操作步骤如下。

（1）打开"练习文件 3.3.2 机票表.xlsx"，选中整张表，在【开始】选项中选择【清除】选项组中【清除格式】，把所有的格式清除掉，如图 3-80 所示。

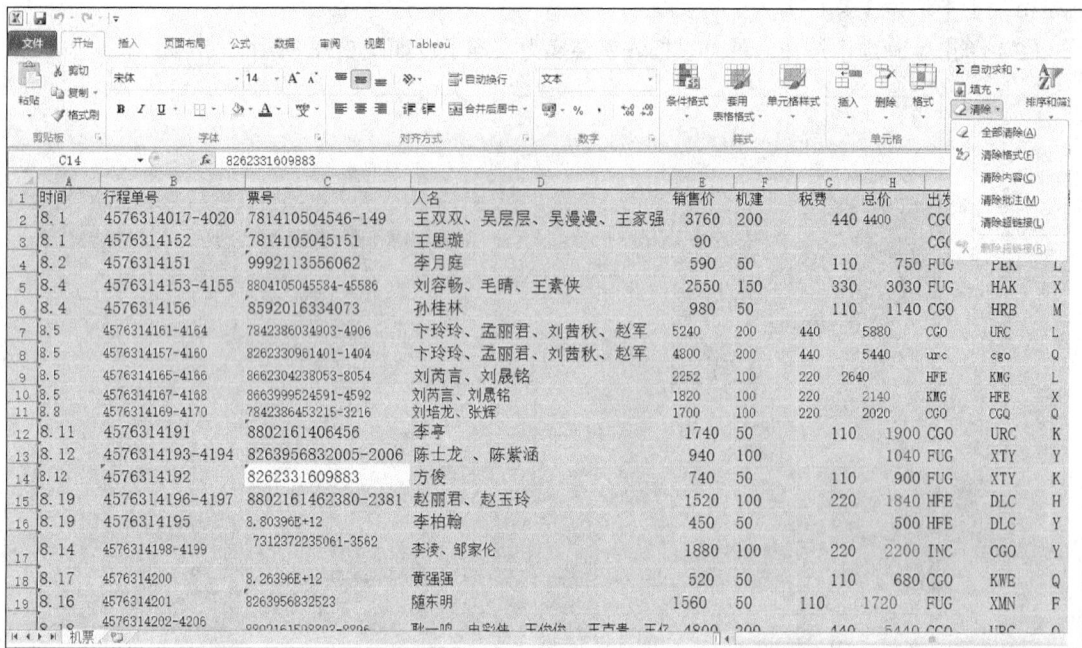

图 3-80　清除格式

（2）选择字体为微软雅黑，字号为 10 号字。

（3）双击列宽和行高，调整合适的行高和列宽。

（4）选中 A 列，使用查找和替换快捷键<Ctrl+F>，在弹出的【查找和替换】对话框中选择【替换】，查找内容输入"."，替换内容输入"-"，选择【全部替换】。系统提示完成 50 处替换，单击【确定】按钮，如图 3-81 所示。

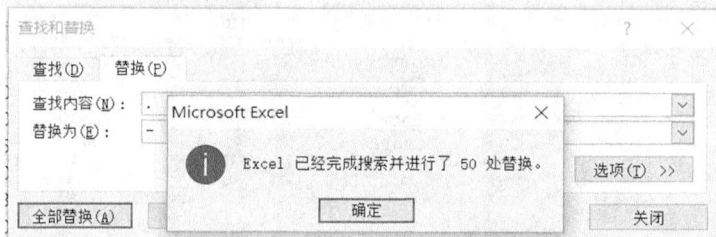

图 3-81　修改时间

（5）分别选中 B、C 列，使用设置单元格格式快捷键<Ctrl+1>，选择文本，修改 B、C 列行程单号和票号为文本。

（6）双击 C16、C18、C22、C23 单元格，修改科学计数法为文本。

（7）全选整张表，使用查找和替换快捷键<Ctrl+F>，在弹出的【查找和替换】对话框中选择

【替换】，查找内容输入空格，替换内容选择默认，选择【全部替换】。系统提示完成 14 处替换，单击【确定】按钮，将表格里所有的空格全部去掉，如图 3-82 所示。

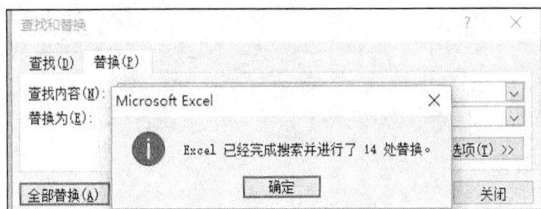

图 3-82　删除空格

> 注释　当数字位数超过 16 位的时候双击单元格让其中的数字由科学计数法变为文本的方法并不适用，正确的做法是 B 列、C 列在输入内容之前先将单元格格式的类型设定为文本格式。

3.3.3　药店库存透视表转换

图 3-83 所示的表格显示了中药在各个药店的分布情况。表格中将各个药店横向排列，这样看似没有问题，但是要插入数据透视表就行不通了，如图 3-84 所示。

图 3-83　中药存储情况表

我们只能从数据透视表上单独地看各个药店的药材存储情况，但是无法比较各个药店药材存储的情况。怎么样把这张表格修改成符合数据透视表规范的表格，让其各个药店之间能够比较分析呢？很简单，让每一种中药名称后面的药店纵向排列就可以了。具体操作步骤如下。

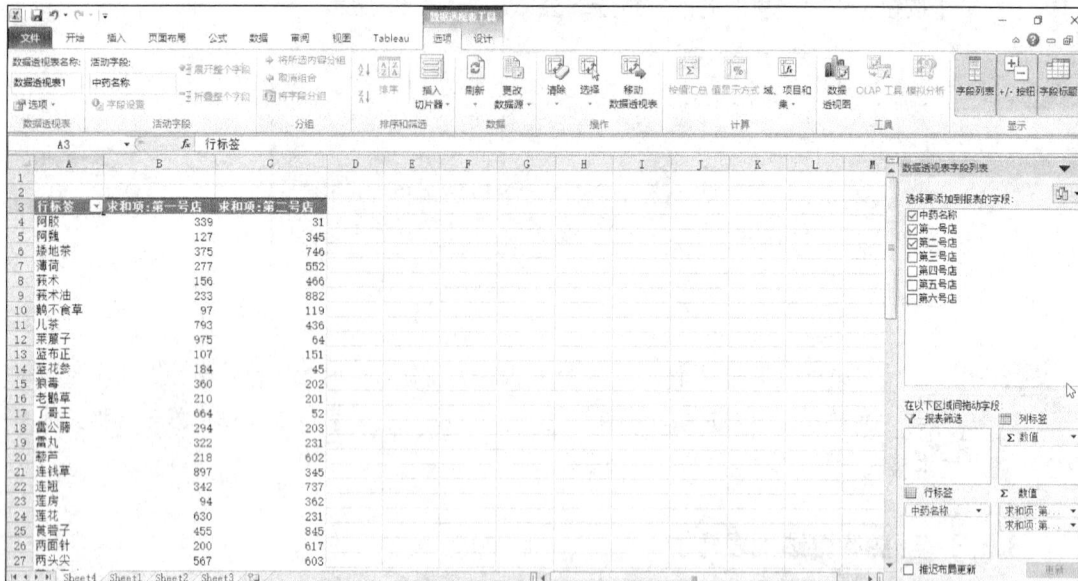

图 3-84　中药存储情况透视表

（1）打开"练习文件 3.3.3 中药存储情况表.xlsx"，在【Tableau】选项中选择【Reshape Data】选项组，在弹出的【Reshape Data】对话框中，单击【OK】按钮，如图 3-85 所示。表格中药材存储的各个药店就纵向排列了，如图 3-86 所示。

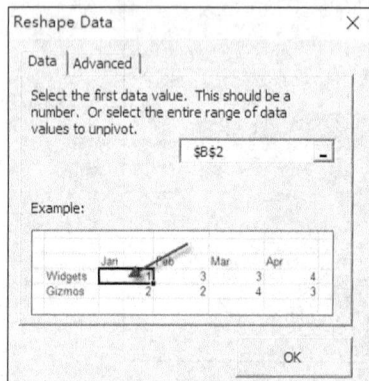

图 3-85　选择 Reshape Data

图 3-86　符合数据透视表规范的中药存储情况表

（2）把表格中的 B1、C1 单元格中的 Col2、Col3 分别改为店名和数值。

（3）选中全表，使用查找和替换快捷键<Ctrl+F>，在弹出的【查找和替换】对话框中选择【替换】，查找内容输入空格，替换内容选择默认，选择【全部替换】，系统提示完成 30 处替换，单击【确定】按钮，将表格里所有的空格全部去掉，如图 3-87 所示。

图 3-87　删除空格

（4）在【插入】选项中选择【数据透视表】选项组，在弹出的【数据透视表】对话框中，单击【确定】按钮，如图 3-88 所示。

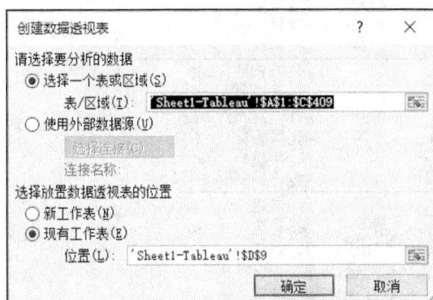

图 3-88　插入数据透视表

（5）在新工作表【数据透视表字段列表】中将【中药名称】和【店名】拖到行标签中，将【数值】拖动到权值标签中，一个规范的数据透视表就做好了，如图 3-89 所示。

图 3-89　中药存储数据透视表

注释 如果想把店名按照第一号店、第二号店、第三号店、第四号店、第五号店、第六号店顺序排列，我们可以用查找和引用功能将源数据表格中店名改为第 1 号店、第 2 号店、第 3 号店、第 4 号店、第 5 号店、第 6 号店，再按照上面的操作就可以了，如图 3-90、图 3-91 所示。

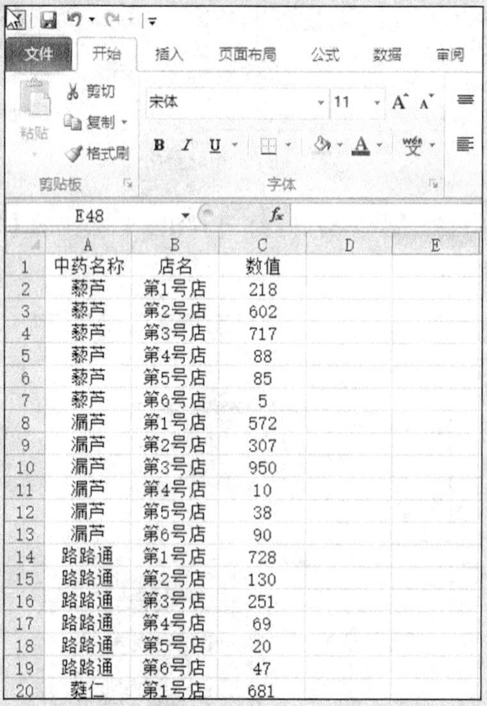

	A	B	C
1	中药名称	店名	数值
2	藜芦	第1号店	218
3	藜芦	第2号店	602
4	藜芦	第3号店	717
5	藜芦	第4号店	88
6	藜芦	第5号店	85
7	藜芦	第6号店	5
8	漏芦	第1号店	572
9	漏芦	第2号店	307
10	漏芦	第3号店	950
11	漏芦	第4号店	10
12	漏芦	第5号店	38
13	漏芦	第6号店	90
14	路路通	第1号店	728
15	路路通	第2号店	130
16	路路通	第3号店	251
17	路路通	第4号店	69
18	路路通	第5号店	20
19	路路通	第6号店	47
20	蕤仁	第1号店	681

图 3-90　修改店名后的中药存储情况表

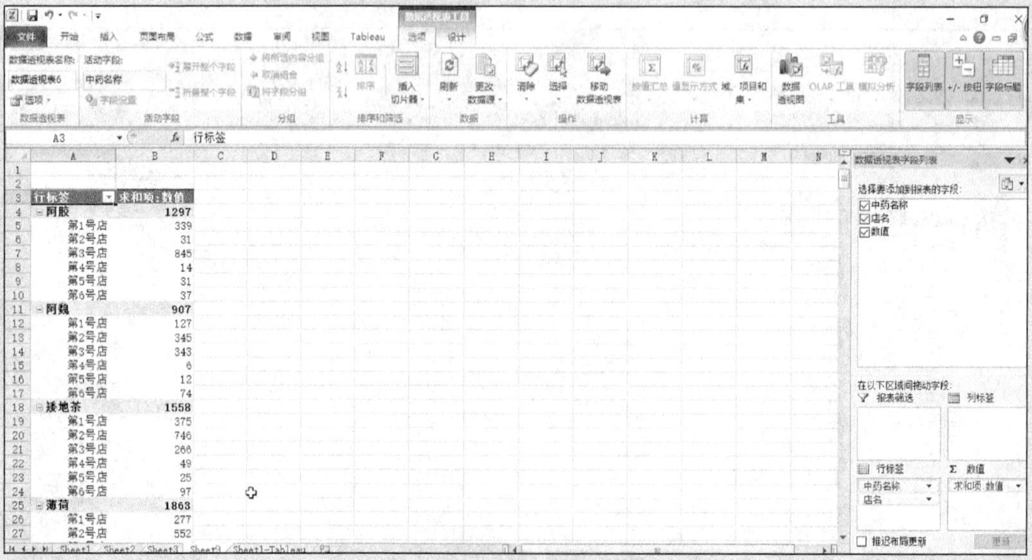

	A	B
3	行标签	求和项:数值
4	阿胶	1297
5	第1号店	339
6	第2号店	31
7	第3号店	845
8	第4号店	14
9	第5号店	31
10	第6号店	37
11	阿魏	907
12	第1号店	127
13	第2号店	345
14	第3号店	343
15	第4号店	6
16	第5号店	12
17	第6号店	74
18	矮地茶	1558
19	第1号店	375
20	第2号店	746
21	第3号店	266
22	第4号店	49
23	第5号店	25
24	第6号店	97
25	薄荷	1863
26	第1号店	277
27	第2号店	552

图 3-91　修改店名后的中药存储数据透视表

3.4 学习使用套用格式

Excel 提供了自动格式化的功能，它可以根据预设的格式，将我们制作的报表格式化，产生美观的表格，也就是表格的自动套用。这种自动格式化的功能，可以节省使用者将表格格式化的许多时间，而制作出的表格却很美观。

Excel 自带了许多种表格格式，我们如果觉得表格太单调，可以套用表格格式，给 Excel 表格做一个美化。

（1）打开 Excel 表格，选中任一单元格，在"开始"选项卡中，单击【套用表格格式】按钮，选择一种自己喜欢的格式，如图 3-92 所示。

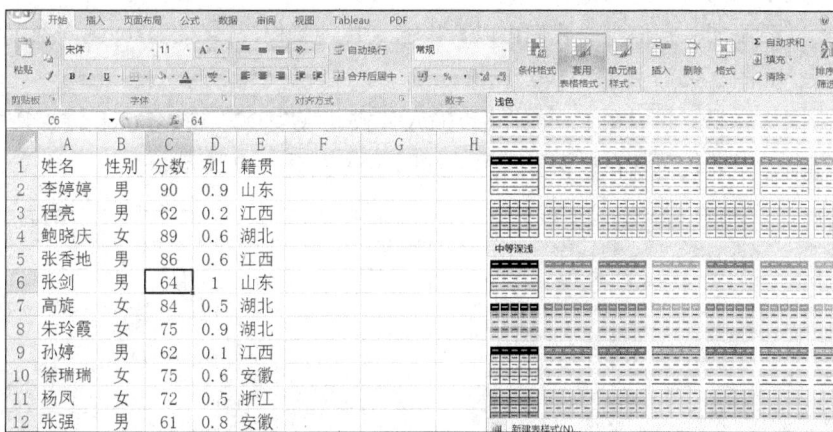

图 3-92　选择套用表格格式

（2）弹出【套用表格式】对话框后，选中"表包含标题"，单击【确定】按钮，如图 3-93 所示。

（3）表格格式已套用，如图 3-94 所示。

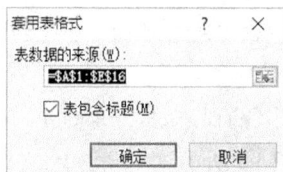

图 3-93　套用表格式

图 3-94　套用表格格式的学生信息表

　　　　个人觉得软件自带的表格格式都挺好看的，而且用起来也很方便，不喜欢的同学也可以自己美化表格。

Excel 这个功能对于我们是非常有意义的。

第一，套用表格格式更有易于我们阅读表格，无论是在屏幕上还是打印效果。大家可以从图 3-94 看到，添加了套用表格格式之后，表格内容隔行错色，我们看某一行的内容时不会看到上一行或下一行，不容易出错。除了单击按钮的方式，我们还可以用快捷键<Ctrl+L>套用表格样式。选中表格中任一单元格，按快捷键<Ctrl+L>，在弹出的【创建表】对话框中单击【确定】按钮，就可以实现这个功能了。

第二，有利于我们添加数据。

如果我们需要添加一条信息，我们可以直接输入姓名"程成"，按<Tab>键，系统就会自动给我们添加一行，如图 3-95 所示。

这个对列同样有用。我们在 F2 单元格里输入公式"=C2*D2"，按<Enter>键，整个表格 F 列结果全部计算出来，并且包含在表格样式里，如图 3-96、图 3-97 所示。

图 3-95　添加一条信息

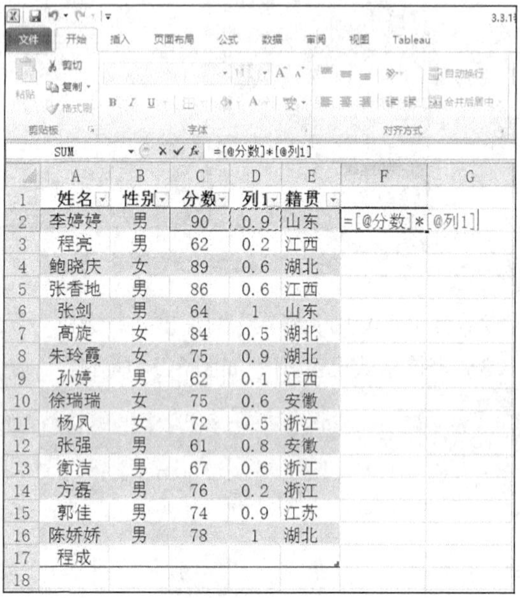

图 3-96　添加一列

第三，能帮助我们完善字段标题。

刚刚我们做的 F 列是没有标题的，系统最终会自动给我们添加一个标题：列 2。

第四，它是优秀的初级数据分析平台，可以排序、筛选、查重。打开任一个下拉列表，都可以排序、筛选，如图 3-98 所示。

除了最基本的数据分析功能，它还能删除重复项。比如想各省只保留一条考生的信息，可以打开【设计】标签下的【删除重复项】，选中【籍贯】，如图 3-99 所示。

图 3-97　F列添加成功

图 3-98　下拉列表

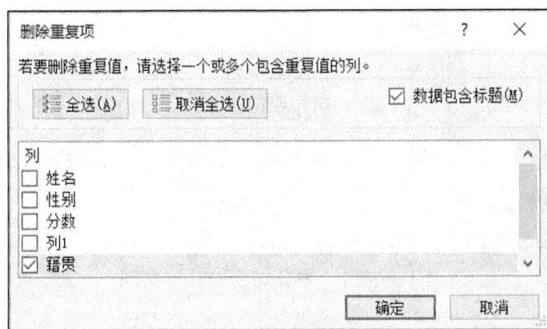

图 3-99　选择删除重复项

第五，单击【确定】按钮，每个省份就只保留了一条学生信息，如图 3-100 所示。

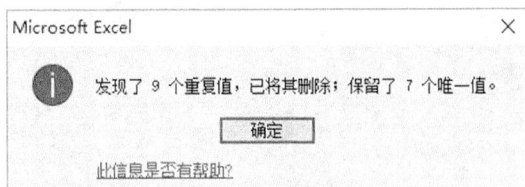

图 3-100　删除重复项

综合实训

1. 实训目的

整理企业登记台账，使其符合表格规范，便于数据分析与加工。

2．实训要求

打开"示例文件不规范表格的整理.xlsx"，甲公司的合同登记台账是由前台手工填录，虽然数据核对是正确的，但是格式有多处不规范，如图 3-101 所示，请规范表格，使其便于加工分析。

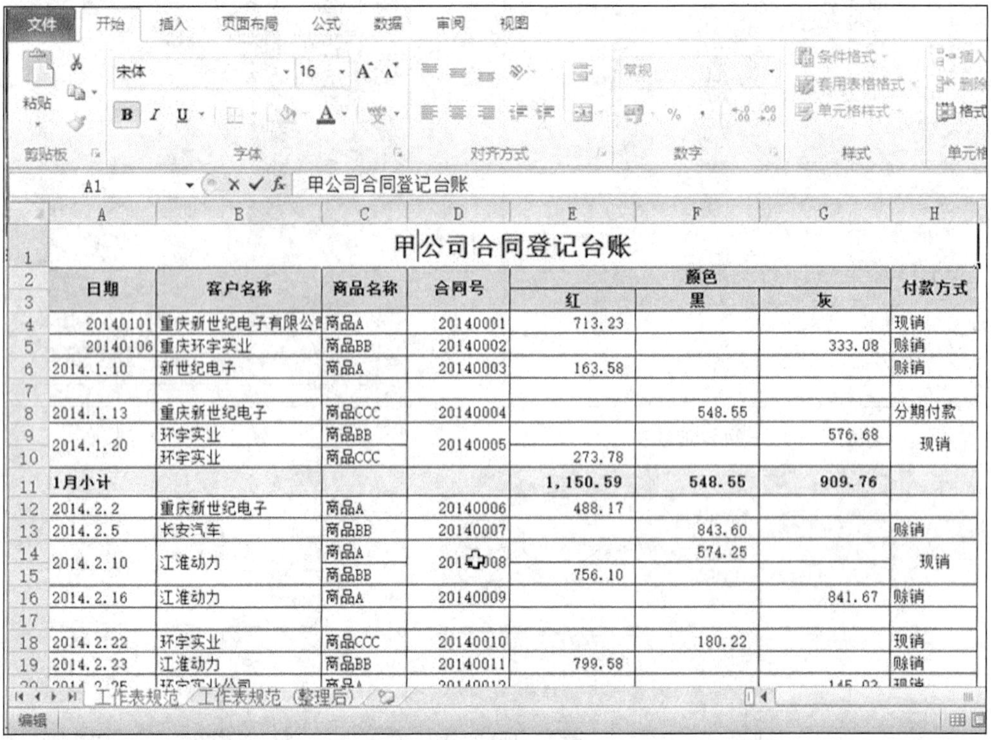

图 3-101 · 甲公司合同登记台账

第4章
电子表格的基本功能

学习目标

1. 掌握排序和筛选的基本功能；
2. 学会使用状态栏汇总简单的数据；
3. 会利用条件格式显示要标注的会计数据；
4. 会使用自定义格式功能。

引言

本项目将对 Excel 的最基本功能进行介绍和讲解。大部分财务基础工作其实都是在利用诸如状态栏、排序、筛选、条件格式等不新增数据，只改变原有数据显示方式的功能来进行数据加工。充分地掌握电子表格的基本功能，能够更有利于完成日常的财务基础工作。

4.1 | 排序功能

排序功能是在不改变表格内容的情况下，通过调整数据顺序展现财务工作者想要看到的数据结果，具有操作简便、使用广泛的特点。用户可以设置多种排序规则，对数据表格进行重排，得到需要的结果。

项目引入

第一季度财务数据已经登账完毕，财务负责人要求你将费用明细单独列支并打印上交，然而从账簿中抓取的费用数据杂乱无章，如图 4-1 所示。你可以通过排序的方式让数据更具可读性。

	A	B	C	D	E	F	G	H
1	日期	期间	凭证字	凭证号	部门	核算科目代码	核算费用科目	金额（元）
2	2014/1/8	1	记	39	总经办	6602.07	业务招待费	1,050.00
3	2014/2/4	2	记	22	技术部	6602.03	办公费	275
4	2014/1/7	1	记	26	采购部	6602.03	办公费	1,200.00
5	2014/1/6	1	记	19	技术部	5301.01.05.02	国际差旅费	6,850.00
6	2014/1/31	1	记	82	人力资源部	6602.01.01	工资及社保	702,500.00
7	2014/2/15	2	记	35	行政部	6602.02	水电费	9,500.00
8	2014/2/2	2	记	11	总经办	6602.05.02	国际差旅费	12,000.00
9	2014/2/28	2	记	74	人力资源部	5301.01.01.01	工资及社保	5,800.00
10	2014/1/5	1	记	15	财务部	6602.05.01	国内差旅费	4,523.00
11	2014/1/31	1	记	81	行政部	6602.04	通讯费	1,250.00
12	2014/3/11	3	记	19	财务部	6602.03	办公费	269
13	2014/3/25	3	记	39	技术部	5301.01.05.01	国内差旅费	1,690.00
14	2014/3/31	3	记	82	财务部	6602.06	折旧摊销费	11,050.00
15	2014/2/28	2	记	73	行政部	6602.04	通讯费	980
16	2014/2/3	2	记	15	采购部	6602.07	业务招待费	950
17	2014/2/28	2	记	72	财务部	6602.06	折旧摊销费	11,050.00
18	2014/3/17	3	记	26	总经办	6602.07	业务招待费	1,250.00
19	2014/3/31	1	记	82	人力资源部	5301.01.01.01	工资及社保	56,500.00
20	2014/3/31	3	记	83	行政部	6602.04	通讯费	1,205.00
21	2014/3/31	3	记	84	人力资源部	6602.01.01	工资及社保	5,800.00
22	2014/2/28	2	记	74	人力资源部	6602.01.01	工资及社保	710,000.00
23	2014/3/31	3	记	84	人力资源部	6602.01.01	工资及社保	710,000.00
24	2014/1/31	1	记	80	财务部	6602.06	折旧摊销费	11,050.00

图 4-1　企业账务数据

4.1.1　基本排序

对费用表按日期排序操作步骤如下。

（1）打开"练习文件 4.1.1 费用明细表.xlsx"，将光标定位在 A 列中的任意一个单元格。

注释　　自动排序功能，选择某一列中的任一单元格，则整张表默认以该列为主关键字排序；选择数据可以是数据表格内任意一个单元格，也可以是某一整列，但不能选择两个或多个单元格，否则会导致软件无法判断。

（2）在【数据】选项卡中单击【A-Z 升序】按钮，将表格以日期列为主关键字升序排序，如图 4-2 所示。

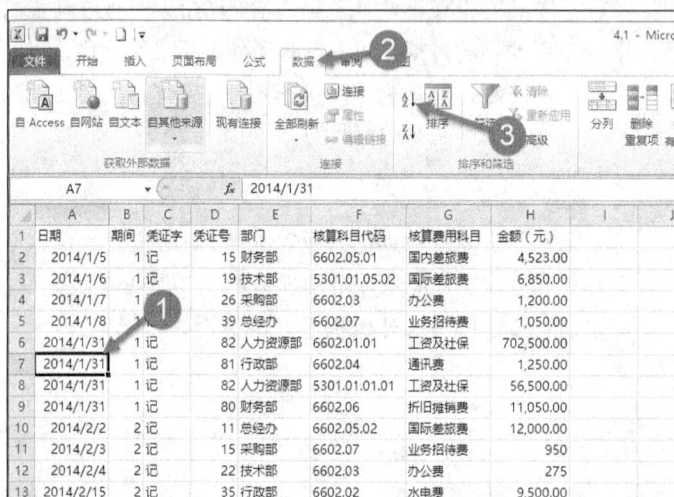

图 4-2　按升序排序

（1）用于排序的表格应符合表格规范，如包含字段标题、数据表格连续完整、没有空行空列、不含合并单元格，等等。

（2）设置主关键字只要选定所在字段中的任意一个单元格即可，如本例中需要按日期字段排序，则将单元格定位在 A7。

（3）分清升序与降序区别，数值字段按数字大小排序，文本字段按字母或拼音顺序排序。

4.1.2 多关键字排序

通过简单快速的排序功能，我们可以按照时间顺序呈现费用发生的情况，可是现在领导想要查看不同核算科目费用发生的情况，该怎么办呢？我们可以使用多关键字排序的方法。

（1）打开"练习文件 4.1.2 费用明细表.xlsx"，将光标定位在表格内任意一个单元格。

此时采用手动设置主关键字的方式，单元格可以选择表内任一单元格，不用限制属于某一列。

（2）在【数据】选项卡中单击【排序】按钮，如图 4-3 所示。在弹出的【排序】对话框中，选择【主要关键字】为"核算费用科目"，【排序依据】和【次序】保持不变。

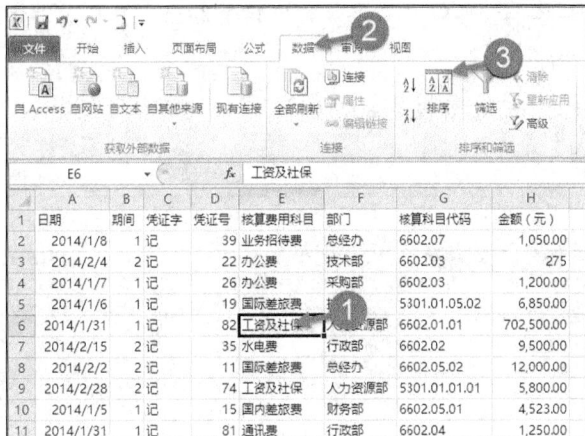

图 4-3　选择任一单元格

（3）单击【添加条件】按钮，新增次要关键字，在【次要关键字】中选择【日期】，单击【确定】按钮完成排序，如图 4-4 所示。

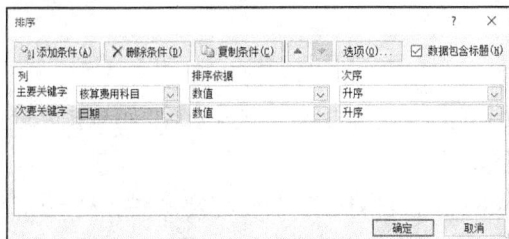

图 4-4　多关键字排序

（4）最终结果如图 4-5 所示。

	A	B	C	D	E	F	G	H	I	J
1	日期	期间	凭证字	凭证号	核算费用科目	部门	核算科目代码	金额（元）		
2	2014/1/7	1	记	26	办公费	采购部	6602.03	1,200.00		
3	2014/2/4	2	记	22	办公费	技术部	6602.03	275		
4	2014/3/11	3	记	19	办公费	财务部	6602.03	269		
5	2014/1/31	1	记	82	工资及社保	人力资源部	6602.01.01	702,500.00		
6	2014/1/31	1	记	82	工资及社保	人力资源部	5301.01.01.01	56,500.00		
7	2014/2/28	2	记	74	工资及社保	人力资源部	5301.01.01.01	5,800.00		
8	2014/2/28	2	记	74	工资及社保	人力资源部	6602.01.01	710,000.00		
9	2014/3/31	3	记	84	工资及社保	人力资源部	5301.01.01.01	5,800.00		
10	2014/3/31	3	记	84	工资及社保	人力资源部	6602.01.01	710,000.00		
11	2014/1/6	1	记	19	国际差旅费	技术部	5301.01.05.02	6,850.00		
12	2014/2/2	2	记	11	国际差旅费	总经办	6602.05.02	12,000.00		
13	2014/1/5	1	记	15	国内差旅费	财务部	6602.05	4,523.00		
14	2014/3/25	3	记	39	国内差旅费	技术部	5301.01.05.01	1,690.00		
15	2014/2/15	2	记	35	水电费	行政部	6602.02	9,500.00		
16	2014/1/31	1	记	81	通讯费	行政部	6602.04	1,250.00		
17	2014/2/28	2	记	73	通讯费	行政部	6602.04	980		
18	2014/3/31	3	记	83	通讯费	行政部	6602.04	1,205.00		
19	2014/1/8	1	记	39	业务招待费	总经办	6602.07	1,050.00		
20	2014/2/3	2	记	15	业务招待费	采购部	6602.07	950		
21	2014/3/17	3	记	26	业务招待费	总经办	6602.07	1,050.00		
22	2014/1/31	1	记	80	折旧摊销费	财务部	6602.06	11,050.00		
23	2014/2/28	2	记	72	折旧摊销费	财务部	6602.06	11,050.00		

图 4-5　排序结果

总结

（1）多条件排序满足多个关键字段的联动，每个关键字段都可以独立设置排序依据和次序。

（2）手动设置排序时应确定表格是否包含标题。如果表格不包含标题，可以取消【数据包含标题】复选框，如图 4-6 所示。

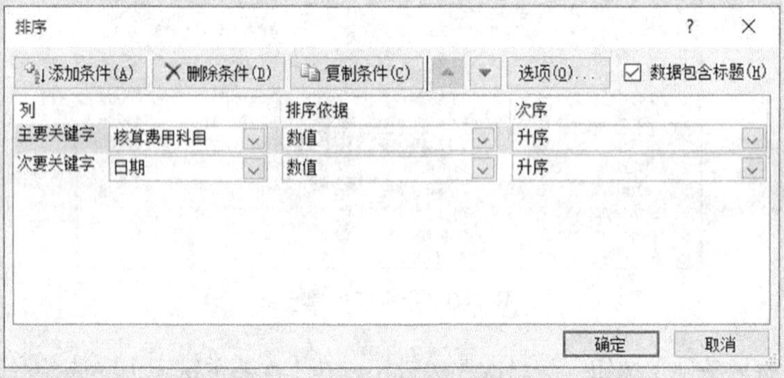

图 4-6　排序对话框

4.1.3　笔画排序

排次序是一门学问，弄不好就会影响团结，制造矛盾。可以按字母排序，也可以按笔画排序。按姓氏笔画排序的操作步骤如下。

（1）打开"练习文件 4.1.3 罚款表.xlsx"，将光标定位在 A 列姓名字段内任一单元格。

（2）在【数据】选项卡中单击【排序】按钮，在弹出的【排序】对话框中，选择【主要关键字】为"姓名",【排序依据】和【次序】保持不变。

（3）单击【选项】按钮，在弹出的【排序选项】对话框中选择【笔画排序】按钮，最后单击确定完成操作，如图 4-7 所示。

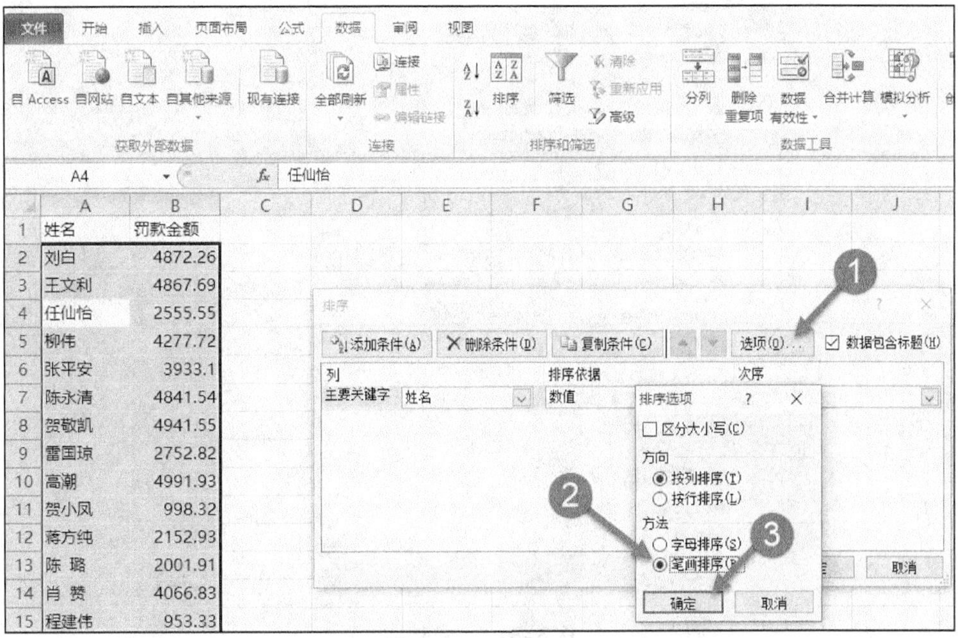

图 4-7　笔画排序

（1）笔画顺序的规则是按笔画数由少到多排序，当笔画数相同时按第一笔画顺序排列，如横竖撇捺折，如继续相同按第二笔画、第三笔画顺序排列，依此类推。

（2）工作中不仅要做出正确答案，还要去想这么做带来的结果和影响，这样才能不断提高自己的工作能力。

4.1.4　自定义排序

刚才介绍了不按座次排序的方法，中国人按笔画，西方人按字母，下面我们讲一讲按座次排序的方法。话说水浒传一百单八将忠义堂石碣受天文，梁山泊英雄排座次，如何快速使用电子表格按天罡地煞为众好汉排序？操作步骤如下。

（1）打开"练习文件 4.1.4 水浒传座次.xlsx"，将光标定位在 A1 单元格，按<Ctrl+Shift+↓>快捷键选中所有好汉名单。

（2）在【文件】选项卡中单击【选项】按钮，在弹出的【Excel 选项】对话框中，单击【高级】按钮，找到【编辑自定义列表】，如图 4-8 所示。

（3）单击【编辑自定义列表】按钮，打开【自定义】序列对话框，单击【导入】按钮，将已选好的座次顺序，导入自定义序列，单击【确定】按钮完成操作，如图 4-9 所示。

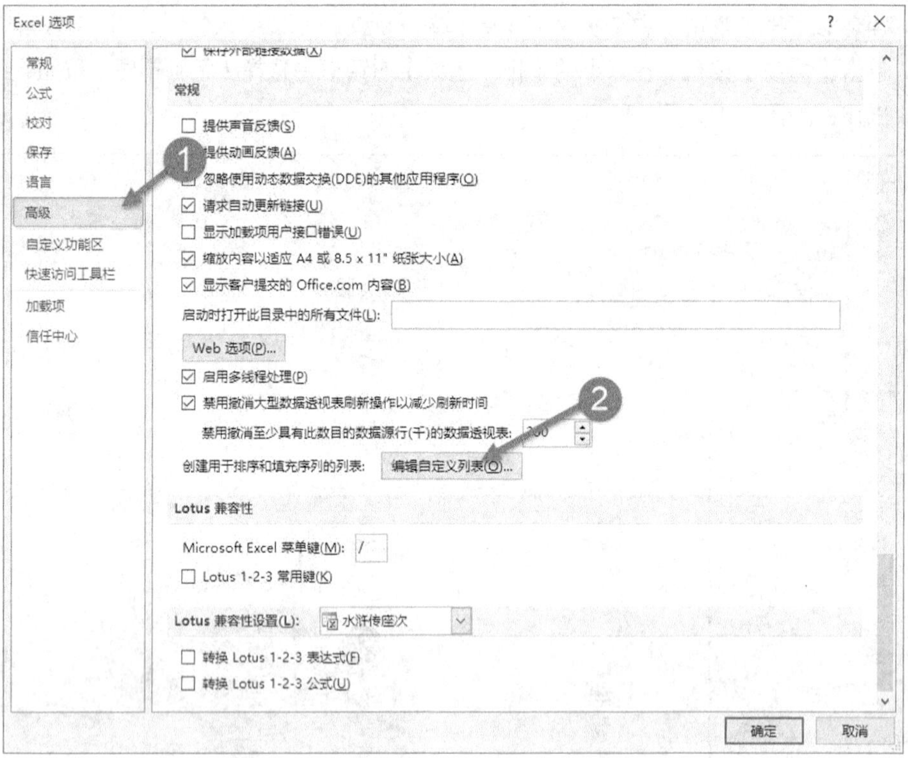

图 4-8　Excel 选项

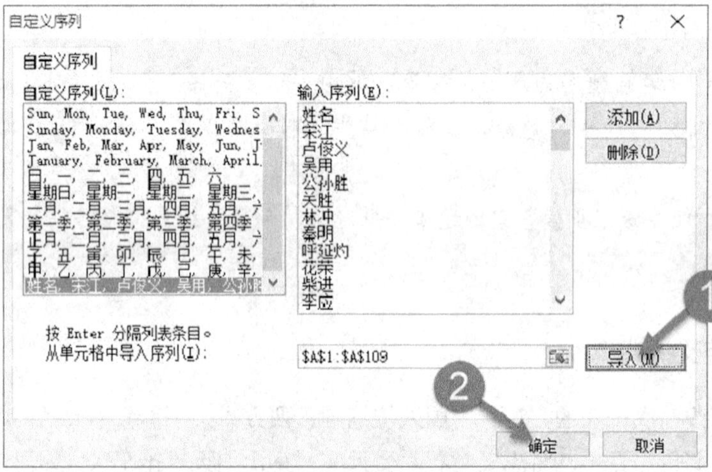

图 4-9　自定义序列

（4）回到排序名单工作表，将光标定位在表格数据内任一单元格，在【数据】选项卡中单击【排序】按钮，设置【姓名】为主关键字，在【次序】下拉列表框中选择【自定义序列】，如图 4-10所示。

（5）在弹出的【自定义序列】对话框中，选中特定序列，单击【确定】按钮，完成操作，如图 4-11 所示。

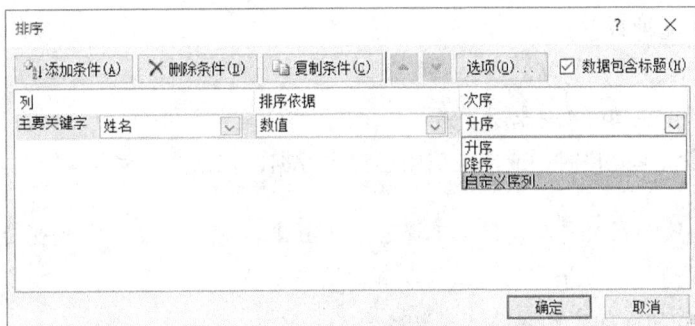

图 4-10　排序对话框

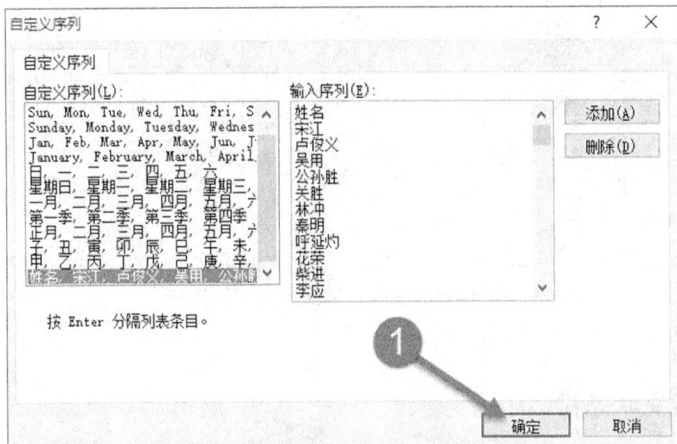

图 4-11　选中自定义序列

（1）Excel 提供自定义序列功能，便于数据按特定顺序快速排序，但前提是需要在表格中新增一列，输入指定顺序。

（2）自定义序列一旦录入，可以在电脑本机中任何一张电子表格中使用，一劳永逸，同理，删除表格也无法删除自定义序列，需要在选项中予以删除。

（3）系统已经内置了一些自定义序列，如"甲乙丙丁戊己庚辛"，通过观察这些自定义的格式，我们就可以弄清为什么"甲乙丙丁"可以用来排序和自动，"壹贰叁肆"却不能用来排序填充，因为后者没有设置为自定义序列。

4.2 | 状态栏功能

Excel 状态栏位于程序窗口底部，它可以显示各种状态信息，如单元格模式、功能键的开关状态等，在其右侧还放置了视图切换、显示比例等快捷操作命令。在 Excel 中进行相关操作时，经常关注状态栏的信息是非常有用的。Excel 的状态栏有自动计算的功能，如果你选中一些单元格，则在状态栏中自动出现这些单元格的数值求和。其实，状态栏不仅仅有求和的功能，用鼠标右键在状态栏单击一下，可以选择最大值、最小值、均值。

单元格有以下三种状态。

"就绪"，表示 Excel 已为新的操作准备就绪。

"输入"，表示正在单元格中输入数据。

"编辑"，当编辑单元格时，或单元格中已包含数据，在选择"编辑栏"时显示该信息。

B 公司某月应发员工工资信息如图 4-12 所示，财务经理需要你快速查看公司各部门员工的平均应发工资、部门明细工资汇总额等信息。除了利用函数以外，你可以通过状态栏功能的方式查询这些数据。

工号	姓名	性别	所属部门	人员类别	基本工资	岗位工资	奖金	应发工资
1001	刘得华	男	总经办	经理人员	3500	2500	2000	8000
1002	郑秀雯	女	总经办	经理人员	3000	2200	2000	7200
1003	王小菲	女	总经办	管理人员	2800	1600	1800	6200
2001	顾常飞	男	生产部	经理人员	3200	2100	1700	7000
2002	成凯	男	生产部	生产人员	2800	1800	1000	5600
3001	李发	男	技术部	经理人员	3200	2000	1500	6700
3002	黄丽	女	技术部	技术人员	2800	1500	1200	5500
3003	孙东山	男	技术部	技术人员	2750	1500	1100	5350
4001	何慧	女	财务部	经理人员	3200	2000	1800	7000
4002	王国伟	男	财务部	管理人员	2800	1600	1200	5600
4003	马芳	女	财务部	管理人员	2000	1600	1050	4650

图 4-12　B 公司某月应发工资信息

4.2.1　自定义状态栏

当选择工作表中的数据区域时，是否可以自动显示该区域数值的"最大值""最小值""平均值"或"求和"呢?在 Excel 工作簿的状态栏中，用户可以进行自定义设置，从而更直观地显示数据的相关计算值。

右键单击状态栏，在随即打开的"自定义状态栏"列表中，勾选选项前面的复选框即可灵活设置状态栏中所要显示的选项，如图 4-13 所示。

对应发工资表查询应发工资的分部门的平均值、计数和求和操作步骤如下。

（1）打开"练习文件 4.2.1 应付工资.xlsx"，鼠标选中总经办的应发工资数据区域 A2：I4。

（2）在右下角的状态栏中即可看到该部门的应发工资的平均值、计数和求和。

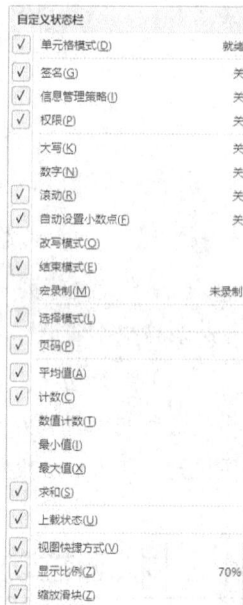

图 4-13　自定义状态栏

（1）状态栏可当计算器用，对当前数据表中所选择的数据进行平均数、计数、数值计数、最大值、最小值、求和计算。

（2）可根据需要设置状态栏显示的数值。

4.2.2 隐藏和显示状态栏

位于 Excel 界面底部的状态栏可以显示许多有用的信息，如计数、和值、输入模式、工作簿中的循环引用状态等。

Excel 2007/2010 这两个版本的 Excel 已取消了显示或隐藏状态栏的设置选项。如果由于某种原因状态栏被隐藏了，关闭重新启动 Excel 即可显示状态栏。另外，也可使用下面的 VBA 代码，操作步骤如下。

（1）按<Alt+F11>快捷键，打开 VBA 编辑器，然后按<Ctrl+G>快捷键，打开"立即"窗口。

（2）在窗口中，输入下列代码：

Application.DisplayStatusBar = True

4.3 筛选功能

Excel 中的筛选功能具有十分强大的作用，可实现信息的分类汇总，以及帮助我们实现信息的快速分析和决策。筛选是查找和处理区域中数据子集的快捷方法。筛选区域仅显示满足条件的行，该条件由用户针对某列指定。与排序不同，筛选并不重排区域。筛选只是暂时隐藏不必显示的行，只是改变了数据的呈现方式而已。Excel 提供了两种筛选方式：自动筛选和高级筛选。

> **工作情境** 对于 B 公司应发工资信息表，如果需要筛选出某个部门所有员工的工资信息，查询某一性别员工工资信息，或者查询某部门工资大于某个金额的成员信息等，都可以使用筛选功能。

4.3.1 自动筛选

自动筛选包括按选定内容筛选，它适用于简单条件。自动筛选的筛选条件是在下拉列表中选择或从"自定义……"对话框（里边提供了多种匹配方式）输入的；而高级筛选的筛选条件是在 Excel 表格的区域中键入的。

对应发工资表分别查询财务部应发工资和人员类别为经理人员的应发工资信息，操作步骤如下。

（1）打开"练习文件 4.3.1 应付工资.xlsx"，打开【数据】选项卡，光标放在所属部门所在的列，单击【筛选】按钮，看到标题行显示了下拉箭头，单击 D1（所属部门）单元格下拉箭头，在弹出的窗口中，只勾选"财务部"，如图 4-14 所示。

（2）单击【确定】按钮，显示财务部员工工资，如图 4-15 所示。

（3）单击 D1 单元格（所属部门）右下角的漏斗图标，弹出窗口中，筛选条件选择为"全选"，单击【确定】按钮，显示全部员工信息。

（4）单击 E1 单元格（人员类别）右下角的下拉箭头，设置筛选条件为"经理人员"，单击【确定】按钮，即可显示经理人员类别的员工工资信息。

图 4-14　筛选财务部

工号	姓名	性别	所属部	人员类	基本工资	岗位工资	奖金	应发工资
4001	何慧	女	财务部	经理人员	3200	2000	1800	7000
4002	王国伟	男	财务部	管理人员	2800	1600	1200	5600
4003	马芳	女	财务部	管理人员	2000	1600	1050	4650

图 4-15　筛选结果

4.3.2　高级筛选

高级筛选一般用于条件较复杂的筛选操作。其筛选的结果可显示在原数据表格中，不符合条件的记录被隐藏起来；也可以在新的位置显示筛选结果，不符合条件的记录同时保留在数据表中而不会被隐藏起来，这样就更加便于进行数据的比对了。

例如我们要筛选出"基本工资"超过 2000 元且"岗位工资"工资超过 1800 元的男性员工工资记录，用"自动筛选"就无能为力了，而"高级筛选"可方便地实现这一操作。操作步骤如下：

（1）打开"练习文件 4.3.2 应付工资.xlsx"，将"基本工资""岗位工资"和"性别"三字段的字段名称复制到数据表格的右侧（表格中其他空白位置也可以），输入条件，如图 4-16 所示。

基本工资	岗位工资	性别
>2000	>1800	男

图 4-16　筛选方法

（2）单击【数据】选项卡里的筛选图标右下方的【高级】按钮，弹出高级筛选对话框，设置方式为"将筛选结果复制到其他位置"，列表区域为"$A$1:$I$12"，条件区域为步骤 1 所设置条件的位置，复制位置设置为某单元格，如图 4-17 所示。

（3）单击【确定】按钮，弹出符合条件的员工工资信息，如图 4-18 所示。

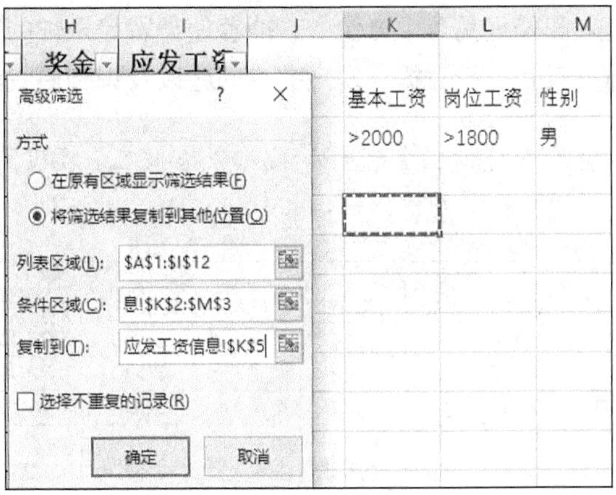

图 4-17　高级筛选

图 4-18　筛选结果

（1）数据的条理性很重要。筛选特别适用于每行结构相同的大型工作表。"每行结构相同"（每列的内容是相同类型）保证了筛选结果是有意义的；"大型工作表"保证了筛选的实用性（如果一个工作表只有三五行，一眼就看到底了，就没必要去筛选了吧）。

数据每列最好都有表头，表明这一列数据的意义。这个表头在高级筛选时可以用来指示接下来的条件是针对哪一列的。

（2）可以利用通配符进行模糊筛选。筛选是一个条件和模式匹配过程。输入的条件支持逻辑运算，只支持与或运算；模式匹配支持通配符 "?" 和 "*"。"?" 匹配任何单个字符，"*" 匹配任意多个字符。

（3）条件放在同一行表示 "与" 的关系，条件不在同一行表示 "或" 的关系。

4.4 条件格式功能

在日常使用 Excel 中，我们经常需要对数据表中的文字或者数据应用相关条件的格式。条件格式功能可以根据单元格内容有选择地自动应用格式，它带来很多方便。在日常使用的过程中，使用条件格式对于数据输入和处理是非常方便的，能够使得特定条件的数据被快速查询。使用条件格式还可以帮助直观地查看和分析数据、发现关键问题以及识别模式和趋势。

对于在 B 公司应发工资信息表 1，可以根据工资项目的金额区间分别显示出不同的颜色或格式，便于观察，如图 4-19 所示。

工号	姓名	性别	所属部门	人员类别	基本工资	岗位工资	奖金	应发工资
1001	刘得华	男	总经办	经理人员	3500	2500	2000	8000
1002	郑秀雯	女	总经办	经理人员	3000	2200	2000	7200
1003	王小菲	女	总经办	管理人员	2800	1600	1800	6200
2001	顾常飞	男	生产部	经理人员	3200	2100	1700	7000
2002	成凯	男	生产部	生产人员	2800	1800	1000	5600
3001	李发	男	技术部	经理人员	3200	2000	1500	6700
3002	黄丽	女	技术部	技术人员	2800	1500	1200	5500
3003	孙东山	男	技术部	技术人员	2750	1500	1100	5350
4001	何慧	女	财务部	经理人员	3200	2000	1800	7000
4002	王国伟	男	财务部	管理人员	2800	1600	1200	5600
4003	马芳	女	财务部	管理人员	2000	1600	1050	4650

图 4-19 企业工资表

4.4.1 单一条件格式规则

单一条件格式规则指的是设置的格式条件仅有一项，比如只根据人员的性别，或者只根据所在的部门等。

1．突出显示指定条件的单元格

如果将应发工资总额在不同区间段设置显示为不同颜色，大于 7000 元的以浅红填充色深红色文本显示，大于 6000 元（小于等于 7000 元）的以绿填充色深绿色文本显示。操作步骤如下。

（1）打开"练习文件 4.4.1 应付工资表.xlsx"，鼠标选中应发工资的数据区域 I2：I12，单击【开始】选项卡，单击中间区域的【条件格式】按钮，弹出下拉窗口，选择"突出显示单元格规则"，如图 4-20 所示。

（2）单击【大于】按钮，在弹出的对话框中设置数据为"7000"，格式为"浅红填充色深红色文本"，如图 4-21 所示。单击【确定】按钮。

（3）单击【条件格式】按钮，弹出下拉窗口，选择"突出显示单元格规则"，单击【介于】按钮，在弹出的对话框中设置金额为 6000～7000，格式为"绿填充色深绿色文本"，如图 4-22 所示。单击"确定"按钮。

2．突出显示指定条件范围的单元格

可以根据指定的截止值查找单元格区域中的最高值和最低值。例如，可以在地区报表中查找最畅销的 5 种产品，在客户调查表中查找最不受欢迎的 15%产品，或在部门中查找薪水最高的 25

名雇员。以突出显示基本工资金额前 5 名员工的基本工资单元格为例，操作步骤如下。

图 4-20　条件格式项目选取规则

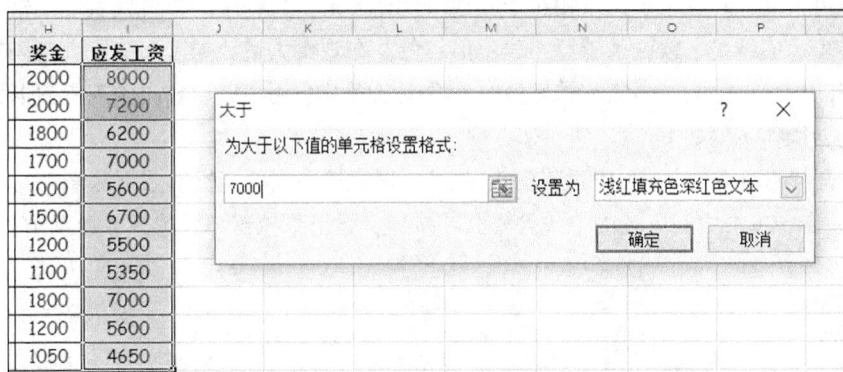

图 4-21　大于 7000 设置为红色

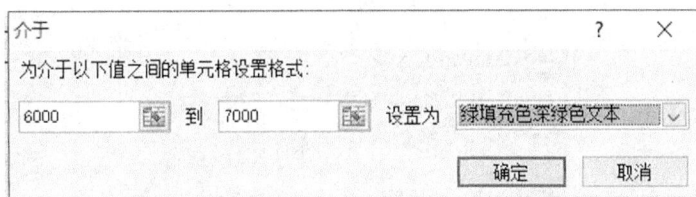

图 4-22　设置 6000～7000 区间以绿色显示

（1）打开"练习文件 4.4.1 应付工资表.xlsx"，鼠标选中基本工资的数据区域 F2：F12，单击【开始】选项卡，单击中间区域的【条件格式】按钮，弹出下拉窗口，选择"项目选取规则"，再单击"其他规则"按钮，如图 4-23 所示。

（2）在弹出的对话框中设置为"前 5"，格式为"绿色文本"，如图 4-24 所示。单击"确定"

按钮，即可看到基本工资额在前五名的数据显示为绿色了。

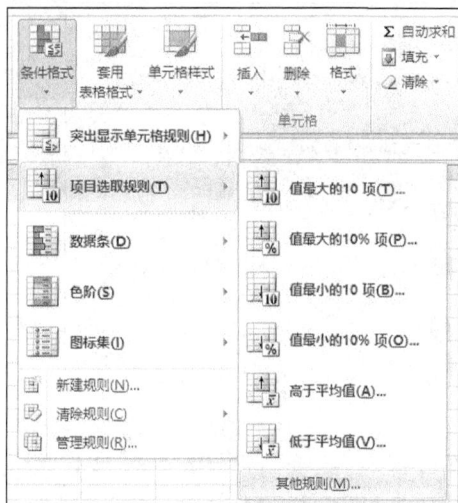

图 4-23　突出显示单元格规则

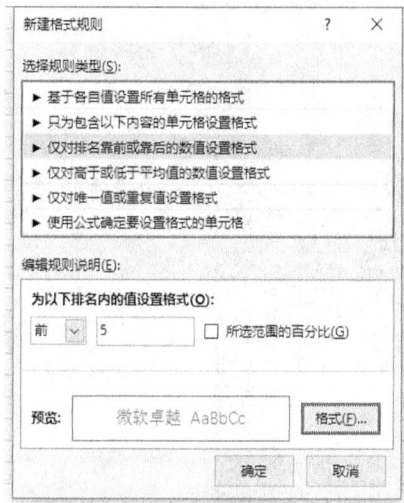

图 4-24　新建格式规则

3．使用数据条设置区域单元格的格式

数据条可帮助查看某个单元格相对于其他单元格的值。数据条的长度代表单元格中的值。数据条越长，表示值越高，数据条越短，表示值越低。在观察大量数据（如节假日销售报表中最畅销和最滞销的玩具）中的较高值和较低值时，数据条尤其有用。以设置岗位工资数据为红色数据条显示为例，操作步骤如下。

（1）打开"练习文件 4.4.1 应付工资表.xlsx"，鼠标选中岗位工资的数据区域 G2：G12，单击【开始】选项卡，单击中间区域的【条件格式】按钮，弹出下拉窗口，选择"数据条"，如图 4-25所示。

图 4-25　设置数据条

（2）单击“红色数据条”图标按钮，即可看到岗位工资所在列的数据加上红色数据条格式了，如图 4-26 显示。

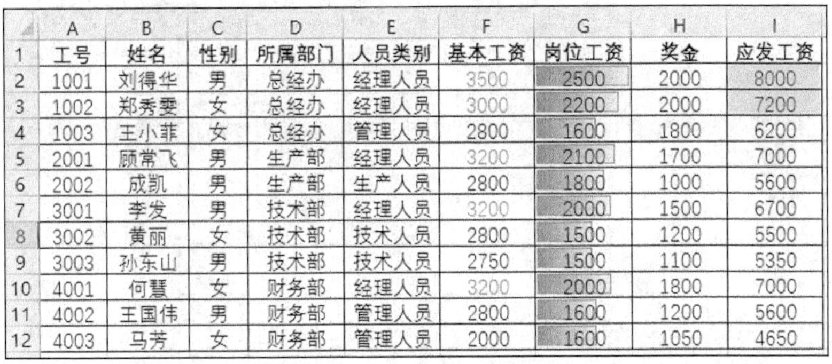

	A	B	C	D	E	F	G	H	I
1	工号	姓名	性别	所属部门	人员类别	基本工资	岗位工资	奖金	应发工资
2	1001	刘得华	男	总经办	经理人员	3500	2500	2000	8000
3	1002	郑秀雯	女	总经办	经理人员	3000	2200	2000	7200
4	1003	王小菲	女	总经办	管理人员	2800	1600	1800	6200
5	2001	顾常飞	男	生产部	经理人员	3200	2100	1700	7000
6	2002	成凯	男	生产部	生产人员	2800	1800	1000	5600
7	3001	李发	男	技术部	经理人员	3200	2000	1500	6700
8	3002	黄丽	女	技术部	技术人员	2800	1500	1200	5500
9	3003	孙东山	男	技术部	技术人员	2750	1500	1100	5350
10	4001	何慧	女	财务部	经理人员	3200	2000	1800	7000
11	4002	王国伟	男	财务部	管理人员	2800	1600	1200	5600
12	4003	马芳	女	财务部	管理人员	2000	1600	1050	4650

图 4–26　增加数据条

设置色阶和图表集格式显示指定区域数据和前面的方法类似，不再赘述。

4.4.2　多条件格式规则

还可以利用公式来设置符合条件的数据格式。在利用 Excel 进行统计和计算时，经常需要在同时满足多个条件的情况下进行求和或者计数。例如，要将职工薪酬中基本工资>3000，岗位工资>1800，奖金>1500 的人员工资信息显示为黄色填充，操作步骤如下。

（1）打开“练习文件 4.4.2 应付工资表.xls”，在工作表中选择整个数据所在的单元格区域。单击菜单栏【开始】—【条件格式】—【新建规则】，如图 4-27 所示。

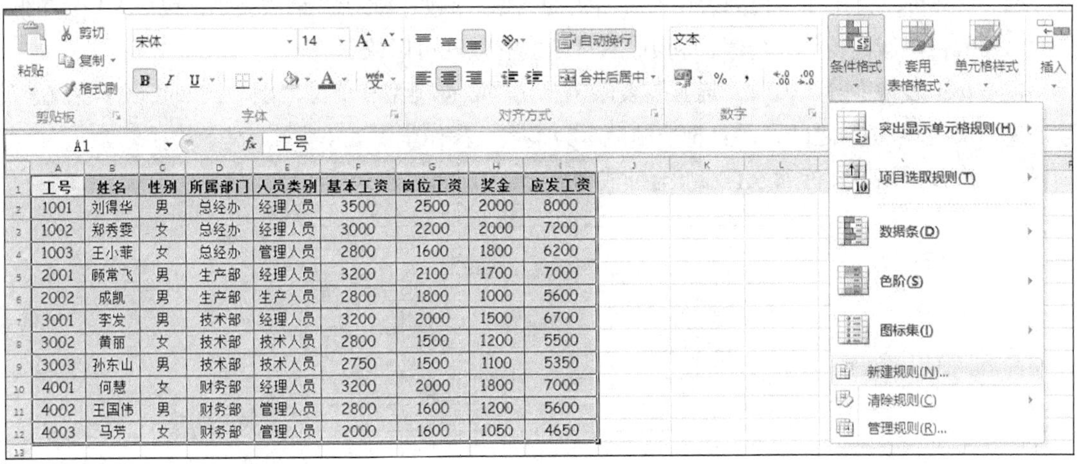

	A	B	C	D	E	F	G	H	I
1	工号	姓名	性别	所属部门	人员类别	基本工资	岗位工资	奖金	应发工资
2	1001	刘得华	男	总经办	经理人员	3500	2500	2000	8000
3	1002	郑秀雯	女	总经办	经理人员	3000	2200	2000	7200
4	1003	王小菲	女	总经办	管理人员	2800	1600	1800	6200
5	2001	顾常飞	男	生产部	经理人员	3200	2100	1700	7000
6	2002	成凯	男	生产部	生产人员	2800	1800	1000	5600
7	3001	李发	男	技术部	经理人员	3200	2000	1500	6700
8	3002	黄丽	女	技术部	技术人员	2800	1500	1200	5500
9	3003	孙东山	男	技术部	技术人员	2750	1500	1100	5350
10	4001	何慧	女	财务部	经理人员	3200	2000	1800	7000
11	4002	王国伟	男	财务部	管理人员	2800	1600	1200	5600
12	4003	马芳	女	财务部	管理人员	2000	1600	1050	4650

图 4–27　新建规则

（2）在“新建格式规则”对话框的“选择规则类型”列表中选择【使用公式确定要设置格式的单元格】选项，在“为符合此公式的值设置格式”文本框中输入公式“=AND($F2>3000,$G2>=1800,$H2>=1500)”，设置格式为黄色填充，如图 4-28 所示。

（3）单击【确定】按钮，即可显示满足条件的单元格为黄色填充，如图 4-29 所示。

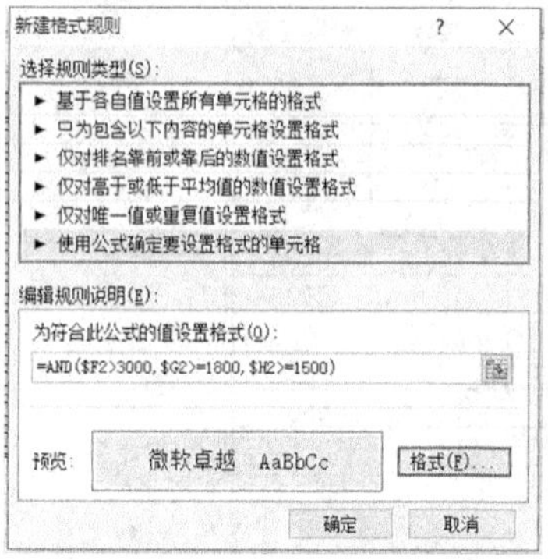

图 4-28　新建格式规则

图 4-29　满足条件的单元格填充颜色

4.5 | 数据有效性

数据有效性是对单元格或单元格区域输入的数据从内容到数量上的限制。对于符合条件的数据，允许输入；对于不符合条件的数据，则禁止输入。这样就可以依靠系统检查数据的正确有效性，避免错误的数据录入。数据有效性是一个帮助你在工作表中输入资料提示信息的工具。它有如下功能：给用户提供一个选择列表；限定输入内容的类型或大小。使用数据有效性可定义单元格序列，这样可以直接在下拉列表中选择所需的数据。例如，员工"请假类别"包括 6 种：事假，病假，婚假，产假，丧假，公假，利用 Excel 数据有效性可以快速输入。

在 Excel 表格中输入值时，通常需要限定单元格数据类型和值的范围。例如某班学生成绩的输入，要求在 0~100 之间，并且把成绩显示为整数，操作步骤如下。

（1）打开"练习文件 4.5.1 班级会计成绩表.xlsx"，如图 4-30 所示。

图 4-30　班级成绩表

（2）选中 E3：E9 单元区域，单击【数据】选项卡，单击中间区域的【数据有效性】按钮，弹出下拉窗口，选择"数据有效性"，打开"数据有效性"对话框，设置允许的条件为"整数"，设置数值范围为"介于 0~100"，如图 4-31 所示。

（3）单击"输入信息"选项，输入"请输入会计成绩"，如图 4-32 所示。

（4）单击"出错警告"选项，输入相关信息，如图 4-33 所示。

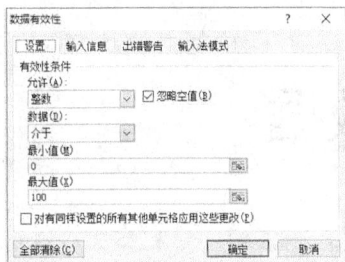

图 4-31 数据有效性设置　　图 4-32 设置输入信息　　图 4-33 设置出错警告

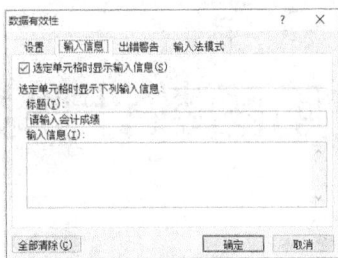

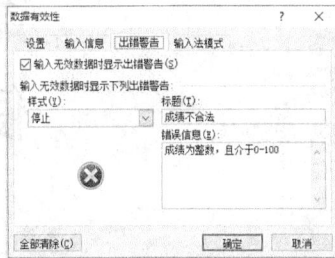

（5）在成绩区域输入对应的分数值，若输入错误值，会有自动提示。

综合实训

1. 实训目的

掌握条件格式数据条的应用。

2. 实训要求

打开"示例文件条件格式——数据条.xlsx"，仿照答案要求，如图 4-34 所示，分别对表中各列数据增加条件格式。

图 4-34 条件格式数据条

第 5 章
使用函数计算数据

学习目标

1. 学习函数的基本概念、掌握名称命名和相对引用的使用方法；
2. 使用名称命名结合数据有效性制作参数表；
3. 掌握包括主干函数、零件函数在内的 30 个左右函数；
4. 能够利用嵌套函数组合函数功能。

引言

　　本章将对 Excel 的公式和常用工作表函数进行详细的介绍，主要包括查找引用函数、逻辑判断两大主干函数和文本、统计、日期 3 种零件函数，以及函数使用所必需的相对引用、名称命名等工具。

　　通过本篇的学习，读者能够深入了解 Excel 的常用工作表函数的应用技术，并将其运用到实际工作和学习中，真正发挥 Excel 在数据计算上的威力。

5.1　函数基础

5.1.1　什么是函数

　　Excel 函数即是预先定义，执行计算、分析等处理数据任务的特殊公式。以常用的求和函数 SUM 为例，它的语法是"SUM(number1, number2, ⋯)"。其中"SUM"称为函数名称，一个函数只有唯一的一个名称，它决定了函数的功能和用途。函数名称后紧跟左括号，接着是用逗号分隔的称为参数的内容，最后用一个右括号表示函数结束。

　　参数是函数中最复杂的组成部分，它规定了函数的运算对象、顺序和结构等。使得用户可以对某个单元格或区域进行处理，如分析存款利息、确定成绩名次、计算三角函数值等。

　　按照函数的用途分类，有财务函数、逻辑函数、文本函数、日期和时间函数、查找与引用函数、数字和三角函数等 13 种 300 多个内置函数。

按照函数的来源分类，Excel 函数可以分为内置函数和扩展函数两大类。前者只要启动了 Excel，用户就可以使用它们；而后者必须通过单击"工具→加载宏"菜单命令加载，然后才能像内置函数那样使用。

5.1.2 什么是公式

函数与公式既有区别又互相联系。如果说前者是 Excel 预先定义好的特殊公式，后者就是由用户自行设计对工作表进行计算和处理的公式。以公式"=SUM（E1:H1）*A1+26"为例，它要以等号"="开始，其内部可以包括函数、引用、运算符和常量。上式中的"SUM（E1:H1）"是函数，"A1"则是对单元格 A1 的引用（使用其中存储的数据），"26"则是常量，"*"和"+"则是算术运算符（另外还有比较运算符、文本运算符和引用运算符）。

如果函数要以公式的形式出现，它必须有两个组成部分，一个是函数名称前面的等号，另一个则是函数本身。

（1）函数由函数名称、括号和参数组成，参数设定是函数的精髓；

（2）公式以等号开始，由一系列函数、引用、运算符和常量组成，以期得到一个最终结果。

5.1.3 函数的参数

函数右边括号中的部分称为参数，假如一个函数可以使用多个参数，那么参数与参数之间使用半角逗号进行分隔。参数可以是常量（数字和文本）、逻辑值（例如 TRUE 或 FALSE）、数组、错误值（例如#N/A）或单元格引用（例如 E1:H1），甚至可以是另一个或几个函数等。参数的类型和位置必须满足函数语法的要求，否则将返回错误信息。

1．常量

常量是直接输入单元格或公式中的数字或文本，或由名称所代表的数字或文本值，例如数字"2890.56"、日期"2003-8-19"和文本"黎明"都是常量。但是公式或由公式计算出的结果都不是常量，因为只要公式的参数发生了变化，它自身或计算出来的结果就会发生变化。

2．逻辑值

逻辑值是比较特殊的一类参数，它只有 TRUE（真）或 FALSE（假）两种类型。例如在公式"=IF（A3=0,"",A2/A3）"中，"A3=0"就是一个可以返回 TRUE（真）或 FALSE（假）两种结果的参数。当"A3=0"为 TRUE(真)时在公式所在单元格中填入"0"，否则在单元格中填入"A2/A3"的计算结果。

3．数组

数组用于可产生多个结果，或可以对存放在行和列中的一组参数进行计算的公式。Excel 中有常量和区域两类数组。前者放在"{}"（按<Ctrl+Shift+Enter>组合键自动生成）内部，而且内部各列的数值要用逗号","隔开，各行的数值要用分号";"隔开。假如你要表示第 1 行中的 56、78、89 和第 2 行中的 90、76、80，就应该建立一个 2 行 3 列的常量数组"{56,78,89;90,76,80}"。

区域数组是一个矩形的单元格区域，该区域中的单元格共用一个公式。例如公式"=TREND(B1:B3,A1:A3)"作为数组公式使用时，它所引用的矩形单元格区域"B1:B3,A1:A3"就是一个区域数组。

4．错误值

使用错误值作为参数的主要是信息函数，例如"ERROR.TYPE"函数就是以错误值作为参数。它的语法为"ERROR.TYPE(error_val)"，如果其中的参数是#NUM!，则返回数值"6"。

5．嵌套函数

除了上面介绍的情况外，函数也可以是嵌套的，即一个函数是另一个函数的参数，例如"=IF)OR)RIGHTB)E2,1)="1"，RIGHTB)E2,1)="3"，RIGHTB)E2,1)="5"，RIGHTB)E2,1)="7"，RIGHTB)E2,1)="9"),"男","女")"。其中公式中的 IF 函数使用了嵌套的 RIGHTB 函数，并将后者返回的结果作为 IF 的逻辑判断依据。

5.1.4　函数之道

函数有 13 大类，三四百种之多，对于刚刚踏入数据分析工作领域的职场小白或在校大学生来说，如何快速入手，以最有效的方式掌握电子表格常用函数，本课程为大家提供了一套方法。

函数就像语言词汇，真正常用的函数只是所有函数中极少的一部分，掌握了这一小部分函数，就像掌握了日常用语中的常用词汇一样，能够没有障碍地与人交流沟通。虽然遣词造句不够精准，但是沟通表达、完成任务已无大碍。

通过大量的实践研究，我们发现掌握 30 个左右常用函数，就可以轻松解决日常各类工作问题，进一步地可以将这 30 个函数细分为 2 个大类 6 个小类，如图 5-1 所示。

在本书中，函数被分为两个大类，即主干函数和零件函数。主干函数的特点是功能强大，也比较复杂，但是一旦学会，就可以一通百通，解决各类问题。主干函数又分为逻辑判断和查找引用两个小类。零件函数的特点是像零件一样比较细碎，单个函数功能较为单一，学习成本低，上手快。虽然零件函数单独看起来没有什么独到的本领，但是一旦将零件函数依附嵌套在主干函数当中，就可以让主干函数发挥巨大的威力，让函数功能深不可测。

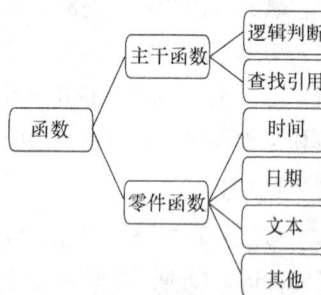

图 5-1　常用函数分类

（1）主干函数之逻辑判断。逻辑判断函数，需要用户给定一个条件，例如判定一个单元格是否大于"80"分，最终给予不同情况下的结果。如大于"80"为优秀，小于"80"为合格，其代表函数为 IF，衍生出用于判断单元格是否正确的 IFERROR，为了让判断的条件更为丰富，还增加了 AND 函数，OR 函数辅助 IF 函数进行判断。

（2）主干函数之查找引用。查找引用函数是通过给定的条件，在一个数据区域内寻找匹配该条件的值，并予以返回。代表函数为 VLOOKUP，衍生出 LOOKUP、HLOOKUP。为了弥补VLOOKUP 在查找引用功能上的不足，还要学习包括 INDEX、MATCH、INDIRECT 三大查找函数。它们与 VLOOKUP 族系都满足给定条件在指定区域内查找，返回匹配值这一特征。

（3）零件函数之日期时间。日期时间函数是用于计算、加工所有与日期时间格式相关的函数，包括 DATE、YEAR、MONTH、DAY、WORKDAY、NOW、TODAY 等。

（4）零件函数之统计。统计函数，是指用于计算、加工所有与数字格式相关的函数，包括 SUM 族系、COUNT 族系、AVERAGE 族系三大类。

（5）零件函数之文本。文本函数，是指用于计算、加工所有与文本格式相关的函数。文本函数主要包括拆（拆分）、合（合并）、转（转换类型）、定（查找定位）四大细分类型，具体包括但不止于 LEFT、RIGHT、MID、FIND、CONCATENATE、TEXT 等函数。

（6）零件函数之其他。除了用于解决日期时间、数字、文本的 3 类常用格式函数之外，我们还需要学习其他一些函数，包括随机函数（快速生成随机数），取整函数（舍零与四舍五入）。

（7）专业函数。专业函数是指专门用于解决专业领域问题的函数，具体包括财务函数、工程函数等。我们主要学习一些财务会计需要的函数，包括时间价值计算类函数（这部分放在相对引用一节中介绍）、折旧类函数等。

（8）高阶函数功能介绍

除了以上函数功能，还有数组函数、数据库函数、数据透视表函数等进阶功能，因为篇幅有限，本书不予介绍。

总结

（1）常用函数体系是由主干函数、零件函数构成，专业函数、高阶函数做辅助。

（2）简单单一问题零件函数即可解决，主干函数可以解决较难问题，主干函数搭配零件函数可以实现真正强大的函数功能。

（3）零件函数的本质是对 Excel 三种内容格式（文本格式、数字格式、日期时间格式）的深加工，通常功能单一、简单有效。

（4）主干函数是通过查找引用和逻辑判断两种形式返回想要的结果。其中查找引用是给定一个条件在指定区域内返回结果。逻辑判断是给定一个条件，在是否判定下（True or False）给予结果，两者各有千秋，但殊途同归。认识到主干函数的本质即给定条件返回结果，就可以站在更高的位置解读认识函数。

（5）所以绝大部分都是先用零件函数对原始数据进行初加工（零件函数），再给定某种条件，返回想要的结果（主干函数），古今中外概莫如此。

5.2 | 函数前导学习

5.2.1 名称的命名

1. 手动定义名称

为了更加直观地标识单元格或单元格区域，我们可以给它们赋予一个名称，从而在公式或函数中直接引用。例如打开"练习文件 5.2.1 手动定义名称.xlsx"，"B2:B46"区域存放着学生的物理成绩，求解平均分的公式一般是"=AVERAGE（B2:B46）"。在给 B2:B46 区域命名为"物理分数"以后，该公式就可以变为"=AVERAGE（物理分数）"，如图 5-2 所示，从而使公式变得更加直观。

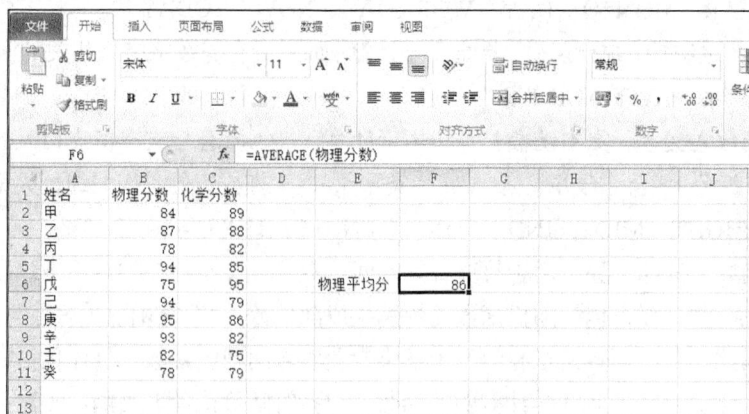

图 5-2　手动定义名称

给一个单元格或区域命名的方法是选中要命名的单元格或单元格区域，鼠标单击编辑栏顶端的"名称框"，在其中输入名称后按<Enter>键。

> 注释　定义名称可以是一个单元格、一个单元格区域或者是任何选中的连续或不连续的区域。

2．批量定义名称

打开"练习文件 5.2.1 批量定义名称.xlsx"，文件中的资产负债表反映的是某上市公司 2011 年的中报。为了方便引用数据，需要将报表中的每一项数据分别对应科目进行命名，如图 5-3 所示，操作步骤如下。

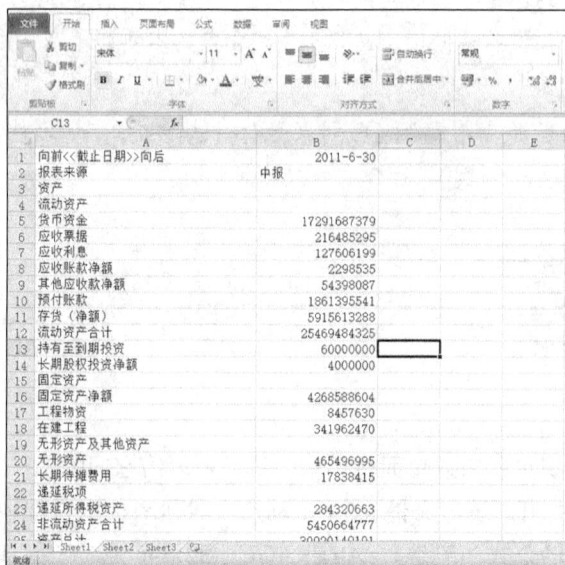

图 5-3　资产负债表命名

（1）选中 A5：A48 单元格，单击【公式】|【根据所选内容创建】，在弹出的【以选定区域创建名称】对话框中选择【最左列】，如图 5-4 所示，单击【确定】按钮完成操作。

（2）可以在【公式】|【名称管理器】中查看名称命名的情况。

3．批量命名结合数据有效性设置参数表

在实际操作过程中，为了更高效地录入数据，避免出错，会计人员经常会设置参数表+数据有效性来规范表格。大家可以尝试对"销售表"增加数据有效性，如图 5-5 所示，操作步骤如下。

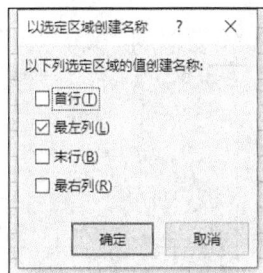

图5-4　选定区域创建名称

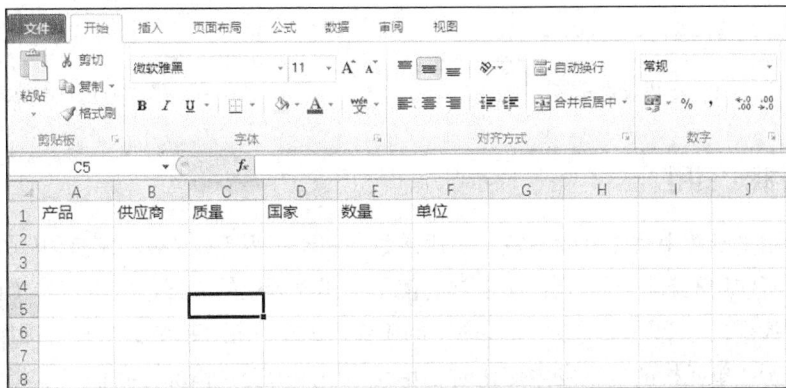

图5-5　名称的命名

（1）打开"练习文件 5.2.1 参数设定表.xlsx"对"产品"等 5 个字段进行命名，选中 A1:A5 单元格，单击【公式】|【根据所选内容创建】，在弹出的【以选定区域创建名称】对话框中选择【首行】。

（2）选中 B2：B7 单元格区域，按<F4>键重复上一步操作，以此类推分别定义每一列的名称命名。

> **注释** 为什么在这里不使用批量命名呢？主要是因为以上单元格每一列的长度不同，若一次性选中一个区域，例如本题中选中 A1:E7，如图 5-6 所示，则会导致 A 列、D 列、E 列都有空单元格存在，这在参数长度差异较大时会特别明显，所以应养成长度不一需要分别命名的好习惯。

（3）返回销售表，选中 A 列，按<Alt+D+L>快捷键激活数据有效性，在弹出的对话框中【允许】下拉列表框中选择【序列】，来源输入"=产品"。如图 5-7 所示。

> **注释** 输入公式时可以按<F3>键粘贴名称。

（4）重复上一步操作，依次命名 A 列到 E 列，完成数据有效性的设定，这样在录入内容时，就可以极大地避免不规范导致的错误。

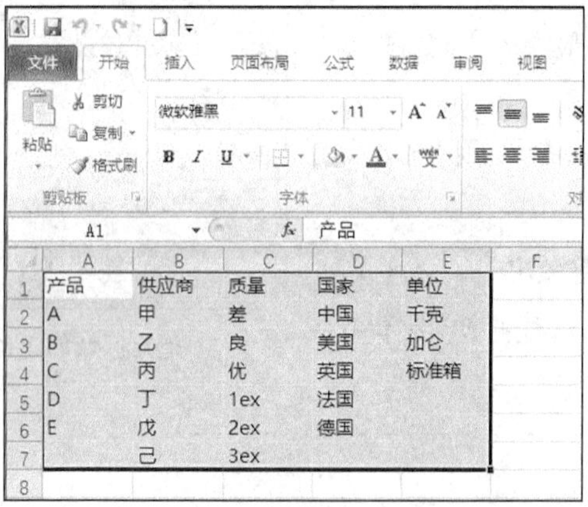

图 5-6　参数表的设定

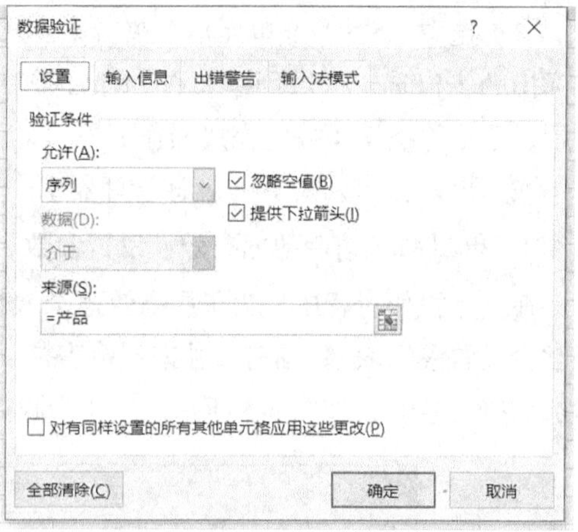

图 5-7　数据有效性的设置

5.2.2　相对引用

单元格引用是函数中最常见的参数，引用的目的在于标识工作表单元格或单元格区域，并指明公式或函数所使用的数据的位置，便于它们使用工作表各处的数据，或者在多个函数中使用同一个单元格的数据，还可以引用同一工作簿不同工作表的单元格，甚至引用其他工作簿中的数据。

根据公式所在单元格的位置发生变化时，单元格引用的变化情况，我们可以将引用分为相对引用、绝对引用和混合引用三种类型。

1．相对引用

相对引用是指公式所在单元格的位置发生变化时，参数行列也随之变化。例如 C7 单元格的函数公式为

=F7+G7

当发生向下填充时，函数的参数也随之发生变化，从"=F7+G7"转变为"=F8+G8"这就是发生了相对引用，如图 5-8 所示。

2．绝对引用

可是换一种情况，现在需要将 G 列每一个单元格都与 F7 单元格相加，这就要求 F7 单元格被固定住，不发生相对移动。可以采用绝对引用的办法，即在"F"和"7"前面分别加绝对值"$"符号，使公式填充时，无法移动，这就发生了绝对引用，如图 5-9 所示。

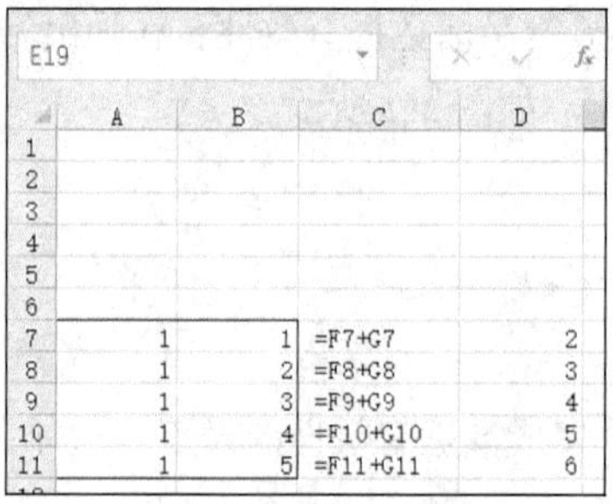

图 5-8　相对引用

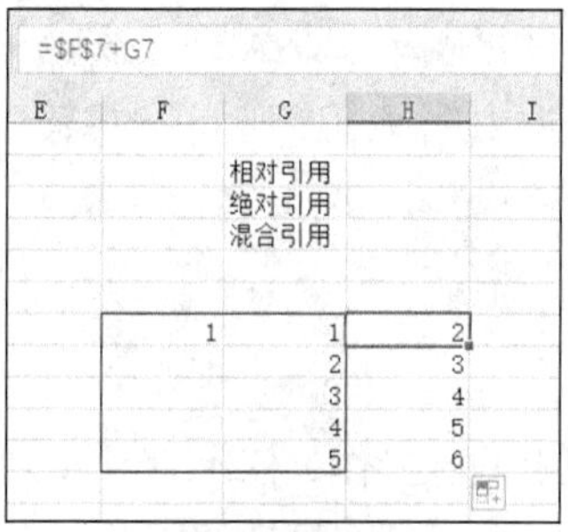

图 5-9　绝对引用

3．混合引用

还是上面的例子，进一步，我们发现，本例是向下填充，只需要考虑到行的相对移动，也就是说只要固定行就可以实现目的，我们可以只在"7"前面加绝对值符号，而"F"列是不用加的，如图 5-10 所示，也可以实现结果。

4．相对引用的一个实例，结算终值矩阵

相对引用、绝对引用和混合引用，是一个看似简单但极其有用的功能，下面试举一例。计算终值（Future Value）是财务管理课程最为常见的一种复利计算公式，使用到的 Excel 公式如下：

=FV(rate,nper,pmt,[pv],[type])

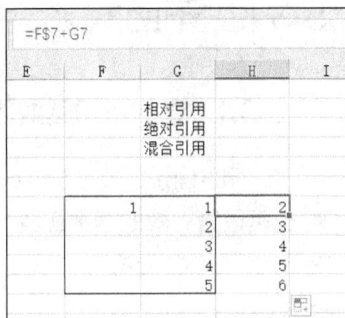

图 5-10　混合引用

其中，rate 是实际利率；nper 是与利率匹配的期数；pmt 代表年金；pv 代表现值（可选）；type 代表类型，包括先付年金和普通年金，默认不填为普通年金。

试计算终值矩阵，如图 5-11 所示，操作步骤如下。

图 5-11　相对引用与时间价值

打开"练习文件 5.2.2 时间价值.xlsx"。

（1）设置 C10 单元格函数公式为

=-FV(B2,A3,,B1)

（2）分别增加绝对引用和混合引用，公式为

=-FV(B$2,$A3,,$B$1)

（3）选中 B3:P22 单元格区域，将光标定位在函数编辑栏中，按<Ctrl+Enter>快捷键完成批量填充。

> 注释　PV 与 FV 互为正负数，所以公式前需要加"-"号；
> pmt 没有可以空过去但是必须包含","；
> 本题包含了多种引用方式，需要仔细辨别思考他们之间的差别。

5.3 | 主干函数之查找引用函数

5.3.1 查找引用函数的分类

查找和引用函数，是 Excel 整个函数谱系当中，难度最大、内容最多、参数最繁杂的函数类型，也是最为有效的函数工具。我们平时经常使用到的 VLOOKUP INDEX、MATCH、INDIRECT、OFFSET、LOOKUP、CHOOSE，包括起辅助作用的 COLUMN、ROW 等，都是极为常见且重要的函数类型。

查找和引用函数顾名思义，通常都是按特点条件查找某值，再将该值引用到一个新的区域，所以叫查找引用函数。

本书需要为会计专业的学生取得一种平衡，就是既能做到快速学习，不易遗忘，又要充分考虑未来工作可能遇到的困难，在学习成本和学习收益之间进行博弈，最终我们确定了本节的学习路径。

首先，我们重点介绍 VLOOKUP 函数，作为整个函数家谱中最重要的函数，我们会遍历该函数所有常见的使用方法，务必讲熟讲透。

其次，我们会简单介绍其他查找引用函数的经典案例，并与 VLOOKUP 做比较，了解什么情况下 VLOOKUP 做不了的工作，可以由其他函数替代。在案例介绍过程中，顺带介绍 COLUMN 和 ROW 函数的应用。

5.3.2 VLOOKUP 函数常见用法

1．函数基本参数

VLOOKUP 函数的四个参数分别为

`VLOOKUP(lookup_value,table_array,col_index_num,range_lookup)`

其意义如表 5-1 所示。

表 5-1   VLOOKUP 参数表

参数	简单说明	输入数据类型
lookup_value	要查找的值	数值、引用或文本字符串
table_array	要查找的区域	数据表区域
col_index_num	返回数据在查找区域的第几列数	正整数
range_lookup	模糊匹配	TRUE（或不填）/FALSE

VLOOKUP 函数通常用于在两张表内引用数据，其使用往往具备以下 3 个典型特征。

（1）有两张表格。

（2）两张表格有共通字段。

（3）A 表缺少 B 表中的某字段，需要从 B 表中获取，如图 5-12 所示。

图 5-12 VLOOKUP 函数的典型特征

本例中，A 表和 B 表有共通字段"字母"列（注意所谓共通字段是指，两个字段存储的内容同类但在排列顺序和数量上并不相同，如果相同则可以直接复制粘贴），A 表中缺少"数字"字段，而 B 表中恰巧包含该字段"数字"，需要将 B 表中的"数字"字段引用到 A 表中来。

2．完成 VLOOKUP 函数

操作步骤如下。

打开"练习文件 5.3.2 VLOOKUP 函数解析"，在 B2 单元格内输入函数

=VLOOKUP(A2,$D$2:$E$4,2,0)

并向下填充，完成操作，如图 5-13 所示。

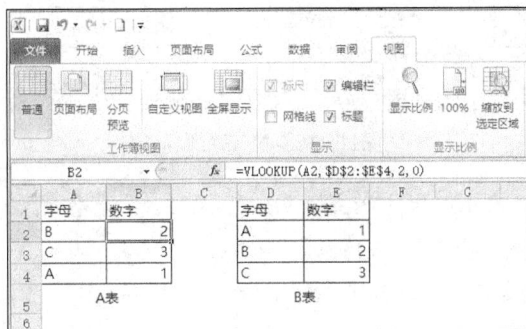

图 5-13　完成 VLOOKUP 函数

> 注释　table_array 引用区域为了防止发生相对引用，一定要在上面按<F4>键加绝对值符号，确保不发生相对移动；共通字段一定要在 table_array 引用区域的首列，否则无法使用；在大部分情况下，VLOOKUP 后面的参数值都为"0"，即精确匹配。

3．汽车厂供应商查找

某汽车装配厂的领料表如图 5-14 所示，缺少供应商名称，而"供应商资料"表中包含供应商名称，如图 5-15 所示。如何引用供应商名称到对应位置，操作步骤如下。

图 5-14　领料表

序号	供应商代码	供应商名称	供货比例(%)	中转库名称	计划员
1	M100050000	南京宏光-奥托立夫汽车安全装备有限公司	100	达鼎中心库	柏建华
2	M101900000	上海东风汽车专用件有限公司	100	达鼎中心库	何凯
3	M102080000	天合（宁波）电子元件紧固装置有限公司	100	达鼎中心库	刘会藏
4	M103140000	湖北骆驼蓄电池股份有限公司	80	达鼎中心库	钱建良
5	M101320000	武汉中人汽车零部件厂	100	达鼎中心库	刘会藏
6	M102840000	武汉市必达机电实业公司	100	达鼎中心库	王胜方/杨帆
7	M708010000	武汉东神轿车专用件有限公司	100	达鼎中心库	刘会藏
8	M100590000	贵州贵航汽车零部件股份有限公司华阳电器公司	10	达鼎中心库	柏建华
9	M104680000	湖北三环汽车附件有限公司	100	达鼎中心库	陈蓓
10	M600060000	东风汽车部件厂	100	达鼎中心库	王胜方/杨帆
11	M103150000	佛吉亚全兴（武汉）汽车座椅有限公司	100	达鼎中心库	胡俊涛
12	M100170000	武汉佛吉亚通达排气系统有限公司	100	达鼎中心库	刘会藏
13	M103630000	延锋百利得（上海）汽车安全系统有限	100	达鼎中心库	柏建华
14	M650320000	丹阳市华东工程塑料有限公司	100	达鼎中心库	钱建良
15	M101510000	武汉美嘉机械塑料有限公司	100	达鼎中心库	胡俊涛
16	M102700000	温州市宏茂汽车部件制造有限公司	100	达鼎中心库	刘会藏
17	M101190000	十堰东森汽车密封件有限公司	100	达鼎中心库	王胜方/杨帆
18	M100440000	湖北诺克橡塑密封科技有限公司十堰分公司	100	达鼎中心库	王胜方/杨帆
19	M101330000	武汉汽车零件二厂	100	达鼎中心库	王胜方/杨帆
20	M101340000	无锡市华光轿车附件有限责任公司	100	达鼎中心库	刘会藏
21	M101370000	武汉华森塑胶有限公司	100	达鼎中心库	柏建华

图 5-15　供应商资料

打开“练习文件 5.3.2 汽车厂供应商查找.xlsx”，在 F2 单元格输入

```
==VLOOKUP(领料表!E2,供应商资料表!$B$2:$F$111,2,0)
```

双击填充整列，完成操作，如图 5-16 所示。

F2　=VLOOKUP(领料表!E2,供应商资料表!$B$2:$F$111,2,0)

卡号	S_Date	FNR	供应商名称	MAF
12461887	12-Aug-09	M100080000	法雷奥温岭汽车零部件有限公司	M810020000
01128239	12-Aug-09	M101850000	苏州市吴越塑料制品七厂	M810020000
12461982	12-Aug-09	M100080000	法雷奥温岭汽车零部件有限公司	M810020000
06794748	13-Aug-09	M101320000	武汉中人汽车零部件厂	M810180000
01868455	13-Aug-09	M101320000	武汉中人汽车零部件厂	M810180000
10203629	13-Aug-09	M101320000	武汉中人汽车零部件厂	M810180000
02436213	13-Aug-09	M101320000	武汉中人汽车零部件厂	M810180000
03331402	13-Aug-09	M101320000	武汉中人汽车零部件厂	M810180000
05827148	13-Aug-09	M101320000	武汉中人汽车零部件厂	M810180000

图 5-16　VLOOKUP 函数

注释　两张表分别在两个工作表标签是 VLOOKUP 的常见情况，在跨表引用的时候，会采用表名+! 的形式，例如本题中 E2 单元格被标注为“领料表! E2”；跨表选择区域参数 table_array 时，选择完毕后直接按<,>键进入下一个参数；使用名称命名的方式，往往可以更高效地查找引用。

4．名称命名下的汽车厂供应商查找

（1）重新打开“练习文件 5.3.2 汽车厂供应商查找.xlsx”，选择“供应商资料表”中 B1：F110 表格区域，在名称框中命名为“供应商资料表”，按<Enter>键确认，如图 5-17 所示。

（2）在“领料表”中 F2 单元格里输入

```
=VLOOKUP(领料表!E2,供应商资料表,2,0)
```

如图 5-18 所示。

供应商资料表 | 供应商代码

	A	B	C	D	E	F
1	序号	供应商代码	供应商名称	供货比例(%)	中转库名称	计划员
2	1	M100050000	南京宏光-奥托立夫汽车安全装备有限公司	100	达鼎中心库	柏建华
3	2	M101900000	上海东风汽车专用件有限公司	100	达鼎中心库	何凯
4	3	M102080000	天合（宁波）电子元件紧固装置有限公司	100	达鼎中心库	刘会藏
5	4	M103140000	湖北骆驼蓄电池股份有限公司	80	达鼎中心库	钱建良
6	5	M101320000	武汉中人汽车零部件厂	100	达鼎中心库	刘会藏
7	6	M102840000	武汉市必达机电实业公司	100	达鼎中心库	王胜方/杨帆
8	7	M708010000	武汉东神轿车专用件有限公司	100	达鼎中心库	刘会藏
9	8	M100590000	贵州贵航汽车零部件股份有限公司华阳电器公司	10	达鼎中心库	柏建华
10	9	M104680000	湖北三环汽车附件有限公司	100	达鼎中心库	陈蓓
11	10	M600060000	东风汽车部件厂	100	达鼎中心库	王胜方/杨帆
12	11	M103150000	佛吉亚全兴（武汉）汽车座椅有限公司	100	达鼎中心库	胡俊涛
13	12	M100170000	武汉佛吉亚通达排气系统有限公司	100	达鼎中心库	刘会藏
14	13	M103630000	延锋百利得（上海）汽车安全系统有限	100	达鼎中心库	柏建华
15	14	M650320000	丹阳市华东工程塑料有限公司	100	达鼎中心库	钱建良
16	15	M101510000	武汉美嘉机械塑料有限公司	100	达鼎中心库	胡俊涛
17	16	M102700000	温州市宏茂汽车部件制造有限公司	100	达鼎中心库	刘会藏

图 5-17　名称的命名

F2 | =VLOOKUP(领料表!E2,供应商资料表,2,0)

	C	D	E	F	G
1	卡号	S_Date	FNR	供应商名称	MAF
2	12461887	12-Aug-09	M100080000	法雷奥温岭汽车零部件有限公司	M810020000
3	01128239	12-Aug-09	M101850000	苏州市吴越塑料制品七厂	M810020000
4	12461982	12-Aug-09	M100080000	法雷奥温岭汽车零部件有限公司	M810020000
5	06794748	13-Aug-09	M101320000	武汉中人汽车零部件厂	M810180000
6	01868455	13-Aug-09	M101320000	武汉中人汽车零部件厂	M810180000
7	10203629	13-Aug-09	M101320000	武汉中人汽车零部件厂	M810180000
8	02436213	13-Aug-09	M101320000	武汉中人汽车零部件厂	M810180000
9	03331402	13-Aug-09	M101320000	武汉中人汽车零部件厂	M810180000

图 5-18　名称命名的 VLOOKUP

注释　任何情况下，都要保证共通字段在选择区域首列；在输入 table_array 引用区域时可以按<F3>键粘贴名称；使用名称命令方式完成函数，缺点是需要先命名，再操作，但是函数编写起来更快也更少出错，比较适合于引用区域较多，函数比较复杂的情况。

5.3.3　VLOOKUP 与 IFERROR 函数的应用

上节提到 VLOOKUP 函数具有 3 个特征，其中之一为两张表拥有共通字段，但是字段之间并不一定是一一对应的，如果不能一一对应，我们该怎么办呢？

用户账号关联方法如下。

某公司 2009 年第二季度需要通过职工银行卡发放绩效，已知公司技术津贴明细卡号，请引用到“2009 年第 2 季度”表中，操作步骤如下。

（1）打开“练习文件 5.3.3 津贴发放表.xlsx”，使用姓名作为共通字段，命名区域“津贴办卡明细”，如图 5-19 所示。

（2）在“2009 年第 2 季度”表 O4 单元格输入函数

```
=VLOOKUP(C4,津贴办卡明细,3,0)
```

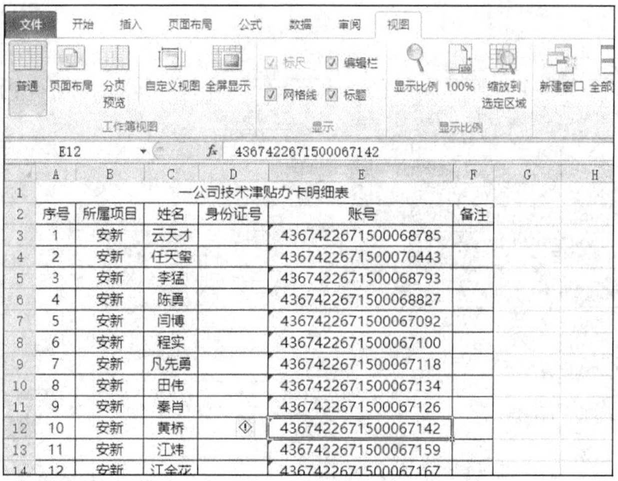

	A	B	C	D	E	F
1	一公司技术津贴办卡明细表					
2	序号	所属项目	姓名	身份证号	账号	备注
3	1	安新	云天才		4367422671500068785	
4	2	安新	任天玺		4367422671500070443	
5	3	安新	李猛		4367422671500068793	
6	4	安新	陈勇		4367422671500068827	
7	5	安新	闫博		4367422671500067092	
8	6	安新	程实		4367422671500067100	
9	7	安新	凡先勇		4367422671500067118	
10	8	安新	田伟		4367422671500067134	
11	9	安新	秦肖		4367422671500067126	
12	10	安新	黄桥		4367422671500067142	
13	11	安新	江炜		4367422671500067159	
14	12	安新	江金花		4367422671500067167	

图 5-19　津贴办卡明细

（3）由于“2009 年第 2 季度”表内张楚华等多人不属于技术人员，没有查找到对应的账号，显示错误值“#N/A”，如图 5-20 所示。这时可在 O4 单元格外部嵌套函数，如下：

```
=IFERROR(VLOOKUP(C4,津贴办卡明细,3,0),"查无此人账号")
```

填充整列，完成操作。

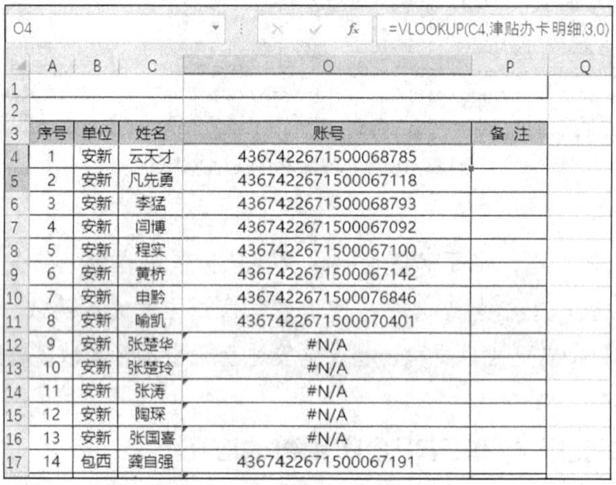

	A	B	C	O	P
1					
2					
3	序号	单位	姓名	账号	备 注
4	1	安新	云天才	4367422671500068785	
5	2	安新	凡先勇	4367422671500067118	
6	3	安新	李猛	4367422671500068793	
7	4	安新	闫博	4367422671500067092	
8	5	安新	程实	4367422671500067100	
9	6	安新	黄桥	4367422671500067142	
10	7	安新	申黔	4367422671500076846	
11	8	安新	喻凯	4367422671500070401	
12	9	安新	张楚华	#N/A	
13	10	安新	张楚玲	#N/A	
14	11	安新	张涛	#N/A	
15	12	安新	陶琛	#N/A	
16	13	安新	张国喜	#N/A	
17	14	包西	龚自强	4367422671500067191	

图 5-20　津贴办卡明细函数结果

注释　IFERROR 的语法表达式为 IFERROR（value，value_if_error），即计算值，如果错误该如何；该函数专门解决当函数出错时如何展示。本题函数意为如果正确，则正常显示，如果错误则显示“查无此人账号”。IFERROR 是 VLOOKUP 函数的最佳伴侣，只要共通字段不是一一对应关系，就应该使用 IFERROR 函数。

5.3.4　VLOOKUP 的模糊查询功能

当 VLOOKUP 最后参数为 0 时，意为精确匹配；当参数为 1 时，意味模糊匹配。下面我们来看两个模糊匹配的例子。

1．多级征税计算

打开“练习文件 5.3.4 分级税率.xlsx”，当个人收入在一个区间范围内时，使用不同的税率，例如 0 到 1000 之间，税率为 0.15，10000 到 30000 之间，税率为 0.3，以此类推，如图 5-21 所示。

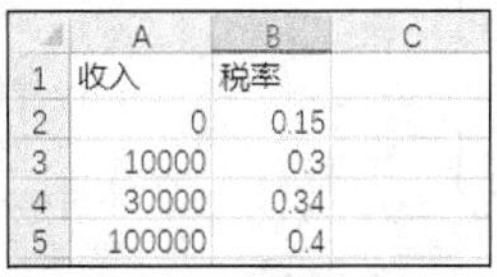

	A	B	C
1	收入	税率	
2	0	0.15	
3	10000	0.3	
4	30000	0.34	
5	100000	0.4	

图 5-21　多级税率

试计算不同收入下的缴税情况，操作步骤如下。

（1）在 B10 单元格输入函数

```
=IFERROR(VLOOKUP(A10,$A$2:$B$5,2,1),0)
```

（2）在 C10 单元格输入函数

```
=A10*B10
```

注释　参数[rang_lookup]为 1 时，为模糊查找，锁定范围为上下单元格范围，例如本题中，0 到 10000 不包含 10000，税率为 0.15；

通常有最小值，没有最大值，本题小于 0 时，查无此值，大于 100000 时为 0.4；找不到值的时候记得使用 IFERROR。

2．学生成绩评定

VLOOKUP 的模糊查询功能同样适用于学生成绩评定。试根据期末成绩评价学生成绩档次，如图 5-22 所示。

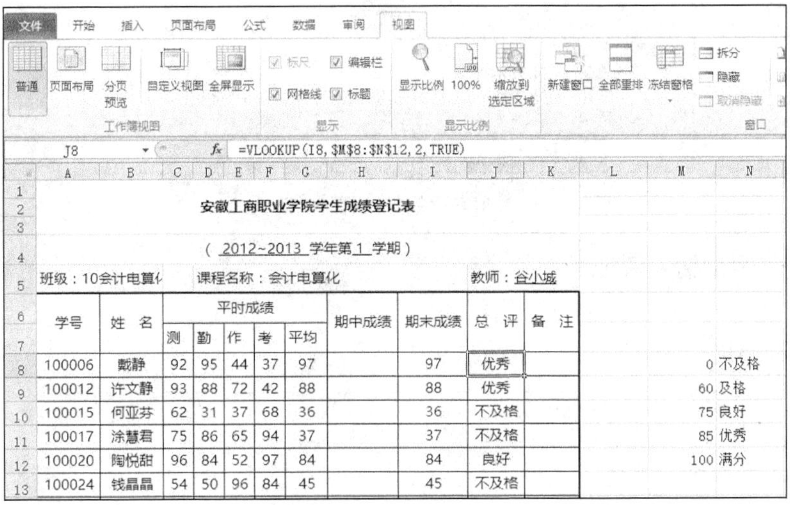

安徽工商职业学院学生成绩登记表

（ 2012~2013 学年第 1 学期 ）

班级：10会计电算化　课程名称：会计电算化　教师：谷小城

学号	姓名	测	勤	作	考	平均	期中成绩	期末成绩	总评	备注		M	N
100006	戴静	92	95	44	37	97		97	优秀			0	不及格
100012	许文静	93	88	72	42	88		88	优秀			60	及格
100015	何亚芬	62	31	37	68	36		36	不及格			75	良好
100017	涂慧君	75	86	65	94	37		37	不及格			85	优秀
100020	陶悦甜	96	84	52	97	84		84	良好			100	满分
100024	钱晶晶	54	50	96	84	45		45	不及格				

图 5-22　学生成绩表评价

5.3.5　VLOOKUP 函数的多条件查找引用

到目前为止，VLOOKUP 都是根据一个共通字段查找引用内容，当需要多条件的时候，我们该怎么办呢？在这里介绍两种方法。

方法一，打开“练习文件 5.3.5 多条件查找引用.xlsx”，旁边列示了一个数据有效性的成绩窗口，通过选择“学期”“姓名”“科目”得出具体分数，如图 5-23 所示。

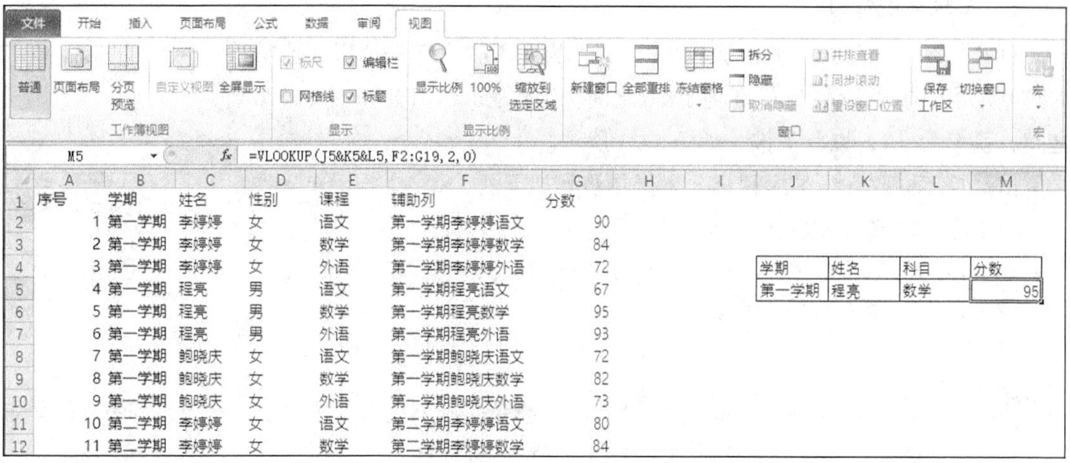

	A	B	C	D	E	F	G	H	I	J	K	L	M
1	序号	学期	姓名	性别	课程	辅助列	分数						
2	1	第一学期	李婷婷	女	语文	第一学期李婷婷语文	90						
3	2	第一学期	李婷婷	女	数学	第一学期李婷婷数学	84						
4	3	第一学期	李婷婷	女	外语	第一学期李婷婷外语	72			学期	姓名	科目	分数
5	4	第一学期	程亮	男	语文	第一学期程亮语文	67			第一学期	程亮	数学	95
6	5	第一学期	程亮	男	数学	第一学期程亮数学	95						
7	6	第一学期	程亮	男	外语	第一学期程亮外语	93						
8	7	第一学期	鲍晓庆	女	语文	第一学期鲍晓庆语文	72						
9	8	第一学期	鲍晓庆	女	数学	第一学期鲍晓庆数学	82						
10	9	第一学期	鲍晓庆	女	外语	第一学期鲍晓庆外语	73						
11	10	第二学期	李婷婷	女	语文	第二学期李婷婷语文	80						
12	11	第二学期	李婷婷	女	数学	第二学期李婷婷数学	84						

图 5-23　查找分数

方法二，辅助列法查成绩。

（1）插入一列，将“学期”“姓名”“科目”使用合并函数合并为一列。

```
=CONCATENATE(B2,C2,E2)
```

如图 5-24 所示。

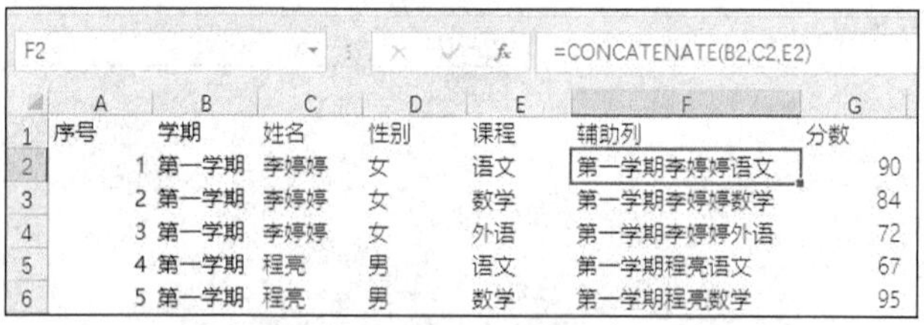

	A	B	C	D	E	F	G
1	序号	学期	姓名	性别	课程	辅助列	分数
2	1	第一学期	李婷婷	女	语文	第一学期李婷婷语文	90
3	2	第一学期	李婷婷	女	数学	第一学期李婷婷数学	84
4	3	第一学期	李婷婷	女	外语	第一学期李婷婷外语	72
5	4	第一学期	程亮	男	语文	第一学期程亮语文	67
6	5	第一学期	程亮	男	数学	第一学期程亮数学	95

图 5-24　生成辅助列

（2）在分数栏中输入函数。

```
=VLOOKUP(J5&K5&L5,F2:G19,2,0)
```

得到结果，如图 5-25 所示。

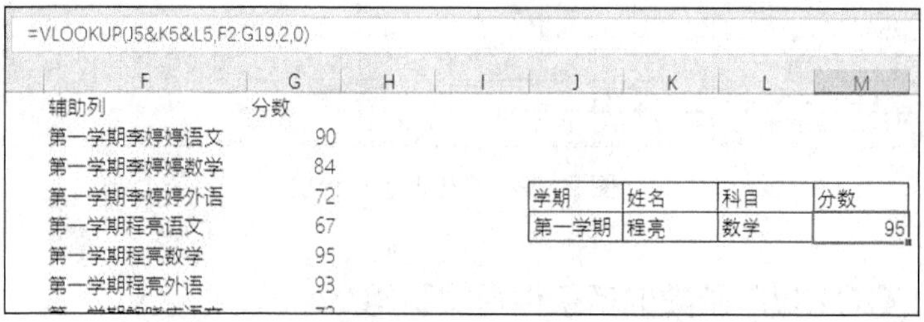

F	G	H	I	J	K	L	M
辅助列	分数						
第一学期李婷婷语文	90						
第一学期李婷婷数学	84						
第一学期李婷婷外语	72			学期	姓名	科目	分数
第一学期程亮语文	67			第一学期	程亮	数学	95
第一学期程亮数学	95						
第一学期程亮外语	93						

图 5-25　查找分数结果

注释

“&”和“CONCATENATE”同位连接函数，可以将内容合并。

5.3.6 VLOOKUP 函数与 CHOOSE 函数结合，实现逆向查找

在前面的课程中，教师一直要求大家把共通字段放在查找区域的首列，才能进行 VLOOKUP 的查找，那么如果确实条件不允许放置首列，我们该使用什么方式呢？

打开“练习文件 5.3.6 逆向查找.xlsx”，在 B5 单元格中输入函数

```
=VLOOKUP(B2,CHOOSE({1,2},$E$2:$E$9,$D$2:$D$9),2,)
```

得出结果，如图 5-26 所示。

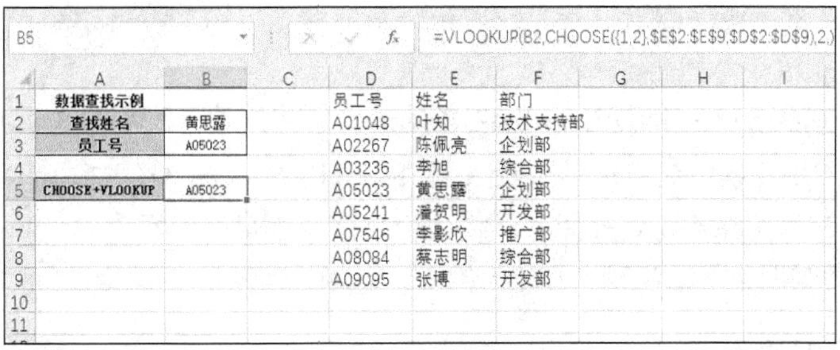

	A	B	C	D	E	F
1	数据查找示例			员工号	姓名	部门
2	查找姓名	黄思露		A01048	叶知	技术支持部
3	员工号	A05023		A02267	陈佩亮	企划部
4				A03236	李旭	综合部
5	CHOOSE+VLOOKUP	A05023		A05023	黄思露	企划部
6				A05241	潘贺明	开发部
7				A07546	李影欣	推广部
8				A08084	蔡志明	综合部
9				A09095	张博	开发部

图 5-26 逆向查找

注释 本题超出课本内容大纲，使用了数组公式，数组是 Excel 中极为重要的一种计算方式，但是相对比较难以理解，本书尽量予以避开；{ } 是数组使用公式，本例利用 CHOOSE 函数配合数组，将表格顺序逆转，实现查找功能，可以跳过不学。

5.3.7 INDEX 与 MATCH 函数结合的二维表查询

VLOOKUP 函数可以解决大多数查找引用类问题，但是有一种情况比较特殊，就是当我们已知一张表的横行纵列坐标，如何应用坐标值，即二维表查找引用功能。

1. 汽车配件价格查询

某大众 4S 店显示不同车型不同配件的价格，如图 5-27 所示。如何查询速腾汽车的中网价格？

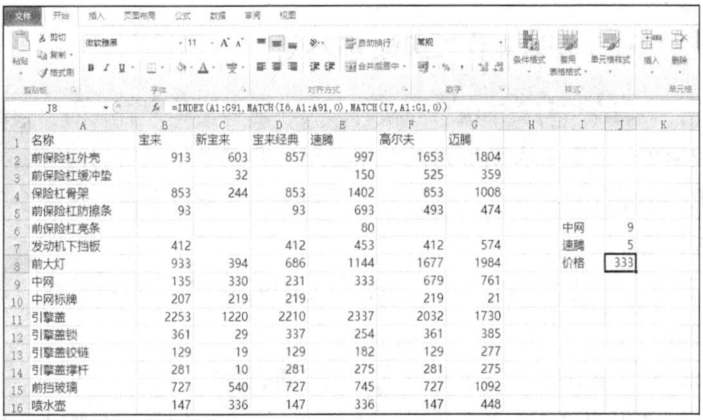

	A	B	C	D	E	F	G	H	I	J
1	名称	宝来	新宝来	宝来经典	速腾	高尔夫	迈腾			
2	前保险杠外壳	913	603	857	997	1653	1804			
3	前保险杠缓冲垫		32		150	525	359			
4	保险杠骨架	853	244	853	1402	853	1008			
5	前保险杠防擦条	93		93	693	493	474			
6	前保险杠亮条				80				中网	9
7	发动机下挡板	412		412	453	412	574		速腾	5
8	前大灯	933	394	686	1144	1677	1984		价格	333
9	中网	135	330	231	333	679	761			
10	中网标牌	207	219	219		219	21			
11	引擎盖	2253	1220	2210	2337	2032	1730			
12	引擎盖锁	361	29	337	254	361	385			
13	引擎盖铰链	129	19	129	182	129	277			
14	引擎盖撑杆	281	10	281	275	281	275			
15	前挡玻璃	727	540	727	745	727	1092			
16	喷水壶	147	336	147	336	147	448			

图 5-27 4S 店产品价目表

打开“练习文件 5.3.7 汽车配件价格查询.xlsx”操作步骤如下。

（1）J6、J7 单元格函数分别为

```
=MATCH(I6,A1:A91,0)
=MATCH(I7,A1:G1,0)
```

意为 I6 单元格“中网”，在 A1:A91 单元格区域中从上往下数为第几个；

I7 单元格“速腾”，在 A1:G1 单元格区域中从左往右数为第几个。

（2）J8 单元格函数为

```
=INDEX(A1:G91,J6,J7)
```

意为在 A1:G91 单元格区域中，第 9 行、第 5 列的值为多少。

注释　二维表使用 INDEX+MATCH 是最优解决方法；注意两个表参数的一致性，在 MATCH 函数中我们选择了从 A 开始，A1:A91、A1:G1，在 INDEX 中也应该从 A 开始，A1:G91；熟悉嵌套函数之后，可以将该函数两步合成一步写为

```
=INDEX(A1:G91,MATCH(I6,A1:A91,0),MATCH(I7,A1:G1,0))
```

2．三国游戏数值查询

同学们还可以练习一下“三国游戏数值查询”，查找“诸葛亮”的“政治”值，如图 5-28 所示。

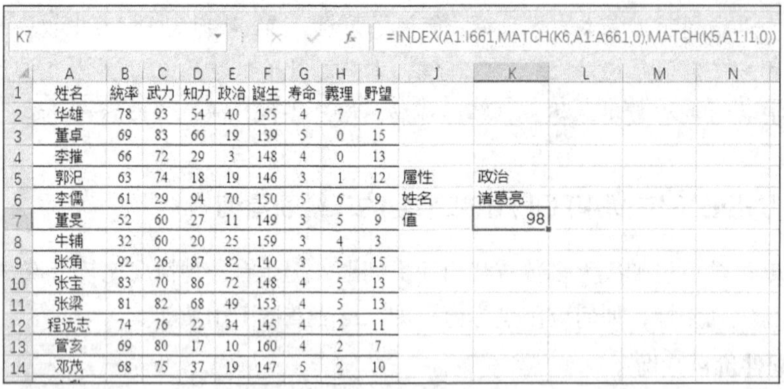
K7　=INDEX(A1:I661,MATCH(K6,A1:A661,0),MATCH(K5,A1:I1,0))

	A	B	C	D	E	F	G	H	I	J	K
1	姓名	統率	武力	知力	政治	誕生	寿命	義理	野望		
2	华雄	78	93	54	40	155	4	7	7		
3	董卓	69	83	66	19	139	5	0	15		
4	李摧	66	72	29	3	148	4	0	13		
5	郭汜	63	74	18	19	146	3	1	12	屬性	政治
6	李儒	61	29	94	70	150	5	6	9	姓名	诸葛亮
7	董旻	52	60	27	11	149	3	5	9	值	98
8	牛辅	32	60	20	25	159	3	4	3		
9	张角	92	26	87	82	140	3	5	15		
10	张宝	83	70	86	72	148	4	5	13		
11	张梁	81	82	68	49	153	4	5	13		
12	程远志	74	76	22	34	145	4	2	11		
13	管亥	69	80	17	10	160	4	2	7		
14	邓茂	68	75	37	19	147	5	2	10		

图 5-28　三国武将数值表

5.3.8　INDIRECT 函数制作二级数据有效性

在 HR 工作中，我们在填写员工信息表格时，为了避免出错，有些内容会制作下拉菜单来直接选择，这个比较简单。还有一种情况是两个单元格，第二个单元格的内容由第一个单元格的内容来决定。比如第一个单元格是部门名称，第二个单元格是岗位名称，这两个单元格就存在一个从属关系，如图 5-29 所示。

我们就以部门和岗位为例，制作一个二级下拉菜单。打开“练习文件 5.3.8 二级数据有效性.xlsx”，操作步骤如下。

（1）选中 A1:E1 单元格区域，在名称框内输入“部门”。

（2）选中 A1:A4 单元格区域，单击【公式】选项卡，在【定义的名称】按钮中点选【根据所选内容创建】，在弹出的对话框中勾选【首行】，单击【确定】按钮，如图 5-30 所示。

图 5-29 二级菜单参数表

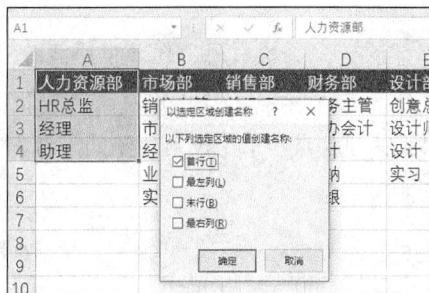

图 5-30 命名名称

（3）分别选中 B1:B6，C1:C6，D1:D6，E1:E5 单元格区域，逐个按<F4>键重复上一步操作，完成命名，如图 5-31 所示。

（4）选中"部门"这一列，单击【数据】选项卡【数据有效性】按钮，在弹出的对话框中进行如图 5-32 所示的设置。

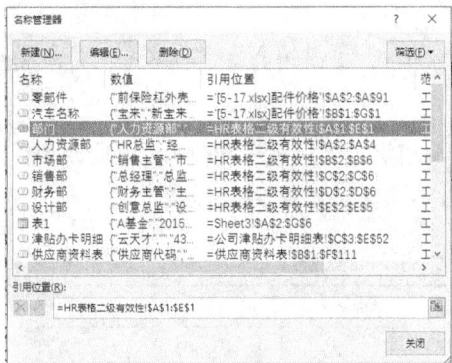

图 5-31 名称设置

图 5-32 数据验证功能

（5）选中 I 列"岗位"字段，单击【数据】选项卡【数据有效性】按钮，在弹出的对话框中进行如图 5-33 所示的设置，在来源中输入"=INDIRECT(H1)"。

（6）当部门选择"市场部"时，我们只能在岗位中选择市场部下属岗位，实现了二级有效性管理，如图 5-34 所示。

图 5-33 二级有效性的设置

图 5-34 二级有效性效果展示

查找引用函数通常都具备 3 个条件，即有两张表，通过共通部分查找，利用特定规则进行引用。

根据共通特点和引用规则的不同，我们将常用查找引用函数分为 4 种计算类型，如表 5-2 所示。

表 5-2　　　　　　　　　　　常用查找引用函数的比较

函数名称	共通特点	引用特点
VLOOKUP	一列共通	引用一列
INDEX+MATCH	一行+一列二维共通	引用一个单元格
INDIRECT	单元格名称共通	引用名称命名区域
OFFSET	单元格共通	引用单元格位移的区域

其中 VLOOKUP 最为常用，因为函数大多是解决一列的问题，所以共通部分为一列或一个字段，最为常见。

另外还有二维共通、单元格共通和单元格名称共通，而引用的特征也不尽相同，仔细揣摩，熟练运用，基本可以涵盖大部分查找引用问题。

而对于主函数 VLOOKUP，我们又要根据实际情况，考虑采用正向引用还是逆向引用，是精确匹配还是模糊匹配，是一一对应还是有#N/A 的情况，如表 5-3 所示。

表 5-3　　　　　　　　　　　VLOOKUP 函数的不同应用

正向	逆向
VLOOKUP	VLOOKUP+CHOOSE+数组
精确	模糊
0	1
一一对应	不完全对应
无	IFERROR

熟练掌握以上两张表格的精髓，即可对查找引用功能有一个详细的了解。

5.4 | 主干函数之逻辑判断函数

逻辑判断函数主要是指以 IF 函数为核心的一类函数群，主要包括 IF 函数，AND、OR 函数。

5.4.1　IF 函数简介

IF 函数是大家比较熟悉的函数类型，其函数表达式为

`IF(logical_test,value_if_true,value_if_false)`

其中，logical_test 表示计算结果为 TRUE 或 FALSE 的任意值或表达式。

以下为一个成绩判定的例子。

大于等于 60 分为及格，否则为不及格，请判断以下学生是否及格。

C2 函数为

```
=IF(B2>=60,"及格","不及格")
```

如图 5-35 所示。

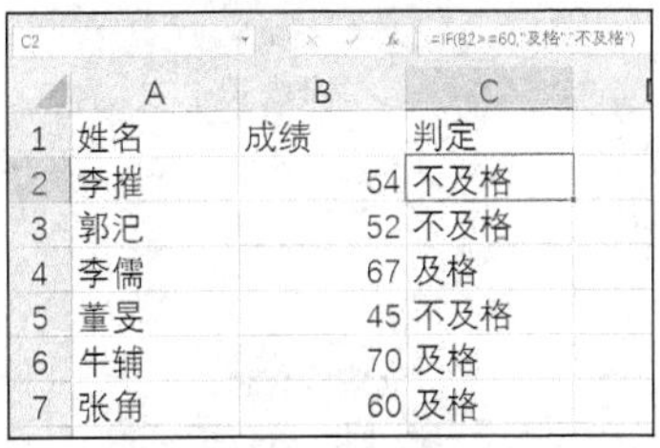

	A	B	C
1	姓名	成绩	判定
2	李摧	54	不及格
3	郭汜	52	不及格
4	李儒	67	及格
5	董旻	45	不及格
6	牛辅	70	及格
7	张角	60	及格

图 5-35　成绩判定

注释　逻辑判断可以使用的逻辑运算符如表 5-4 所示，其中“不等于”是大家容易忽视的部分。

表 5-4　逻辑判断表

比较运算符	含义	示例
=（等号）	等于	A1=B1
>（大于号）	大于	A1>B1
<（小于号）	小于	A1<B1
>=（大于等于号）	大于等于	A1>=B1
<=（小于等于号）	小于等于	A1<=B1
<>（不等号）	不等于	A1<>B1

TRUE 或 FALSE 的结果如果是字符，一定要使用双引号，如“不及格”。

5.4.2　IF 函数的嵌套

IF 函数本身只有 TRUE 或 FALSE 两个选项，也就是只能做二选一，当出现多种可能性的时候，就需要使用嵌套函数来解决了。以下举例说明。

打开“练习文件 5.4.2 IF 函数嵌套.xlsx”，现在根据职工级别计算职工奖金数，1 级为 200 元，每增加 1 级多 200 元，最多为 5 级 1000 元，请使用 IF 函数计算奖金字段，如图 5-36 所示。

函数表达式书写如下：

```
=IF(F2=1,200,
IF(F2=2,400,
IF(F2=3,600,
IF(F2=4,800,
IF(F2=5,1000, “” )))))
```

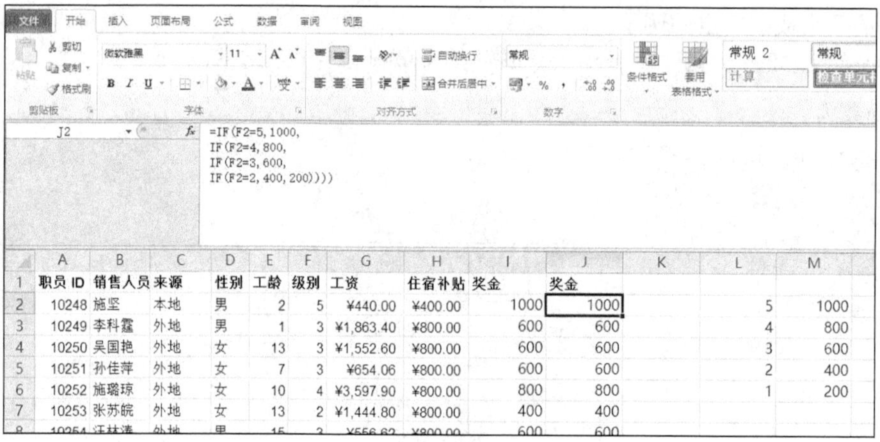

图 5-36 IF 函数的嵌套

注释　多层嵌套，为了便于更加直观地阅读，可以采用按<Alt+Enter>快捷键强制换行的方式逐行填写；本函数实际为 IF 函数的五层嵌套。

5.4.3 AND 函数与 OR 函数的嵌套应用

多层嵌套解决了函数纵向多选一的问题，但是实务中总会产生一些多选多的情况，例如同时满足多个条件，或在多个条件中满足其中任意一个，这就用到了 OR 函数和 AND 函数。

还是以计算职工奖金为例。假设同时满足工龄大于 5，性别为女性，总收入大于 3000 的同志是单位重要员工，如图 5-37 所示。

函数书写如下：

`=IF(AND(E2>5,D2="女",SUM(G2:I2)>3000),"重要员工","")`

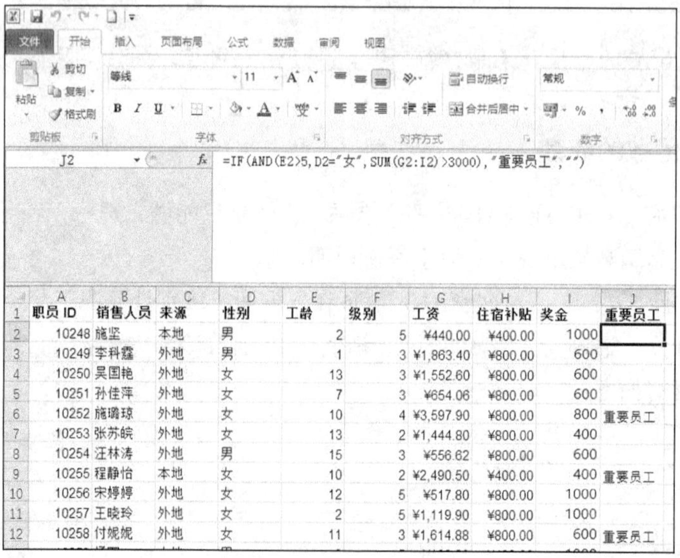

图 5-37 AND 函数的应用

注释

AND 函数意为所有条件都要满足，OR 函数意为所有条件满足一个即可。

5.5 零件函数之文本函数

文本函数是指一切可以对单元格内文本内容进行批量编辑修改的函数和功能，主要分为拆、合、量三大类型，如表 5-5 所示。

表 5-5　　文本函数类型

文本函数类型	内容
拆	LEFT、RIGHT、MID、数据分列
合	CONCATENATE、&
量	LEN、LENB

5.5.1 “拆”函数之左中右

文本函数中 LEFT、RIGHT、MID 是最为常用的，肩负着从单元格中提取内容的主要工作。例如我们要提取某人的身份证号码，判断其出生地、生日就用到了左中右函数。

提取个人身份证信息，打开“练习文件 5.5.1 左中右函数.xlsx”，操作步骤如下。

（1）在 D2 单元格输入

```
=LEFT(C2,6)
```

（2）在 E2 单元格输入

```
=MID(C2,7,8)
```

（3）在 F2 单元格输入

```
=RIGHT(C2,4)
```

分别提取出生地、出生日期、和派出所信息，如图 5-38 所示。

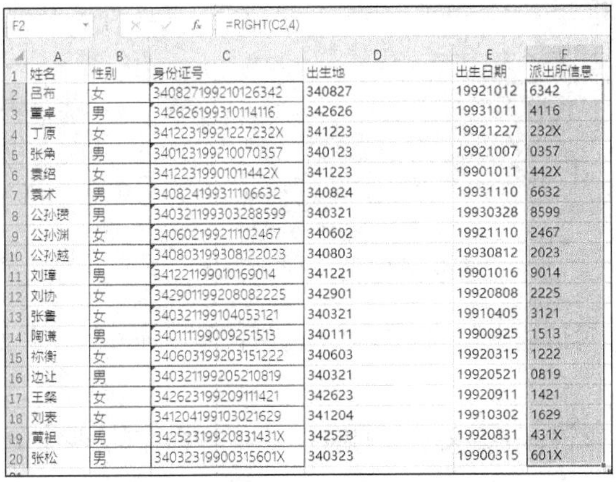
F2　=RIGHT(C2,4)

	A	B	C	D	E	F
1	姓名	性别	身份证号	出生地	出生日期	派出所信息
2	吕布	女	340827199210126342	340827	19921012	6342
3	董卓	男	342626199310114116	342626	19931011	4116
4	丁原	女	34122319921227232X	341223	19921227	232X
5	张角	男	340123199210070357	340123	19921007	0357
6	袁绍	女	34122319901011442X	341223	19901011	442X
7	袁术	男	340824199311106632	340824	19931110	6632
8	公孙瓒	男	340321199303288599	340321	19930328	8599
9	公孙渊	女	340602199211102467	340602	19921110	2467
10	公孙越	女	340803199308122023	340803	19930812	2023
11	刘璋	男	341221199010169014	341221	19901016	9014
12	刘协	女	342901199208082225	342901	19920808	2225
13	张鲁	女	340321199104053121	340321	19910405	3121
14	陶谦	男	340111199009251513	340111	19900925	1513
15	祢衡	女	340603199203151222	340603	19920315	1222
16	边让	男	340321199205210819	340321	19920521	0819
17	王粲	女	342623199209111421	342623	19920911	1421
18	刘表	女	341204199103021629	341204	19910302	1629
19	黄祖	男	34252319920831431X	342523	19920831	431X
20	张松	男	34032319900315601X	340323	19900315	601X

图 5-38　使用文本函数计算提取出生地、出生日期和派出所信息

（4）使用 VLOOKUP 函数查找"身份对照"表中的地址代码，计算出生地地址。函数表达式为

`=VLOOKUP(VALUE(LEFT(C2,6)),身份对照!A2:B3466,2,0)`

> 注释　　在(LEFT(C2,6)查找出生地代码的基础上，使用 VALUE 函数嵌套，将文本格式转化为数值格式，才能查找"身份对照"表中的代码。

（5）可以将 E 列中的数值转化为日期格式，方便计算。首先将数据复制原位选择性粘贴为"数值"，然后使用 5.5.2 的分列工具，将其变换为日期格式。

5.5.2 "拆"函数之数据分列

数据分列功能虽然不是函数，却拥有比函数还要高效的文本拆分能力，合理使用可以大大提高拆分的效率。

1．按宽度拆分身份证号码

（1）打开"练习文件 5.5.2 数据分列.xlsx"，在 C 列和 D 列之间插入空列。

（2）选中 C 列，单击【数据】选项卡、【数据工具】选项组中的【分列】功能。

（3）在【原始数据类型】单选框中选择【固定宽度】，单击【下一步】按钮，如图 5-39 所示。

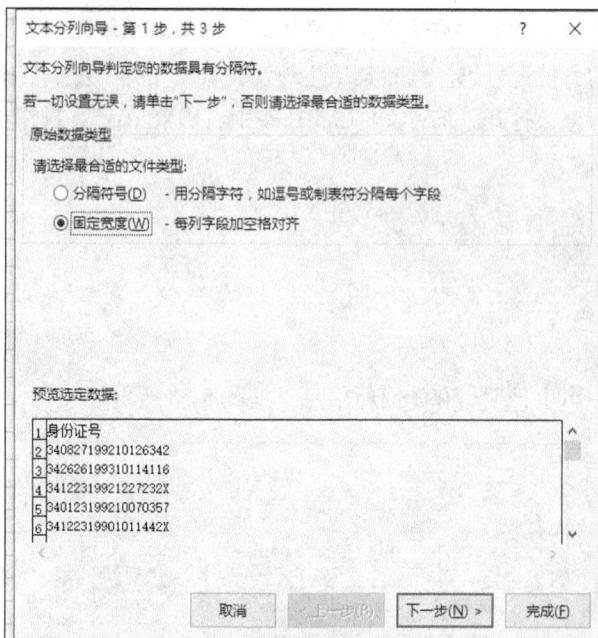

图 5-39　文本分列向导第 1 步

（4）在【数据预览】对话框中使用鼠标单击身份证号码前 6 位，并拖动进行微调，如图 5-40 所示。

（5）单击【下一步】按钮，在【文本分列向导—第 3 步，共 3 步】中【列数据格式】选择【文本】，如图 5-41 所示。

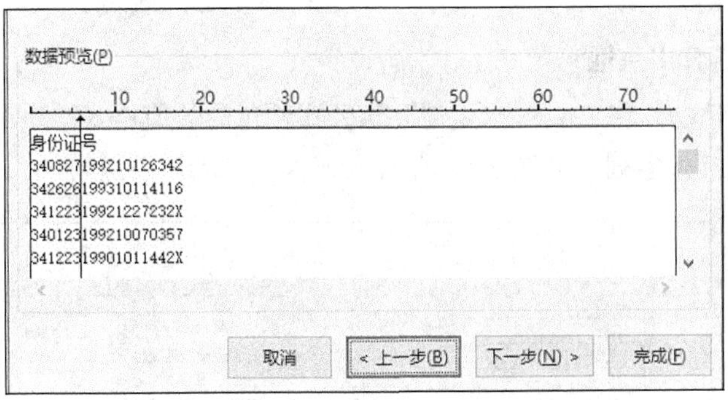

图 5-40　文本分列向导第 2 步

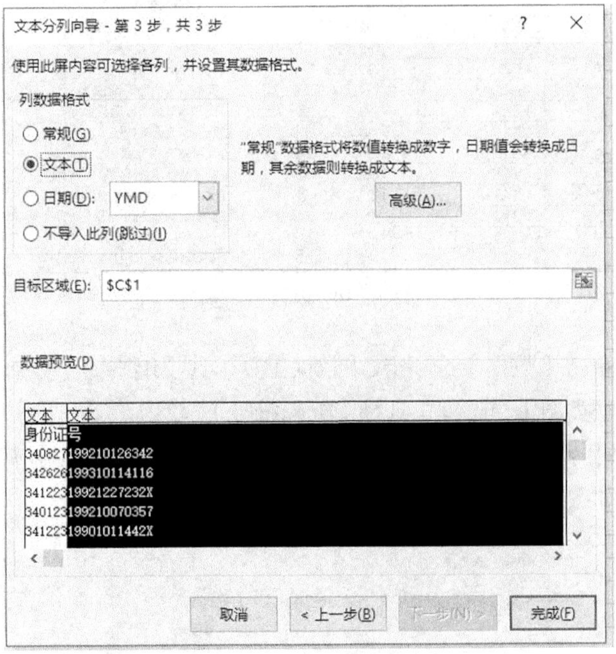

图 5-41　文本分列向导第 3 步

> 注释　　　一定要先选择转化文本格式的范围，然后再设置为【文本】格式，在本例中，要先单击分列出来的两列，呈黑色反白显示，才能选择格式。

（6）确定成功分列前六位后，单击【完成】按钮完成操作。

> 注释　　■ 用同样的方法，可以逐次分列出出生地、出生年、月、日等信息，与左中右函数有异曲同工之妙，左中右函数用于函数嵌套中的提取文本，分列更为简单直接一些；
> ■ 分列数据时，数据左边必须包含空列，否则分列数据将会替换表格数据，带来错误；
> ■ 分列箭头可以通过双击清除；
> ■ 字段标题往往被一并拆分，请适当修改字段标题名称。

2．按固定符号拆分出生地

（1）使用选择性粘贴，将 E 列“出生地”从公式转化为数值格式。

（2）在 E 列之后插入空列，如图 5-42 所示。

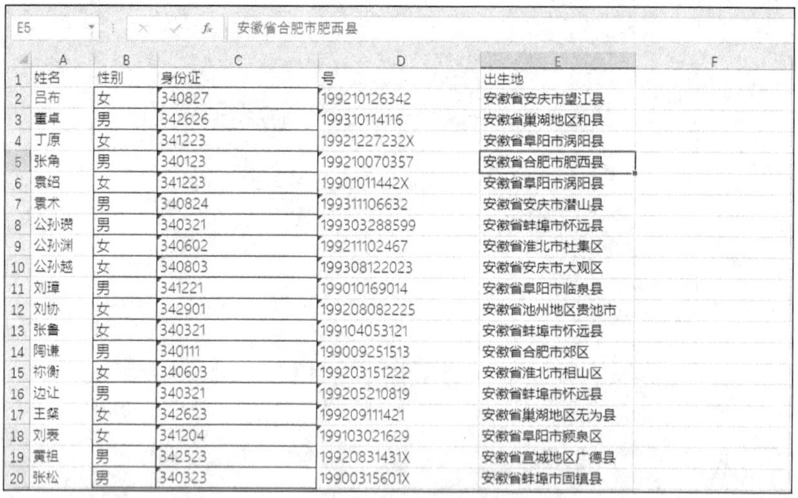

	A	B	C	D	E	F
1	姓名	性别	身份证	号	出生地	
2	吕布	女	340827	199210126342	安徽省安庆市望江县	
3	董卓	男	342626	199310114116	安徽省巢湖地区和县	
4	丁原	女	341223	19921227232X	安徽省阜阳市涡阳县	
5	张角	男	340123	199210070357	安徽省合肥市肥西县	
6	袁绍	女	341223	19901011442X	安徽省阜阳市涡阳县	
7	袁术	男	340824	199311106632	安徽省安庆市潜山县	
8	公孙瓒	男	340321	199303288599	安徽省蚌埠市怀远县	
9	公孙渊	女	340602	199211102467	安徽省淮北市杜集区	
10	公孙越	女	340803	199308122023	安徽省安庆市大观区	
11	刘璋	男	341221	199010169014	安徽省阜阳市临泉县	
12	刘协	女	342901	199208082225	安徽省池州地区贵池市	
13	张鲁	女	340321	199104053121	安徽省蚌埠市怀远县	
14	陶谦	男	340111	199009251513	安徽省合肥市郊区	
15	祢衡	女	340603	199203151222	安徽省淮北市相山区	
16	边让	男	340321	199205210819	安徽省蚌埠市怀远县	
17	王粲	女	342623	199209111421	安徽省巢湖地区无为县	
18	刘表	女	341204	199103021629	安徽省阜阳市颍泉区	
19	黄祖	男	342523	19920831431X	安徽省宣城地区广德县	
20	张松	男	340323	19900315601X	安徽省蚌埠市固镇县	

图 5-42　分列出生地

（3）选中 E 列，单击【数据】选项卡、【数据工具】选项组中的【分列】功能。

（4）在【原始数据类型】单选框中选择【分隔符号】，单击【下一步】按钮。

（5）在【文本分列向导—第 2 步，共 3 步】、【分隔符号】下【其他】中输入“省”，可以看到数据列省份被分隔，如图 5-43 所示，单击【完成】按钮。

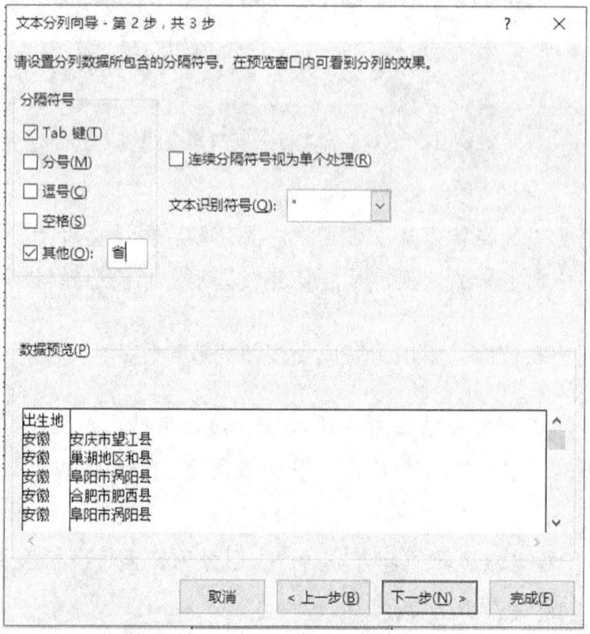

图 5-43　文本分列向导第 2 步

注释

■ 分隔符号可以是符号，也可以是中文、空格等多种字符；

■ 分隔符号在分列后不再出现，例如本例中"省"被删除；

■ 使用分隔符号多用于宽度不一，但是有规律的部分，如英文姓名（中间含点）、地址（含省、市、区）、电话号码（区号含"-"）等等。

3．将数据列转化为其他格式

在"按宽度拆分身份证号码"中我们已经使用过数据分列，即将分列项实现格式转化的功能，它可以非常方便地让内容在文本、日期、数值之间进行转化。

（1）打开"练习文件 5.5.2 数据分列——日期"，使用选择性粘贴，将 E 列"出生日期"从公式转化为数值格式。

（2）使用数据分列功能，文本分列向导，将数值转化为日期格式，如图 5-44 所示。

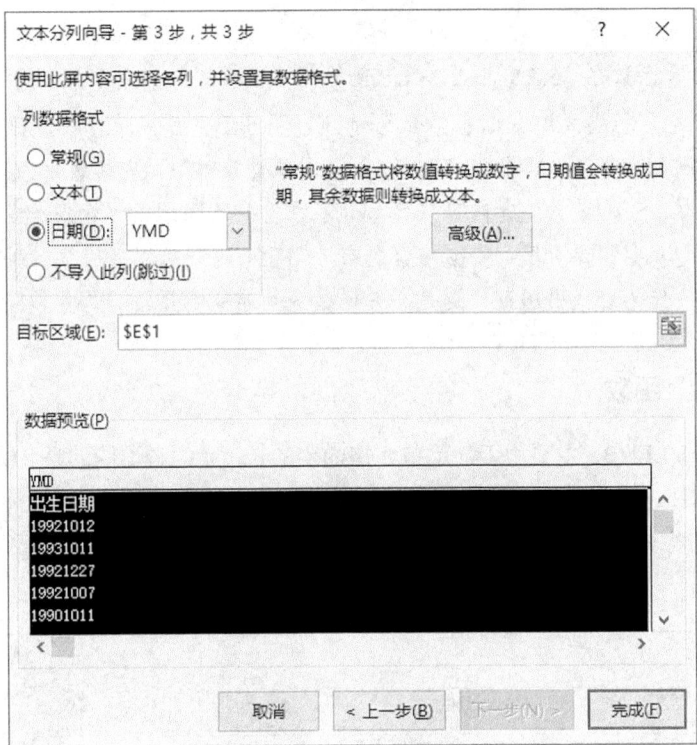

图 5-44　文本分列向导第 3 步

（3）单击完成，并调整列宽，使其全部显示，如图 5-45 所示。

5.5.3 "合"函数

合函数较为简单，当分列的部分需要重新合并的时候，可以使用"&"或 CONCATENATE 函数进行合并。因功能较为简单，在此不做介绍。

	A	B	C	D	E	F
1	姓名	性别	身份证号	出生地	出生日期	派出所信息
2	吕布	女	340827199210126342	安徽省安庆市望江县	1992-10-12	6342
3	董卓	男	342626199310114116	安徽省巢湖地区和县	1993-10-11	4116
4	丁原	女	34122319921227232X	安徽省阜阳市涡阳县	1992-12-27	232X
5	张角	男	340123199210070357	安徽省合肥市肥西县	1992-10-7	0357
6	袁绍	女	34122319901011442X	安徽省阜阳市涡阳县	1990-10-11	442X
7	袁术	男	340824199311106632	安徽省安庆市潜山县	1993-11-10	6632
8	公孙瓒	男	340321199303288599	安徽省蚌埠市怀远县	1993-3-28	8599
9	公孙渊	女	340602199211102467	安徽省淮北市杜集区	1992-11-10	2467
10	公孙越	女	340803199308122023	安徽省安庆市大观区	1993-8-12	2023
11	刘璋	男	341221199010169014	安徽省阜阳市临泉县	1990-10-16	9014
12	刘协	女	342901199208082225	安徽省池州地区贵池市	1992-8-8	2225
13	张鲁	女	340321199104053121	安徽省蚌埠市怀远县	1991-4-5	3121
14	陶谦	男	340111199009251513	安徽省合肥市郊区	1990-9-25	1513
15	祢衡	女	340603199203151222	安徽省淮北市相山区	1992-3-15	1222
16	边让	男	340321199205210819	安徽省蚌埠市怀远县	1992-5-21	0819
17	王粲	女	342623199209111421	安徽省巢湖地区无为县	1992-9-11	1421
18	刘表	女	341204199103021629	安徽省阜阳市颍泉区	1991-3-2	1629
19	黄祖	男	34252319920831431X	安徽省宣城地区广德县	1992-8-31	431X
20	张松	男	34032319900315601X	安徽省蚌埠市固镇县	1990-3-15	601X

图 5–45　出生日期格式转化最终结果

注释

合函数在“5.3.5 VLOOKUP 函数的多条件查找引用”中使用过，请注意参考。

在规范格式中我们曾经介绍过，为了方便汇总，单元格应该尽可能地以原子化的形式出现。例如“安徽省合肥市庐阳区”，应该尽量分解为“安徽省”“合肥市”“庐阳区”三个单元格。这样在汇总数据的时候可以轻易地汇总安徽不同地市的数据，或合肥不同区县的数据。当实际工作确实需要引用“安徽省合肥市庐阳区”时，可以通过添加辅助列，将省市区三级合并在一起，作为查找引用列，这是合并函数最为常见的用法。

5.5.4 “量”函数

量函数 LEN 和 LENB，主要用于计量单元格内容的长度。两者不同的是，LEN 函数所有字符都计为 1，而 LENB 中文字符会被计为 2。

尝试将产品名称分列为名称和代码两部分。打开“练习文件 5.5.4 量函数.xlsx”，如图 5-46 所示。

	A	B	C	D	E
1	产品名称	名称	规格	len	lenb
2	钢排800*1800	钢排	800*1800	10	12
3	钢吸800*4000	钢吸	800*4000	10	12
4	自浮式排泥胶管800*11800	自浮式排泥胶管	800*11800	16	23
5	钢伸700*710	钢伸	700*710	9	11
6	钢排700*1800	钢排	700*1800	10	12
7	钢伸450*2570L	钢伸	450*2570L	11	13
8	钢伸150*4000	钢伸	150*4000	10	12
9	钢排800*1800	钢排	800*1800	10	12
10	钢伸800*500	钢伸	800*500	9	11
11	钢吸800*4000	钢吸	800*4000	10	12
12	自浮式排泥胶管800*11800	自浮式排泥胶管	800*11800	16	23
13	钢排700*1800	钢排	700*1800	10	12
14	自浮管700*11800	自浮管	700*11800	12	15
15	钢排750*1800	钢排	750*1800	10	12
16	胶吸900*2250	胶吸	900*2250	10	12

图 5–46　量函数的应用

操作步骤如下。

（1）分别在 D 列和 E 列使用 LEN 函数和 LENB 函数。函数表达式为

```
=LEN(A2)
=LENB(A2)
```

并填充整列。

> **注释** 因为 LEN 函数所有字符都计为 1，所以 A2 单元格的长度是 10，而 LENB 函数中文字符计为 2，所以 A2 单元格总长度为 12。

（2）使用左函数提取"名称"，函数表达式为

```
=LEFT(A2,(E2-D2))
```

（3）使用右函数提取规格，函数表达式为

```
=RIGHT(A2,D2-(E2-D2))
```

（4）填充得到结果。

> **注释** LEN 函数与 LENB 函数配合使用，会起到意想不到的分列效果，其关键在于区分中英文字符。有的时候，某些中文符号和英文符号容易被混淆，所以在使用的时候一定要严加注意。例如中文的"，"与英文的","两者从视觉上非常相像，但是计算时并不相同，如表 5-6 所示，应注意区分。

表 5-6　　　　　　　　　　中英文字符所占字节数区别

函数	，	,
LEN	1	1
LENB	2	1

> **总结** 文本函数大多围绕字符串的提取下工夫，最简单直接的可以使用左中右函数，如果规律性较强，还可以直接使用分列功能，复杂一点的可以配合 LEN、LENB 等计量函数，在大部分情况下可以有效解决问题。但是以上都是对不规范文本的一种编辑功能，最有效的办法，就是在数据录入和获取的过程中，尽量保持单元格内容的原子化，就不用大量使用拆分函数了。

需要知道文本内容拆分难合并易。

5.6 | 零件函数之统计函数

统计函数是 Excel 中使用最为频繁的函数之一，绝大部分用户都会重度使用该函数，虽然后期的数据透视表可以承担很多统计函数功能，但是我们还是有必要掌握统计函数的一些常见应用。

统计函数的分类如表 5-7 所示。

表 5-7 统计函数分类

类别	无条件	单条件	多条件
求和	SUM	SUMIF	SUMIFS
求平均	AVERAGE	AVERAGEIF	AVERAGEIFS
计数	COUT	COUNTIF	COUNTIFS

求和、求平均和计数是日常生活中遇到最多的三类统计函数，根据实际情况的需要，又分为条件统计和多条件统计函数。由于类型相近，我们只选择介绍求和类函数，平均与计数依此类推。

5.6.1　SUMIF 函数

SUMIF 函数主要用于指定条件在查找区域中进行查找，并返回查找区域对应的数据区域中数值的和。

例如，计算李婷婷的总分。打开"练习文件 5.6.1 SUMIF 函数"，操作步骤如下。

（1）在 H2 单元格输入公式

=SUMIF($B$2:$B$10,G2,$E$2:$E$10)

（2）下拉填充，得出结果，如图 5-47 所示。

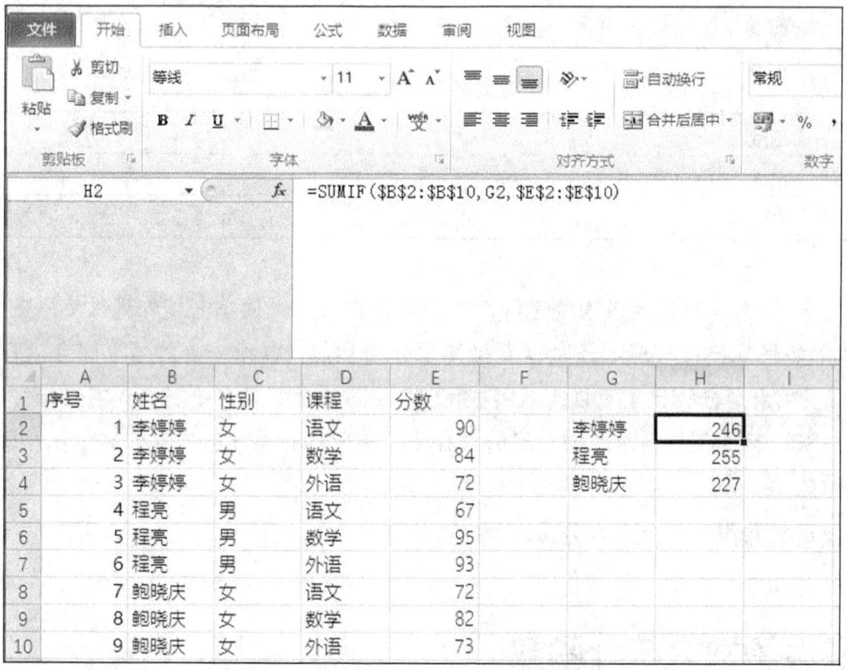

图 5-47　使用 SUMIF 函数计算总分

注释　　SUMIF 函数的第一个参数是条件范围，第三个参数是求和范围，两者都需要通过按〈F4〉键实现绝对引用，避免函数在填充过程中发生参数的移动。

5.6.2 SUMIFS 函数

SUMIFS 是在 SUMIF 函数的基础上，实现多条件求和的效果。例如要求计算李婷婷同学第二学期期末总分，就使用到 SUMIFS 函数。

SUMIFS 函数的参数表达式可以写成

```
SUMIFS(sum_range, criteria_range1, criteria1, [criteria_range2, criteria2],…)
```

首先输入求和范围，然后给出第一个条件的范围和判断条件，再给出第二个条件的范围和判断条件……依次类推。

计算李婷婷第二学期的总分，如图 5-48 所示，操作步骤如下。

在 I2 单元格输入公式

```
=SUMIFS($F$2:$F$19,$B$2:$B$19,$H$1,$C$2:$C$19,H2)
```

I2　=SUMIFS($F$2:$F$19,$B$2:$B$19,$H$1,$C$2:$C$19,H2)

	A	B	C	D	E	F	G	H	I
1	序号	学期	姓名	性别	课程	分数		第二学期	
2	1	第一学期	李婷婷	女	语文	90		李婷婷	259
3	2	第一学期	李婷婷	女	数学	84		程亮	268
4	3	第一学期	李婷婷	女	外语	72		鲍晓庆	266
5	4	第一学期	程亮	男	语文	67			
6	5	第一学期	程亮	男	数学	95			
7	6	第一学期	程亮	男	外语	93			
8	7	第一学期	鲍晓庆	女	语文	72			
9	8	第一学期	鲍晓庆	女	数学	82			
10	9	第一学期	鲍晓庆	女	外语	73			
11	10	第二学期	李婷婷	女	语文	80			
12	11	第二学期	李婷婷	女	数学	84			
13	12	第二学期	李婷婷	女	外语	95			
14	13	第二学期	程亮	男	语文	95			
15	14	第二学期	程亮	男	数学	87			
16	15	第二学期	程亮	男	外语	86			
17	16	第二学期	鲍晓庆	女	语文	94			
18	17	第二学期	鲍晓庆	女	数学	81			
19	18	第二学期	鲍晓庆	女	外语	91			
20									

图 5-48　多条件求和

5.6.3 使用通配符求和

SUMIF 函数还可以通过通配符的方式实现条件求和，即包含“*”“？”进行模糊求和。

使用 5.6.2 的案例，计算所有鲍姓学生的成绩综合（本题只有鲍晓庆一人，仅用于教学示例）。

录入函数

```
=SUMIF(C2:C19,"鲍*",F2:F19)
```

如图 5-49 所示。

注释　“*”代表任意多个字符，“？”代表一个字符；不仅是 SUMIFS 函数，通配符也适用于其他各类函数，应用方法参考本例。

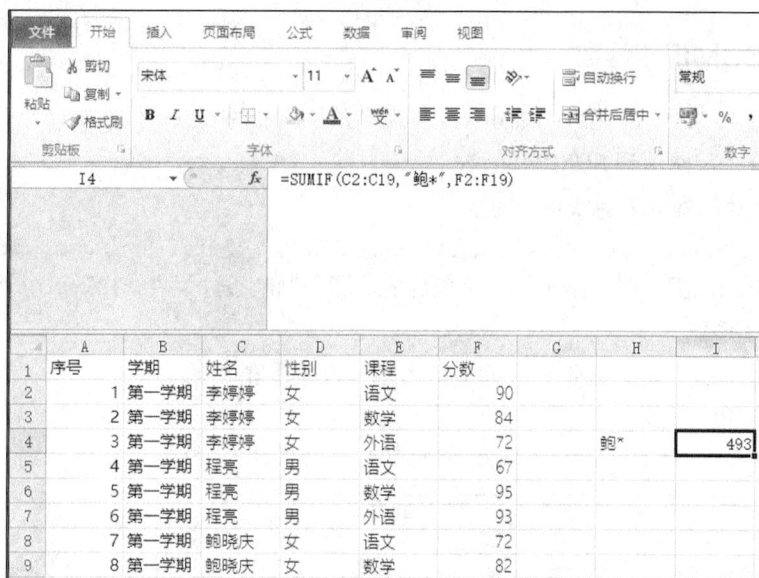

图 5-49　使用通配符求和

5.7 | 零件函数之日期时间函数

5.7.1　日期时间函数简介

除了文本函数与统计函数之外，日期和时间函数也是用户在日常工作中经常接触的数据类型之一。Excel 2010 专门提供了一系列日期时间函数以供使用。

在前面的课程我们学习过，日期函数实际上就是一个大于 1 的整数，代表从 1900-1-1 到今天为止，总共发生了多少天；而时间函数是一个 0 到 1 之间的小数，即 1 天被分为 24 小时，所以 12:00:00 在 Excel 中被表示为 0.5。

在本书当中，考虑到学生的学习成本和实际使用频度，我们选择主要介绍日期函数，而放弃学习时间函数。主要原因是，会计的最小单位通常以天计算，时间用到的不多；另外日期函数和时间函数很多时候可以举一反三，学习完日期函数，时间函数只需要简单调整名称，参数大多类似甚至相同。

在实务当中，我们较常用到的日期函数如表 5-8 所示。

表 5-8　　　　　　　　　　　　　常用日期函数分类

函数名称	所属类别
YEAR、MONTH、DAY 函数	日期转数值
DATE 函数	数值转日期
TODAY、NOW 函数	当时当日
WORKDAY 函数	工作日

5.7.2　日期与数值互转

日期与数值互转函数的特点是将日期中特定部分，如年、月、日转化为对应数值。该类函数是典型的零件函数，往往会和其他函数嵌套才能产生实用效果，以下介绍具体使用方法。

使用快捷键产生当前日期，然后分别提取年月日数值，操作步骤如下：

（1）新建工作簿，在任一单元格内输入"=today()"，得到当前日期，例如 2016-8-6。

（2）在下方分别输入公式

```
=YEAR(C6)
=MONTH(C6)
=DAY(C6)
```

即可得出年月日的具体数值。函数公式及结果分别如图 5-50 和图 5-51 所示。

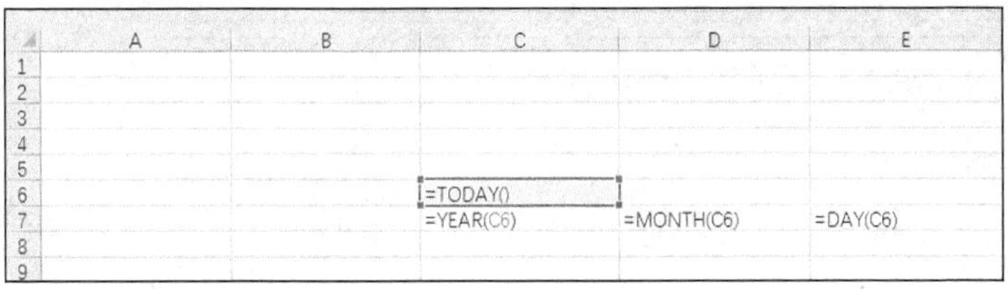

图 5-50　日期函数公式 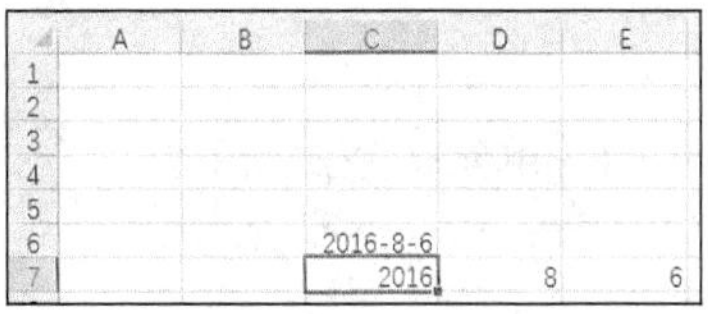　　　　　　图 5-51　日期函数结果

（3）在 C8 单元格输入公式

```
=DATE(C7,D7,E7)
```

如图 5-52 所示，分离的年、月、日即可重新恢复为完整的日期。

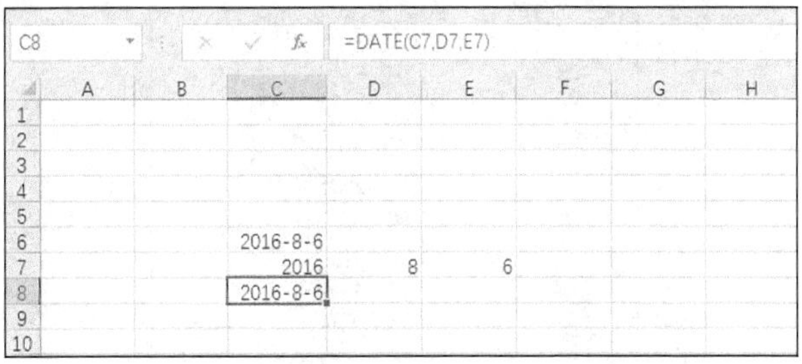

图 5-52　DATE 函数的应用

> **注释**　日期与数值的互转，看似简单、无用，但实际上是整个日期函数运用的基石。大量日期计算和取数工作的前提都有赖于将日期转化为数值，或将数值转化为日期。一定要熟练应用。

5.7.3　工作日函数

在会计计算工人薪酬的时候，经常需要计算工作日。在 Excel 当中，工作日为一年当中扣除周六和周日的时间（法定节假日并不包含在内）。另外财务管理中基金计算，任何基金的买卖也都是在工作日中进行。申请购买基金的确认日期和赎回基金的入账日期是 $T+N$，其中 T 表示买卖当天的日期，N 表示业务处理所需要的工作日。

以计算基金赎回入账日期为例，介绍工作日函数的使用。

图 5-53 所示为一份基金购买明细。其中 E 列单元格为向基金公司申请赎回基金的日期，假设申请赎回基金时 $N=5$，下面的公式将返回 F 列的入账日期。

	A	B	C	D	E	F	G
	F6		fx	=WORKDAY(E6,5)			
1	基金名称	购买日期	份额	现值	赎回日期	入账日期	现总额
2	A基金	2015-6-1	3558.7189	1.4900	2015-7-29	2015-8-5	5,302.49
3	B基金	2015-6-2	3418.1568	1.5800	2015-7-30	2015-8-6	5,400.69
4	C基金	2015-6-3	3312.5745	1.7106	2015-7-31	2015-8-7	5,666.49
5	D基金	2015-6-4	4204.4293	1.2710	2015-8-3	2015-8-10	5,343.83
6	E基金	2015-6-4	3765.2035	1.3495	2015-8-4	2015-8-11	5,081.14

图 5-53　工作日计算

F6 单元格公式如下：

```
=WORKDAY(E6,5)
```

5.7.4　日期计算综合练习

单位人事部门需要做一个职工生日提醒表，方便职工生日来临时，短信问候，如图 5-54 所示。

	A	B	C
	D10		fx
1	姓名	出生日期	生日提醒
2	甲	1992-11-01	
3	乙	1989-09-08	
4	丙	1992-08-27	
5	丁	1997-02-05	
6	戊	1985-10-27	
7	己	2000-01-09	
8	庚	1991-02-03	
9	辛	1982-02-18	
10	壬	1986-07-08	
11	癸	1997-12-30	

图 5-54　计算生日到期提醒

请根据出生日期，计算今天离生日还有多少天，操作步骤如下。

做法分析：我们要计算今天离某人生日有多少天，可以计算当年生日与今天的差。

（1）在 C2 单元格输入公式计算当年生日：

```
=DATE(YEAR(TODAY()),MONTH(B2),DAY(B2))
```

先对今天取年份，然后对某人的出生日期取月份和日，再用 DATE 函数拼接回日期。

（2）用今年生日减去今天，公式为

```
=DATE(YEAR(TODAY()),MONTH(B2),DAY(B2))-TODAY()
```

得出的结果注意改成数值格式，不要以日期格式来显示。

（3）上述公式只有在今年生日大于今天的情况下适用，当今年生日小于今天，即生日已过，就应该以明年生日来减今天，得出公式：

=IF(DATE(YEAR(TODAY())),MONTH(B2),DAY(B2))-TODAY()>=0,
DATE(YEAR(TODAY())),MONTH(B2),DAY(B2))-TODAY(),
DATE(YEAR(TODAY())+1,MONTH(B2),DAY(B2))-TODAY())

即使用 IF 函数判断"年生日减今天"是否大于零，大于零时使用原公式，小于零使用"明年生日-今天"，最终计算出员工生日提醒结果，如图 5-55 所示。

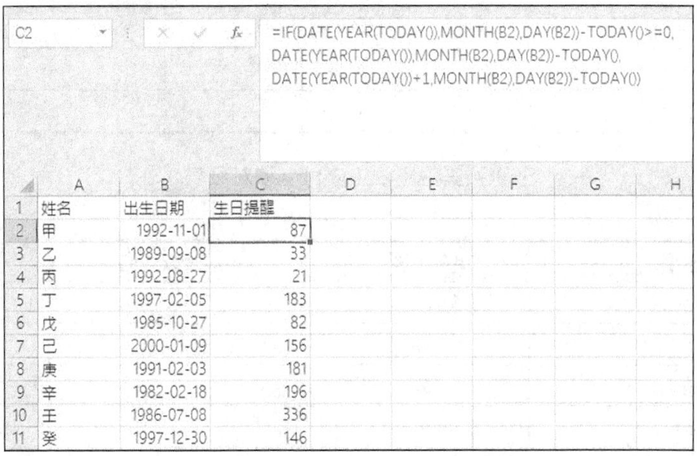

图 5-55　生日提醒结果

![综合实训]

1. 实训目的

掌握 VLOOKUP 函数在财务工作中的应用。

2. 实训要求

打开"示例文件其他应收（应付）款.xlsx"，已知企业其他应收款与其他应付款余额，请使用函数将往来数据关联在其他往来款项表中，实现数据联动，如表 5-9～表 5-11 所示。

表 5-9　　　　　　　　　　　其他应收款余额表

2014 年 4 月 30 日　　　　　　　　　　　　　　　　　　　单元：元

职员代码	职员姓名	其他应收款余额
YF-20110014	郑继克	4,300.00
YF-20120058	胡顺其	1,600.00
YF-20050096	周克远	1,500.00
YF-20090132	罗然	1,200.00
YF-20130164	古岳嵩	96.00
YF-20050006	余徐金	—
YF-20050030	李远威	—

表 5-10   其他应付款余额表

2014 年 4 月 30 日   单位：元

职员代码	职员姓名	其他应付款余额
YF-20050030	李远威	220.00
YF-20050006	余徐金	200.00
YF-20050096	周克远	150.00
YF-20130164	古岳嵩	108.00
YF-20110014	郑继克	100.00
YF-20090132	罗然	—
YF-20120058	胡顺其	—

表 5-11   职员其他应收（应付）款对照表

2014 年 4 月 30 日   单位：元

职员代码	职员姓名	其他应收款余额	其他应付款余额
YF-20050006	余徐金		
YF-20050030	李远威		
YF-20050096	周克远		
YF-20090132	罗然		
YF-20110014	郑继克		
YF-20120058	胡顺其		
YF-20130164	古岳嵩		

第6章
使用数据透视表分析加工数据

学习目标

—— 1. 了解数据透视表的基本组件；
—— 2. 掌握数据透视表的编辑功能；
—— 3. 掌握数据透视表的美化。

引言

本章将对 Excel 的透视表进行详细介绍，主要内容包括透视表的基本原理、透视表中行标签、列标签、数值的作用，筛选器的功能，数据透视表的计算、编辑功能，切片器的使用，以及数据透视表的美化。

通过本章的学习，读者能够深入了解数据透视表的应用技巧，并将其运用到实际工作和学习中，对原始数据进行分析，轻松得到需要的结果。

6.1 | 关于数据透视表

6.1.1 数据透视表的原理

数据透视表是用来从 Excel 数据列表、关系数据库文件或 OLAP 多维数据集中的特殊字段中总结信息的分析工具。它是一种交互式报表，可以快速分类汇总、比较大量的数据，并可以随时选择其中页、行和列中的不同元素，以快速查看源数据的不同统计结果，同时还可以随意显示和打印出你所感兴趣的明细数据。

数据透视表有机地结合了数据排序、筛选、分类汇总的优点，可以方便地调整分类汇总的方式，灵活地以多种不同的方式展示数据的特征。一张"数据透视表"仅靠鼠标移动字段位置，即可变换出各种类型的报表。同时，数据透视表也是解决函数公式速度瓶颈的手段之一。因此，该工具是最常用、功能最全的数据分析工具。

6.1.2　数据透视表的用途

数据透视表是一种可以从源数据中快速提取并汇总大量数据的交互式表格，可以进行某些计算，如求和与计数，计算平均数、标准差，列联表，计算百分比等。建好数据透视表后，可以对数据透视表重新排列，以便从不同的角度查看数据。数据透视表的名字来源于它具有"透视"表格的能力，从大量看似无关的数据中寻找背后的联系，从而将纷繁的数据转化为有价值的信息，以供研究和决策所用。

6.1.3　数据透视表的基本用法

一家贸易公司的销售数据清单中包括销售年份、销售季度、销售地区、品名等多个字段，通过建立数据透视表，可以快速生成各类用户需要的报表，以显示销售人员的销售情况，操作步骤如下。

（1）打开"练习文件 6.1.3 销售数据清单.xlsx"，在表格任意一个单元格中单击【插入】|【数据透视表】，激活【创建数据透视表】，单击【确定】按钮，如图 6-1 所示。

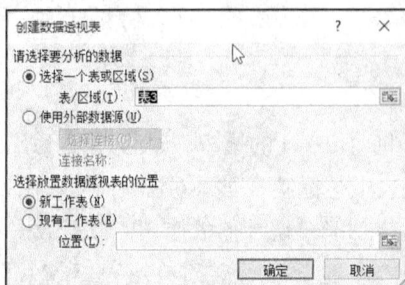

图 6-1　创建数据透视表

（2）在生成的新表"sheet1"中将"销售地区"字段拖入"筛选"区域，"销售季度"字段拖入"列"区域，将"销售人员"字段拖入"行"区域，将"销售金额"字段拖入"值"区域，得出数据透视表计算结果，如图 6-2 所示。

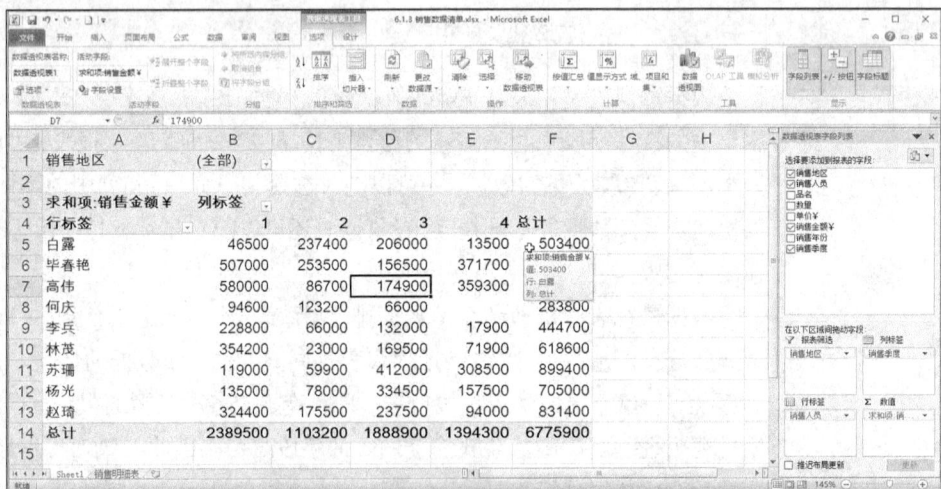

求和项:销售金额¥	列标签				
行标签	1	2	3	4	总计
白露	46500	237400	206000	13500	503400
毕春艳	507000	253500	156500	371700	
高伟	580000	86700	174900	359300	
何庆	94600	123200	66000		283800
李兵	228800	66000	132000	17900	444700
林茂	354200	23000	169500	71900	618600
苏珊	119000	59900	412000	308500	899400
杨光	135000	78000	334500	157500	705000
赵琦	324400	175500	237500	94000	831400
总计	2389500	1103200	1888900	1394300	6775900

图 6-2　数据透视表工具计算结果

6.2 | 数据透视表的四大组件

在电子表格中函数是用来解决表格列计算的问题，而数据透视表用来解决表格面上的问题，是电子表格中重要的功能。如何创建数据透视表呢？我们首先要介绍数据透视表的四大组件，即行、列、值和筛选器。

现有一个销售记录流水表，记录了 2 个国家 9 名销售人员的 799 条销售订单的详细信息，财务负责人要求分国家和销售人员，计算出订单总金额和订单数量。那么从这么多数据中如何得到我们想要的数据呢？这里可以使用数据透视表来完成。

6.2.1 数据透视表之行

插入数据透视表的操作步骤如下。

（1）打开"练习文件 6.2.1 销售订单.xlsx"文件，在"Sheet1"工作表中将鼠标置于数据区域内的任一单元格。

（2）在【插入】选项卡中单击【数据透视表】按钮，弹出"创建数据透视表"对话框，如图 6-3 所示。这里会自动选择电子表格中的数据区域，在"选择放置数据透视表的位置"选项中选择"新工作表"。

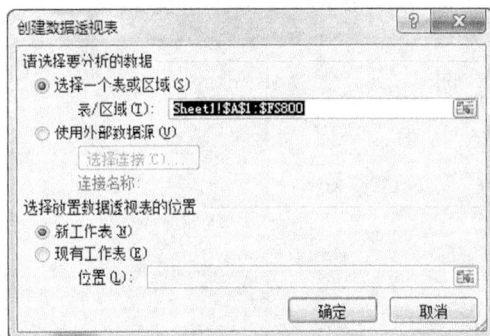

图 6-3　创建数据透视表对话框

（3）单击【确定】按钮，Excel 会将空的数据透视表添加到指定位置并在右侧显示"数据透视表字段列表"窗口。该窗口会将源数据中所有字段罗列在"选择要添加到报表的字段"列表框中，用户可以通过拖移对应字段至相应区域来获得想要的数据分析结果，如图 6-4 所示。

（4）在图 6-4 中将"销售人员"拖入"行标签"，"国家/地区"拖入"报表筛选"，"订单金额"拖入"数值"区域，工作表中就会显示出对应的结果，如图 6-5 所示。

（5）行标签用来纵向罗列不重复的字段内容。在本例中，销售人员的订单信息总共有 799 条，但是不重复的人员一共只有 9 个，拖入"行标签"的销售人员字段，就会合并相同项目，缩减为 9 个不重复的项目，用于指定透视表中的行内容。这里行标签中只拖入了销售人员单个行标签，无法看到每一个销售人员属于哪个国家。如果将"国家/地区"拖入"行标签"，将会出现如图 6-6 所示效果，这样看起来比较乱，每个销售人员下都显示了国家信息。如在"行标签"中将"销售人员"和"国家/地区"换个位置，则显示效果如图 6-7 所示，显示效果较好。

图 6-4　插入数据透视表

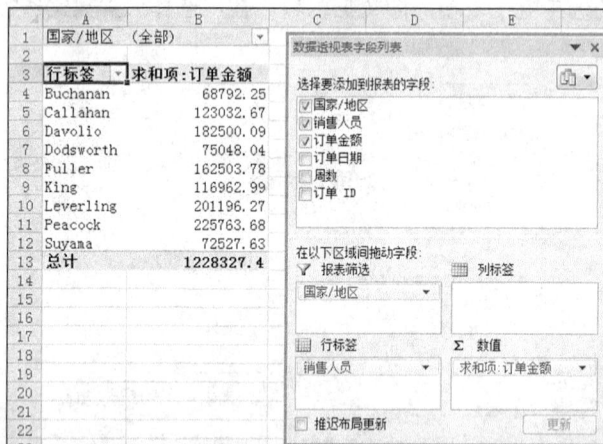

图 6-5　数据透视表效果

图 6-6　两个行标签效果一

图 6-7　两个行标签效果二

总结　（1）用于生成数据透视表的的表格应符合表格规范，如包含字段标题、数据表格连续完整、没有空行空列、不含合并单元格等等。

（2）在图 6-7 中，选中部分显示“行标签”，显然针对于本例数据透视表来说，如果显示为“销售人员”更为合适，我们可以像修改单元格内容一样修改它。

（3）在进行多行标签操作时，一般将级别较大的放置在前面，级别较小的放置在后面，如本例中我们将“国家/地区”放置在“销售人员”前面就会有较好的显示效果。

6.2.2 数据透视表之列

在 6.2.1 中，我们介绍了数据透视表中的行标签。在数据透视表中列标签与行标签的作用完全相同，只是纵向显示改为横向显示，图 6-8 所示，即为将行标签内的字段放置在列标签的效果。

	列标签											
	⊟美国					美国 汇总	⊟英国				英国 汇总	总计
	Callahan	Davolio	Fuller	Leverling	Peacock		Buchanan	Dodsworth	King	Suyama		
求和项:订单金额	123032.67	182500.09	162503.78	201196.27	225763.68	894996.49	68792.25	75048.04	116962.99	72527.63	333330.91	1228327.4

图 6–8　透视表中行列互换效果

在上例中，我们也可将“国家/地区”放置在列标签、“销售人员”放置在行标签，此时透视表的显示效果如图 6-9 所示。

求和项:订单金额	列标签		
销售人员	美国	英国	总计
Buchanan		68792.25	68792.25
Callahan	123032.67		123032.67
Davolio	182500.09		182500.09
Dodsworth		75048.04	75048.04
Fuller	162503.78		162503.78
King		116962.99	116962.99
Leverling	201196.27		201196.27
Peacock	225763.68		225763.68
Suyama		72527.63	72527.63
总计	894996.49	333330.91	1228327.4

图 6–9　行列标签都有的效果

将图 6-7 和图 6-9 相比，我们更习惯于图 6-7 的显示效果，也就是更倾向于用行标签来处理。在图 6-9 中将“销售人员”和“国家/地区”分别置于行和列中，表面看上去好像显示效果更好，其实这里没有一点好处，反而使数据透视表臃肿了。我们发现在美国和英国列下，每一行始终只有一个数据。那么什么时候才适合使用行列混合标签呢？举例如下。

（1）打开“练习文件 6.2.2 交叉表.xlsx”文件，在“交叉表”工作表中将鼠标置于数据区域内的任一单元格。

（2）在【插入】选项卡中单击【数据透视表】按钮，在“创建数据透视表”对话框中单击【确定】按钮。

（3）在“数据透视表字段列表”对话框中，将“姓名”“产品”和“销售额”分别拖入“行标签”“列标签”和“数值”区域，如图 6-10 所示。

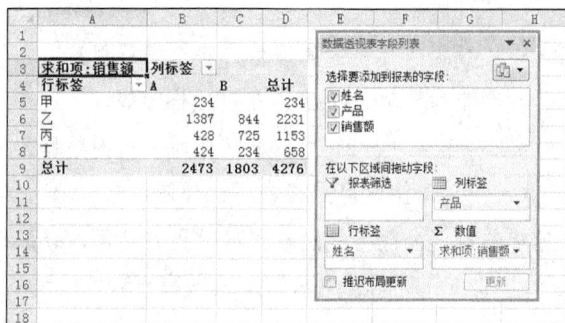

图 6-10　有交叉数据的透视表

在本例中如果将"姓名"和"产品"都放置在行标签中,就会发现数据显示较乱,不直观。

> 总结 　　(1)列标签的作用和行标签完全一致,唯一区别只是一个纵向显示一个横向显示。
>
> (2)当一个表格的数据存在交叉情况时,更适合使用列标签。如本例中甲乙丙丁都可以销售产品 A 和 B,这时使用列标签就能更好地显示出每一位员工销售每一种产品的情况。
>
> (3)在行列标签混合使用时,一般将项目多的长的放在行标签,短的放在列标签。
>
> (4)这里行和列中放置的都是文本信息,不具有计算功能,仅起到罗列的作用。

6.2.3　数据透视表之值

数据透视表中的"数值"区域用来统计汇总数据,可以进行按条件求和、平均、计数、最大值、最小值、成绩、标准差、方差等计算。值可以以不同的方式显示,前面我们默认显示的都是求和,这里可以显示出订单金额的百分比,以及订单的数量等。

(1)打开"练习文件 6.2.3 销售订单.xlsx",在"销售订单"工作表中将鼠标置于数据区域内的任一单元格。

(2)在【插入】选项卡中单击【数据透视表】按钮,在"创建数据透视表"对话框中单击【确定】按钮。

(3)在"数据透视表字段列表"对话框中,将"销售人员"和"订单金额"分别拖入"行标签"和"数值"区域,显示效果如图 6-11 所示。

图 6-11　订单金额汇总

（4）单击"数据透视表"的数据区域，在"数据透视表字段列表"对话框的"数值"区域单击"求和项：订单金额"右侧的小三角形，在弹出的菜单中选择"值字段设置"命令。打开如图6-12所示的对话框，在【值显示方式】标签下【值显示方式】选择"全部汇总百分比"，单击【确定】按钮。设置订单金额显示为所占百分比，如图6-13所示。

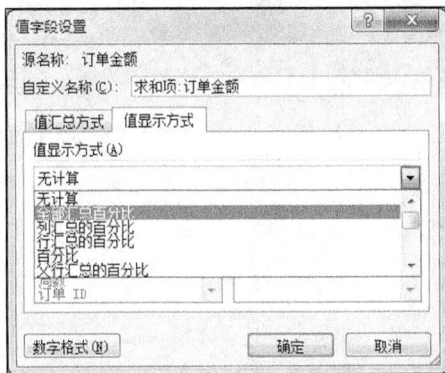

图 6-12　字段设置对话框

图 6-13　显示为百分比的效果

（5）在步骤（3）和步骤（4）中，通过设置分别将订单金额以绝对值和百分比的方式呈现，如何同时呈现呢？在"数据透视表字段列表"对话框中将"订单金额"字段再次拖拽到"数值"区域，修改数据透视表的标题为"所占百分比"和"订单总额"，如图6-14所示。

（6）在"数据透视表字段列表"对话框中将"订单金额"字段再次拖拽到"数值"区域，单击"求和项：订单金额"右侧的小三角形，在弹出的菜单中选择"值字段设置"命令，在"值字段设置"对话框中"值汇总方式"标签下选择"计数"，显示效果如图6-15所示。

图 6-14　同时显示百分比和销售总额

图 6-15　显示订单数量

总结

（1）数值区域放置可以参与计算的数据，如本例中将订单金额放置在数值区域，可以方便地计算出订单总额、所占百分比和订单数量等。

（2）放置数值区域的字段，在透视表中默认显示为"求和项：订单金额"、"计数项：订单金额"列标题，可以像修改单元格内容一样修改列标题，使透视表更直观易懂。

（3）在数据透视表中，我们看到King的销售额所占百分比为9.52%，销售总额为116962.99，订单数量为67条。如果想看到king的所有订单情况，只需在以上3个数值中选择任意一个双击鼠标，即可显示出订单明细，如图 6-16 所示。

国家/地区	销售人员	订单金额	订单日期	周数	订单 ID
英国	King	525	2015/4/28	18	11048
英国	King	817.87	2015/4/29	18	11047
英国	King	60	2015/4/25	17	11037
英国	King	3232.8	2015/4/21	17	11033
英国	King	12615.05	2015/4/25	17	11030
英国	King	4895.44	2015/4/8	15	10993
英国	King	781	2015/3/25	13	10958
英国	King	4011.75	2015/3/18	12	10941
英国	King	644.8	2015/3/11	11	10937
英国	King	748.8	2015/3/11	11	10923
英国	King	750.5	2015/2/25	9	10896
英国	King	368.93	2015/2/17	8	10891
英国	King	860.1	2015/2/16	8	10890
英国	King	1500	2015/2/16	8	10880
英国	King	917	2015/2/10	7	10876
英国	King	1920.6	2015/2/21	8	10868
英国	King	931.5	2015/1/27	5	10848
英国	King	4705.5	2015/1/19	4	10836
英国	King	833	2015/1/10	2	10818
英国	King	140	2015/1/5	2	10809
英国	King	420	2015/1/3	1	10797
英国	King	224	2015/1/19	4	10777
英国	King	228	2014/12/24	52	10775
英国	King	1890.5	2014/11/12	46	10731
英国	King	642	2014/10/12	42	10695
英国	King	5256.5	2014/10/14	42	10678

Sheet7 Sheet4 销售订单 Sheet2 交叉表 Sheet3

图 6–16　king 的订单明细

6.2.4　数据透视表之筛选器

筛选器是根据需要将字段中部分内容显示，部分内容省略。通俗地说就是把想要看的东西显示出来，不想看的东西隐藏起来。操作步骤如下。

（1）接着上例步骤 6，在“数据透视表字段列表”对话框中，将“国家/地区”字段拖拽到“报表筛选”区域内，如图 6-17 所示，数据透视表上 A1、B1 分别为“国家/地区”和“(全部)”。

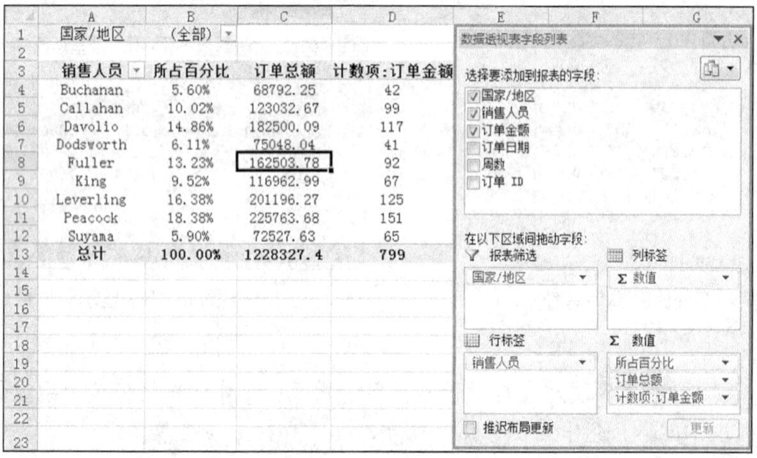

国家/地区	(全部)		
销售人员	所占百分比	订单总额	计数项:订单金额
Buchanan	5.60%	68792.25	42
Callahan	10.02%	123032.67	99
Davolio	14.86%	182500.09	117
Dodsworth	6.11%	75048.04	41
Fuller	13.23%	162503.78	92
King	9.52%	116962.99	67
Leverling	16.38%	201196.27	125
Peacock	18.38%	225763.68	151
Suyama	5.90%	72527.63	65
总计	100.00%	1228327.4	799

图 6–17　报表筛选

（2）单击 B1 单元格“(全部)”右侧的小三角形，打开如图 6-18 所示的筛选窗口，这时提供选择多项的复选，单击取消美国前的复选框，单击【确定】按钮。测试数据透视表，显示如图 6-19 所示，只显示英国的销售信息，隐藏了美国的销售信息。

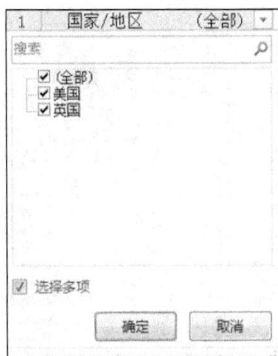

图 6-18 筛选器的使用

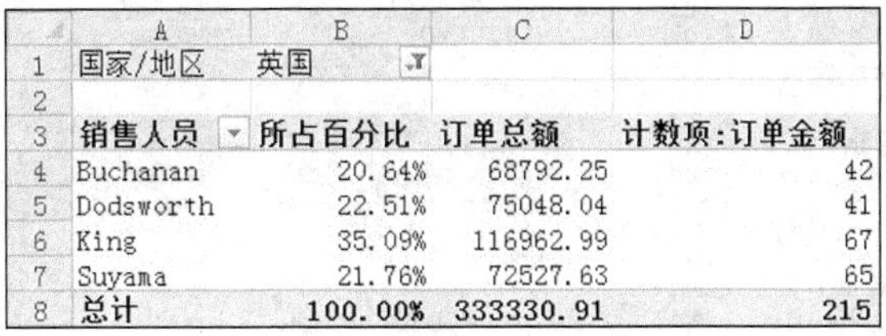

	A	B	C	D
1	国家/地区	英国		
2				
3	销售人员	所占百分比	订单总额	计数项:订单金额
4	Buchanan	20.64%	68792.25	42
5	Dodsworth	22.51%	75048.04	41
6	King	35.09%	116962.99	67
7	Suyama	21.76%	72527.63	65
8	总计	100.00%	333330.91	215

图 6-19 筛选英国的结果

总结 （1）筛选器是数据透视表中使用较简单的功能，可以使透视表仅显示需要的数据，数据显示更直观、清晰。

（2）图 6-20 所示的筛选器窗口中，可以取消“选择多项”前的复选框，这时筛选将变为单选。可以根据需要选择不同的筛选方式。

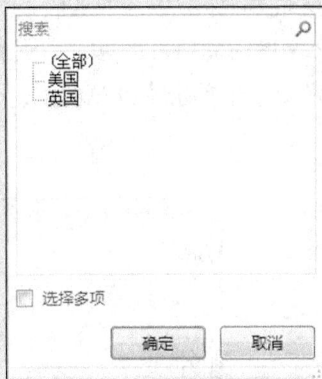

图 6-20 单选的筛选器

6.3 数据透视表的计算与编辑功能

当一个数据透视表生成以后，我们可能需要对结果进行重新编排，当对数据排序、筛选时要用到数据透视表的编辑功能；数据透视表中的数据一般都是对某一个字段进行简单的计算，如需要对透视表的结果进行辅助计算，就要用到数据透视表的计算功能。

6.3.1 数据透视表的计算功能

某公司 2012 年的财务数据已经登记完毕，财务负责人要求你计算损益类科目的收支情况（即一段时间花了多少钱，挣了多少钱）。打开“练习文件 6.3.1 财务.xlsx”，财务工作表的内容如图 6-21 所示，请你运用数据透视表的计算功能计算出主营业务利润。

	日期	周数	会计期	凭证号	摘要	科目属	科目代	一级明	科目名称	一级明	往来单位（部门）	个人	币别	借方	贷方	制单
109	2012/1/2	2	2012.1	记-24	支付供应商	2	2202		应付账款		[01020018]合肥睿商商贸有限公司		人民币	¥200,000.00	¥0.00	
110	2012/1/2	2	2012.1	记-24	支付供应商	2	2202		应付账款		[01020019]南京雨润食品有限公司		人民币	¥25,000.00	¥0.00	
111	2012/1/2	2	2012.1	记-24	支付供应商	2	2202		应付账款		[01020020]合肥安良肉贸		人民币	¥178,799.80	¥0.00	
112	2012/1/2	2	2012.1	记-24	支付供应商	2	2202		应付账款		[01020021]合肥市诚佳食品有限公司		人民币	¥120,000.00	¥0.00	
113	2012/1/2	2	2012.1	记-24	支付供应商	1	1001		库存现金				人民币	¥0.00	¥722,999.80	
114	2012/1/3	2	2012.1	记-31	收纸盒款	1	1001		库存现金				人民币	¥3,897.10	¥0.00	张媛
115	2012/1/3	2	2012.1	记-31	收纸盒款	6	6301	002	营业外收入	废旧物资处置利得			人民币	¥0.00	¥3,897.10	
116	2012/1/3	2	2012.1	记-32	支付供应商	2	2202		应付账款		[01020009]合肥九华食品厂		人民币	¥6,294.79	¥0.00	王朋平
117	2012/1/3	2	2012.1	记-32	支付供应商	1	1001		库存现金				人民币	¥0.00	¥6,294.00	
118	2012/1/3	2	2012.1	记-32	支付供应商	6	6711	002	营业外支出	其他			人民币	¥0.00	¥0.79	
119	2012/1/3	2	2012.1	记-33	支付供应商	2	2202		应付账款		[02030013]合肥市包河区新兴水果商行		人民币	¥50,000.00	¥0.00	张媛
120	2012/1/3	2	2012.1	记-33	支付供应商	2	2202		应付账款		[02030010]周谷堆30号叶丛楼水果		人民币	¥50,000.00	¥0.00	
121	2012/1/3	2	2012.1	记-33	支付供应商	2	2202		应付账款		[02020015]宫氏豆芽		人民币	¥20,000.00	¥0.00	
122	2012/1/3	2	2012.1	记-33	支付供应商	2	2202		应付账款		[02020010]房成云蘑菇		人民币	¥30,000.00	¥0.00	
123	2012/1/3	2	2012.1	记-33	支付供应商	1	1001		库存现金				人民币	¥0.00	¥150,000.00	
124	2012/1/3	2	2012.1	记-34	支付供应商	2	2202		应付账款		[02030009]合肥汇丰盛果品商行（范提水果]		人民币	¥110,000.00	¥0.00	刘杰
125	2012/1/3	2	2012.1	记-34	支付供应商	2	2202		应付账款		[01020008]合肥维力食品有限公司		人民币	¥30,000.00	¥0.00	
126	2012/1/3	2	2012.1	记-34	支付供应商	2	2202		应付账款		[02030009]合肥汇丰盛果品商行（范提水果]		人民币	¥50,000.00	¥0.00	
127	2012/1/3	2	2012.1	记-34	支付供应商	1	1001		库存现金				人民币	¥0.00	¥190,000.00	
128	2012/1/3	2	2012.1	记-35	支付手续费	2	2202		应付账款		[02030011]安徽皖晶果业有限公司		人民币	¥150,000.00	¥0.00	张媛
129	2012/1/3	2	2012.1	记-35	支付手续费	6	6603	003	财务费用	手续费			人民币	¥25.00	¥0.00	
130	2012/1/3	2	2012.1	记-35	支付手续费	1	1001		库存现金				人民币	¥0.00	¥150,025.00	

图 6-21 财务原始数据

（1）插入"财务工作表"的数据透视表，将"科目名称"拖到【行标签】、"科目属性"拖到【报表筛选】中，并筛选"科目属性"为6（科目属于6即为损益类项目）的，损益类项目筛选结果如图6-22所示。

（2）在科目名称中有"主营业务成本"和"主营业务收入"，现在需要显示"主营业务利润"，就要用到计算功能。对于此类一个字段内的项目计算，用到的是"计算项"功能。在【数据透视表工具】|【选项】|【域、项目和集】下单击【计算项[I]...】，打开计算项对话框，如图 6-23 所示。

	A	B
1	科目属性	6
2		
3	行标签	
4	财务费用	
5	管理费用	
6	所得税费用	
7	销售费用	
8	营业税金及附加	
9	营业外收入	
10	营业外支出	
11	主营业务成本	
12	主营业务收入	
13	总计	

图 6-22 损益类项目筛选结果

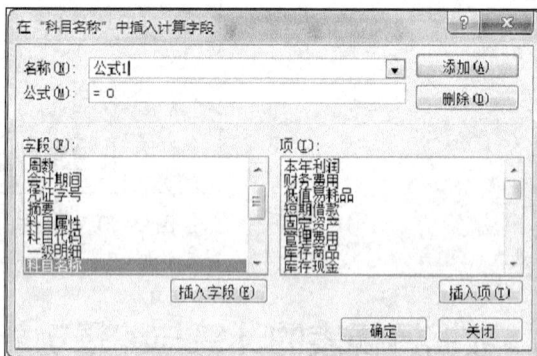

图 6-23 计算项对话框

（3）在计算项对话框中，名称中输入"主营业务利润"，公式中输入"=主营业务收入-主营业务成本"，如图6-24所示，单击【确定】按钮。

（4）在数据透视表中将"借方"拖入【数值】区域。可以看到多出了"主营业务利润"项，其值为"主营业务收入"减去"主营业务成本"的结果，如图6-25所示。

（5）在数据透视表中还有另一种计算功能叫【计算字段[F]...】，此功能主要用来处理字段与字段之间的计算。在【数据透视表工具】|【选项】|【域、项目和集】下单击【计算字段[F]...】，打开"插入计算字段"对话框，如图6-26所示。

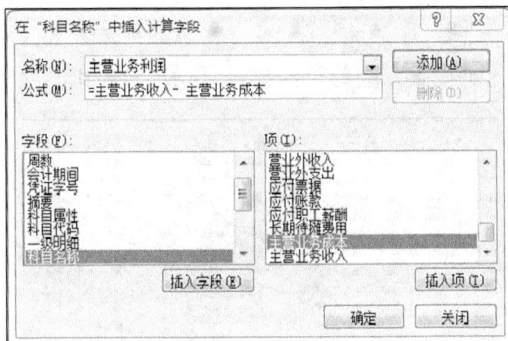

图 6-24 输入计算项公式

图 6-25 插入计算项结果

（6）在"科目名称"中的每一项都对应"借方"和"贷方"两个字段，对于任何公司的账目，借贷应为平衡的。在"插入计算字段"对话框中，名称中输入"借贷平衡"，公式中输入"=借方-贷方"，单击【确定】按钮。数据透视表显示如图 6-27 所示，可以直观看出每一项借贷是否平衡。

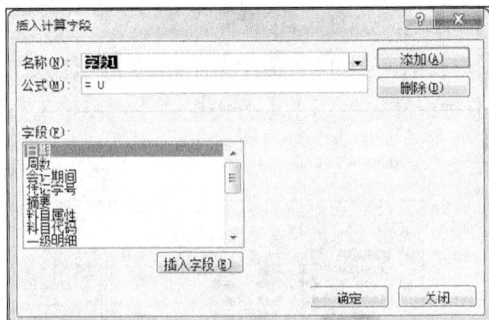

图 6-26 插入计算字段

图 6-27 插入借贷平衡字段

总结

（1）数据透视表的计算功能分计算项和计算字段，主要是对数据透视表结果进行计算，使数据更直观。

（2）计算项功能，主要是处理同一个字段不同项目之间的计算。

（3）计算字段功能，主要是处理不同字段间的计算。

（4）如果我们在数据透视表中同时将借方和贷方都求和，可以直接写入公式"=借方金额合计数单元格-贷方金额合计数单元格"，观察借贷方来计算借贷是否平衡，前提是需要将【数据透视表工具】|【选项】|【数据透视表】|【选项】下的【生成 GetPivotData】取消选择。

6.3.2 数据透视表的编辑功能

数据透视表插入以后，如果需要对透视表中的数据进行排序和筛选，就可以使用编辑功能，主要有排序和切片器。排序功能可以进行升序、降序和安排自定义顺序排序等，使用基本同表格排序，这里不再赘述。下面主要介绍切片器的使用。

工作情境 2008 年奥运会在中国举行，小李手里拿到了一张 Excel 电子版的奥运会日程表，如图 6-28 所示，共有 2752 行数据。他想根据自己的时间找到可以观看的比赛项目。

	A	B	C	D	E	F	G	H	I	J	K
1	比赛名称	日期	时间	开始时间	结束时间	比赛用时	地点	比赛类型	项目	比赛单元	比赛日
2	女子团体小组赛第1轮-第1场	2008/8/13	10:00-13:00	10:00	13:00	3:00	北京大学体育馆	女子团体	乒乓球	TT	第5比赛日
3	女子团体小组赛第1轮-第2场	2008/8/13	10:00-13:00	10:00	13:00	3:00	北京大学体育馆	女子团体	乒乓球	TT	第5比赛日
4	女子团体小组赛第1轮-第3场	2008/8/13	10:00-13:00	10:00	13:00	3:00	北京大学体育馆	女子团体	乒乓球	TT	第5比赛日
5	女子团体小组赛第1轮-第4场	2008/8/13	10:00-13:00	10:00	13:00	3:00	北京大学体育馆	女子团体	乒乓球	TT	第5比赛日
6	男子团体小组赛第1轮-第1场	2008/8/13	10:00-13:00	10:00	13:00	3:00	北京大学体育馆	男子团体	乒乓球	TT	第5比赛日
7	男子团体小组赛第1轮-第2场	2008/8/13	10:00-13:00	10:00	13:00	3:00	北京大学体育馆	男子团体	乒乓球	TT	第5比赛日
8	男子团体小组赛第1轮-第3场	2008/8/13	10:00-13:00	10:00	13:00	3:00	北京大学体育馆	男子团体	乒乓球	TT	第5比赛日
9	男子团体小组赛第1轮-第4场	2008/8/13	10:00-13:00	10:00	13:00	3:00	北京大学体育馆	男子团体	乒乓球	TT	第5比赛日
10	女子团体小组赛第1轮-第5场	2008/8/13	14:30-17:30	14:30	17:30	3:00	北京大学体育馆	女子团体	乒乓球	TT	第5比赛日
11	女子团体小组赛第1轮-第6场	2008/8/13	14:30-17:30	14:30	17:30	3:00	北京大学体育馆	女子团体	乒乓球	TT	第5比赛日
12	女子团体小组赛第1轮-第7场	2008/8/13	14:30-17:30	14:30	17:30	3:00	北京大学体育馆	女子团体	乒乓球	TT	第5比赛日
13	女子团体小组赛第1轮-第8场	2008/8/13	14:30-17:30	14:30	17:30	3:00	北京大学体育馆	女子团体	乒乓球	TT	第5比赛日
14	男子团体小组赛第1轮-第5场	2008/8/13	14:30-17:30	14:30	17:30	3:00	北京大学体育馆	男子团体	乒乓球	TT	第5比赛日
15	男子团体小组赛第1轮-第6场	2008/8/13	14:30-17:30	14:30	17:30	3:00	北京大学体育馆	男子团体	乒乓球	TT	第5比赛日
16	男子团体小组赛第1轮-第7场	2008/8/13	14:30-17:30	14:30	17:30	3:00	北京大学体育馆	男子团体	乒乓球	TT	第5比赛日
17	男子团体小组赛第1轮-第8场	2008/8/13	14:30-17:30	14:30	17:30	3:00	北京大学体育馆	男子团体	乒乓球	TT	第5比赛日
18	女子团体小组赛第2轮-第1场	2008/8/13	19:30-22:30	19:30	22:30	3:00	北京大学体育馆	女子团体	乒乓球	TT	第5比赛日

图 6-28　奥运会日程表

（1）打开“练习文件 6.3.2 奥运会日程表.xlsx”，将鼠标置于数据区域内的任一单元格。插入“数据透视表”，将“比赛项目”和“地点”拖到【行标签】，如图 6-29 所示。

（2）为使数据透视表以表格形式显示，在【数据透视表工具】|【设计】|【布局】功能区中将【报表布局】选择【以表格形式显示】，【总计】选择【对行和列禁用】，【分类汇总】选择【不显示分类汇总】。显示效果如图 6-30 所示。

	A
1	
2	
3	行标签
4	⊟1000米男子单人划艇 颁奖仪式
5	顺义奥林匹克水上公园
6	⊟1000米男子单人划艇 半决赛
7	顺义奥林匹克水上公园
8	⊟1000米男子单人划艇 决赛
9	顺义奥林匹克水上公园
10	⊟1000米男子单人划艇 预赛
11	顺义奥林匹克水上公园
12	⊟1000米男子单人皮艇 颁奖仪式
13	顺义奥林匹克水上公园
14	⊟1000米男子单人皮艇 半决赛
15	顺义奥林匹克水上公园
16	⊟1000米男子单人皮艇 预赛
17	顺义奥林匹克水上公园
18	⊟1000米男子双人划艇 颁奖仪式
19	顺义奥林匹克水上公园
20	⊟1000米男子双人划艇 半决赛
21	顺义奥林匹克水上公园
22	⊟1000米男子双人划艇 决赛

图 6-29　数据透视表显示调整前

	A	B
1		
2		
3	比赛名称	地点
4	⊟1000米男子单人划艇 颁奖仪式	顺义奥林匹克水上公园
5	⊟1000米男子单人划艇 半决赛	顺义奥林匹克水上公园
6	⊟1000米男子单人划艇 决赛	顺义奥林匹克水上公园
7	⊟1000米男子单人划艇 预赛	顺义奥林匹克水上公园
8	⊟1000米男子单人皮艇 颁奖仪式	顺义奥林匹克水上公园
9	⊟1000米男子单人皮艇 半决赛	顺义奥林匹克水上公园
10	⊟1000米男子单人皮艇 预赛	顺义奥林匹克水上公园
11	⊟1000米男子双人划艇 颁奖仪式	顺义奥林匹克水上公园
12	⊟1000米男子双人划艇 半决赛	顺义奥林匹克水上公园
13	⊟1000米男子双人划艇 决赛	顺义奥林匹克水上公园
14	⊟1000米男子双人划艇 预赛	顺义奥林匹克水上公园
15	⊟1000米男子双人皮艇 颁奖仪式	顺义奥林匹克水上公园
16	⊟1000米男子双人皮艇 半决赛	顺义奥林匹克水上公园
17	⊟1000米男子双人皮艇 决赛	顺义奥林匹克水上公园
18	⊟1000米男子双人皮艇 预赛	顺义奥林匹克水上公园
19	⊟1000米男子四人皮艇 颁奖仪式	顺义奥林匹克水上公园
20	⊟1000米男子四人皮艇 半决赛	顺义奥林匹克水上公园
21	⊟1000米男子四人皮艇 预赛	顺义奥林匹克水上公园
22	⊟500米男子单人划艇 颁奖仪式	顺义奥林匹克水上公园

图 6-30　数据透视表显示调整后

（3）在【数据透视表工具】|【选项】|【排序和筛选】功能区，选择【插入切片器】功能，打开“插入切片器”对话框，如图 6-31 所示。

（4）在“插入切片器”对话框中选择“日期”和“时间”前的复选框，单击【确定】按钮。在数据透视表中出现了切片器，如图 6-32 所示。

图 6-31　插入切片器对话框

（5）在图 6-32 中，我们看到“日期”和“时间”两个切片器中都是全选的，如果 8 月 9 日 14 点有空，查看可以观看的比赛。在“日期”中仅选择“2008/8/9”，“时间”中选择所有 14:00 开始的，筛选出结果如图 6-33 所示。

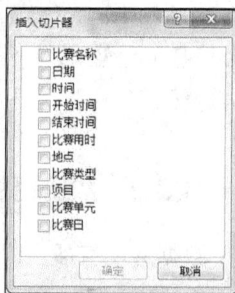

图 6-32　插入切片器效果

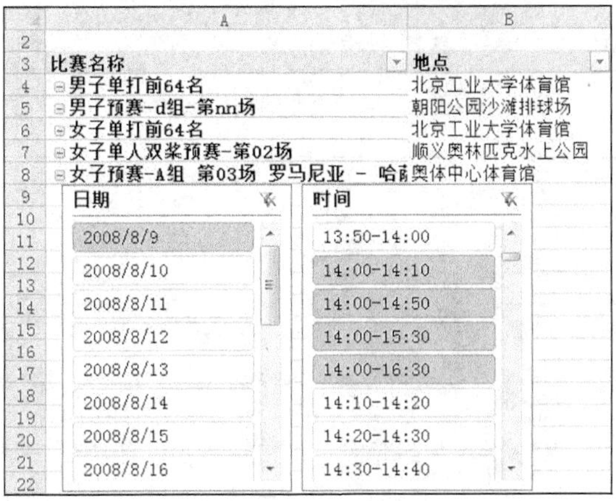

图 6-33　利用切换器筛选

总结	（1）数据透视表的编辑功能，主要介绍排序和切片器功能。
	（2）切片器其实就是一种筛选方式，但是这种筛选更直观，更实用。

（3）切片器可以同时使用多个。

综合实训

1．实训目的

使用数据透视表对企业财务业务数据进行汇总，得出需要的结果。

2．实训要求

打开"示例文件销售业绩汇总表.xlsx"，显示企业的销售数据，如图 6-34 所示。根据以上数据，试得出企业按不同大区和产品的销售数量和销售金额对比表，如图 6-35 所示。

	A 订单日期	B 合同号	C 片区	D 产品名称	E 颜色	F 付款方式	G 销售数量	H 销售金额
2	2013-1-1	20130001	中部	A产品	灰	赊销	342	290,016.00
3	2013-1-2	20130002	东部	C产品	红	现款	1,170	822,510.00
4	2013-1-3	20130003	南部	E产品	灰	现款	1,098	778,482.00
5	2013-1-4	20130004	南部	F产品	黑	赊销	1,170	983,970.00
6	2013-1-4	20130005	东部	D产品	黑	现款	360	279,360.00
7	2013-1-6	20130006	东部	A产品	红	赊销	342	270,180.00
8	2013-1-6	20130007	中部	E产品	黑	分期付款	234	199,836.00
9	2013-1-6	20130008	东部	B产品	红	现款	126	91,728.00
10	2013-1-6	20130009	中部	A产品	灰	分期付款	354	300,192.00
11	2013-1-7	20130010	东部	A产品	黑	赊销	258	230,394.00
12	2013-1-8	20130011	中部	E产品	灰	现款	1,458	1,022,058.00
13	2013-1-8	20130012	西部	C产品	红	现款	378	289,170.00
14	2013-1-8	20130013	东部	B产品	灰	分期付款	342	304,722.00
15	2013-1-11	20130014	中部	D产品	黑	分期付款	342	288,990.00
16	2013-1-13	20130015	中部	D产品	红	赊销	882	766,458.00
17	2013-1-14	20130016	东部	F产品	红	现款	186	140,802.00

图 6-34　企业的销售数据

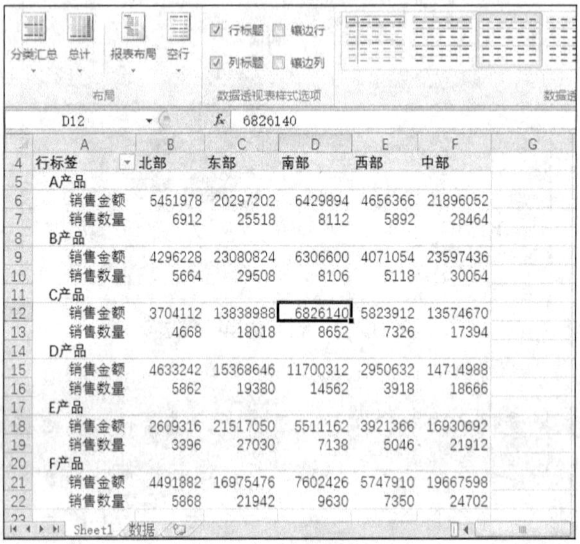

行标签	北部	东部	南部	西部	中部
A产品					
销售金额	5451978	20297202	6429894	4656366	21896052
销售数量	6912	25518	8112	5892	28464
B产品					
销售金额	4296228	23080824	6306600	4071054	23597436
销售数量	5664	29508	8106	5118	30054
C产品					
销售金额	3704112	13838988	6826140	5823912	13574670
销售数量	4668	18018	8652	7326	17394
D产品					
销售金额	4633242	15368646	11700312	2950632	14714988
销售数量	5862	19380	14562	3918	18666
E产品					
销售金额	2609316	21517050	5511162	3921366	16930692
销售数量	3396	27030	7138	5046	21912
F产品					
销售金额	4491882	16975476	7602426	5747910	19667598
销售数量	5868	21942	9630	7350	24702

图 6-35　按不同大区和产品的销售数量和销售金额对比表

第 7 章
强大的第三方工具

学习目标

1. 掌握宏的概念和应用；
2. 掌握同结构 EXCEL 文件的多表合并。

项目引入

本项目将对 Excel 的多表合并提供一个详细的介绍，主要包括利用 Excel 宏功能进行合并、利用第三方工具进行合并，介绍宏的概念和应用等。

通过本篇的学习，读者能够熟练地对多个同结构的 Excel 文件、Excel 表进行合并操作，对在多表中都需要进行的操作，可以通过录制和执行宏的方式，将重复的工作简单化。

7.1 多表合并工具

多表合并是指多个 Excel 文件，他们具有相同的字段名称和顺序，但是数据不一致，由于工作需要，需要将各个 Excel 电子表格中的数据汇总到一个表格里面做汇总分析。数据量小、工作表不多的时候，采用复制粘贴是可以的；但数据量大、工作表较多的时候，则需要借助于工具来处理，才能提高效率。

> 工作情境　　有一个连锁店，业务员可以在任意一个门店下订单。目前有 4 个门店，半年后 4 个门店的订单明细分别存放在四个 Excel 文件中。总店长请你将 4 个 Excel 文件的电子表格合并到一个 Excel 电子表格中，方便进行汇总分析。

7.1.1 利用宏合并多表

使用宏合并多表，操作步骤如下。

（1）在配套资料里找到"练习文件 7.1.1 利用宏合并多表"文件夹。文件夹内有数字编号的四个 Excel 文件和一个"合并工作表.xlsx"，如图 7-1 所示。双击打开"合并工作表.xlsx"文件，右键单击"Sheet1"工作表，弹出菜单，如图 7-2 所示。

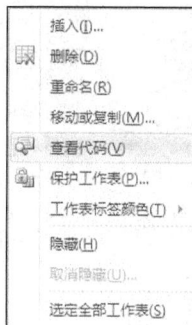

名称	修改日期	类型	大小
1.xlsx	2016/7/1 21:32	Microsoft Excel ...	20 KB
2.xlsx	2016/7/1 21:33	Microsoft Excel ...	19 KB
3.xlsx	2016/7/1 21:33	Microsoft Excel ...	19 KB
4.xlsx	2016/7/1 21:34	Microsoft Excel ...	20 KB
合并工作表.xlsx	2016/7/1 21:19	Microsoft Excel ...	9 KB

图 7-1　待合并的文件　　　　　　　　　　　图 7-2　Sheet1 工作表弹出菜单

（2）单击【查看代码】，打开"Mircrosoft Visual Basic For Applications"窗口，在【代码】窗口，输入代码，如图 7-3 所示。

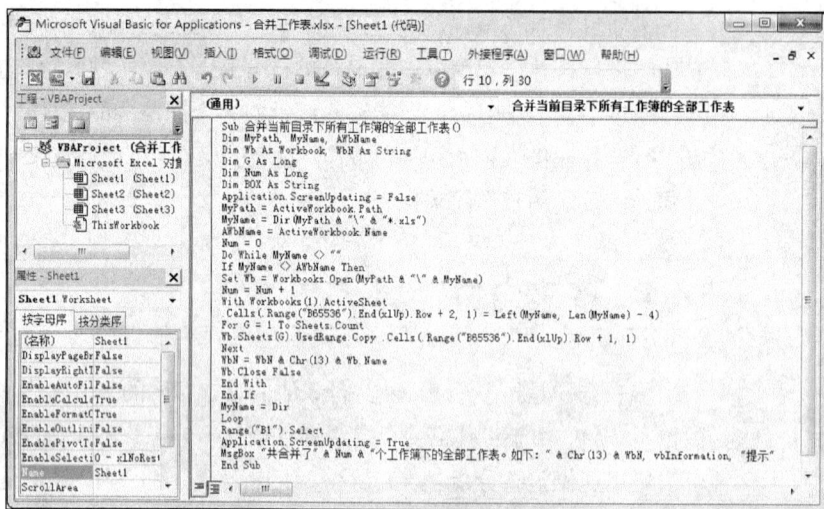

图 7-3　VBA 代码窗口

这里代码不做具体解释，详细代码如下。

```
Sub 合并当前目录下所有工作簿的全部工作表()
Dim MyPath, MyName, AWbName
Dim WbAs Workbook, WbN As String
Dim G As Long
Dim NumAs Long
Dim BOX As String
Application.ScreenUpdating = False
MyPath = ActiveWorkbook.Path
MyName = Dir(MyPath& "\" & "*.xls")
AWbName = ActiveWorkbook.Name
Num = 0
```

```
Do While MyName<> ""
If MyName<>AWbName Then
Set Wb = Workbooks.Open(MyPath& "\" &MyName)
Num = Num + 1
With Workbooks(1).ActiveSheet
.Cells(.Range("B65536").End(xlUp).Row + 2, 1) = Left(MyName, Len(MyName) - 4)
For G = 1 ToSheets.Count
Wb.Sheets(G).UsedRange.Copy .Cells(.Range("B65536").End(xlUp).Row + 1, 1)
Next
WbN = WbN&Chr(13) &Wb.Name
Wb.Close False
End With
End If
MyName = Dir
Loop
Range("B1").Select
Application.ScreenUpdating = True
MsgBox "共合并了" &Num& "个工作簿下的全部工作表。如下: " &Chr(13) &WbN, vbInformation,
"提示"
End Sub
```

（3）单击【运行】|【运行子过程/用户窗体】命令，几秒钟后（时间根据 Excel 文件的多少不同）弹出如图 7-4 所示窗口，显示出当前合并的情况。

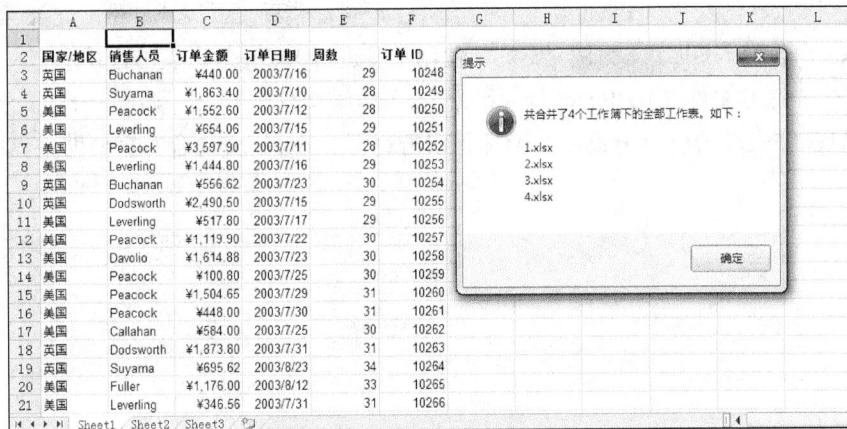

图 7-4　合并成功结果

（4）单击【确定】按钮返回"合并工作表.xlsx"文件中，显示合并后的数据。这里需要注意的是，每个表格中的行标题在合并后的表格中都会有一份，让表格按"国家/地区"升序排序后如图 7-5 所示，删除重复标题行，完成 Excel 电子表格的合并。

总结　（1）需要合并的多个 Excel 电子表格，一定要具有相同的字段和顺序，否则数据就失去了原本的意义。

（2）在合并后会重复地写入每个表格的标题行，我们需要手动进行处理。

（3）此例中仅有 4 个 Excel 表格，手动也会很快，如果有更多表格，就会发现利用宏合并效率更高。

	A	B	C	D	E	F
1	国家/地区	销售人员	订单金额	订单日期	周数	订单 ID
2	国家/地区	销售人员	订单金额	订单日期	周数	订单 ID
3	国家/地区	销售人员	订单金额	订单日期	周数	订单 ID
4	国家/地区	销售人员	订单金额	订单日期	周数	订单 ID
5	美国	Peacock	¥1,552.60	2003/7/12	28	10250
6	美国	Leverling	¥654.06	2003/7/15	29	10251
7	美国	Peacock	¥3,597.90	2003/7/11	28	10252
8	美国	Leverling	¥1,444.80	2003/7/16	29	10253
9	美国	Leverling	¥517.80	2003/7/17	29	10256
10	美国	Peacock	¥1,119.90	2003/7/22	30	10257
11	美国	Davolio	¥1,614.88	2003/7/23	30	10258
12	美国	Peacock	¥100.80	2003/7/25	30	10259
13	美国	Peacock	¥1,504.65	2003/7/29	31	10260
14	美国	Peacock	¥448.00	2003/7/30	31	10261
15	美国	Callahan	¥584.00	2003/7/25	30	10262
16	美国	Fuller	¥1,176.00	2003/8/12	33	10265
17	美国	Leverling	¥346.56	2003/7/31	31	10266
18	美国	Peacock	¥3,536.60	2003/8/6	32	10267
19	美国	Callahan	¥1,101.20	2003/8/2	31	10268
20	美国	Davolio	¥1,376.00	2003/8/2	31	10270
21	美国	Leverling	¥2,037.28	2003/8/12	33	10273

图 7-5　删除多余标题行

7.1.2　利用其他工具合并多表

除了使用 Excel 的宏进行 Excel 电子表格合并，还可以借助工具完成。网上此类工具非常多，这里以"Excel 合并拆分助手"为例介绍如何使用工具进行 Excel 电子表格合并。

（1）打开"练习文件 7.1.2 Excel 合并助手.rar"压缩文件，双击"setup.exe"安装文件，安装后桌面出现"Excel 合并拆分助手"图标，双击打开，Excel 文件合并拆分助手界面如图 7-6 所示。

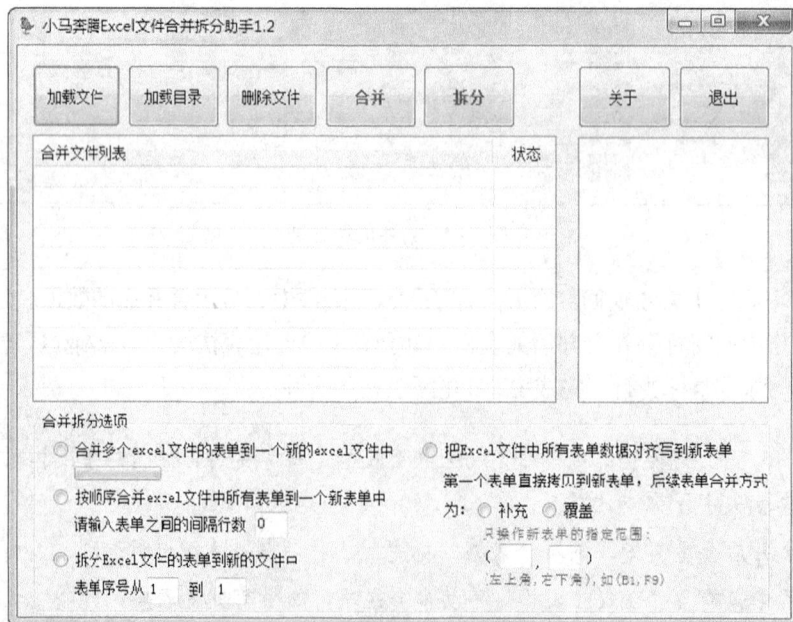

图 7-6　Excel 文件合并拆分助手

（2）加载需要合并的文件。如果在同一个目录，单击【加载目录】，在【浏览文件夹】对话框中，找到需合并文件所在文件夹，单击【确定】按钮，显示合并文件列表如图 7-7 所示。

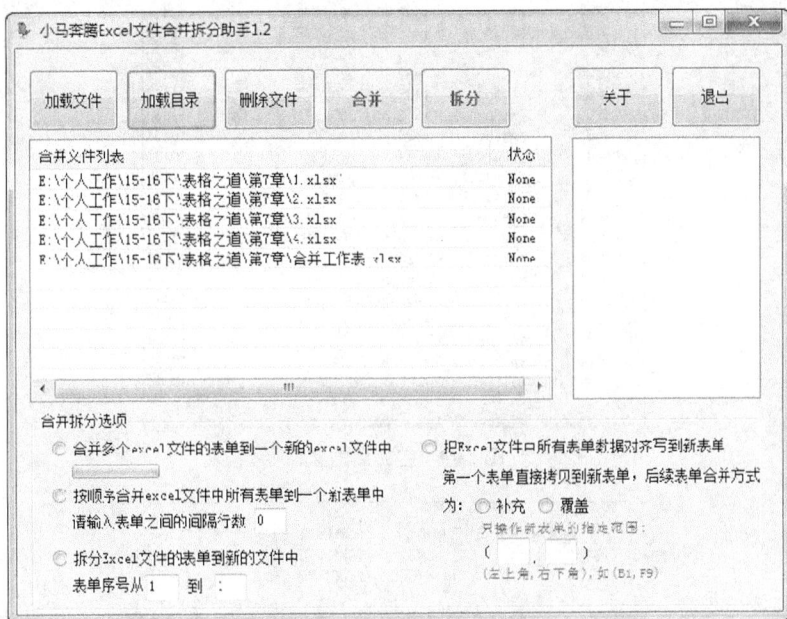

图 7-7　合并文件列表

（3）在【合并文件列表】中，确定待合并 Excel 文件，删除不需要合并文件。在【合并拆分选项】中选择"合并多个 Excel 文件的表单到一个新的 Excel 文件中"。选择【合并】命令，合并列表中所有文件，给出提示如图 7-8 所示。

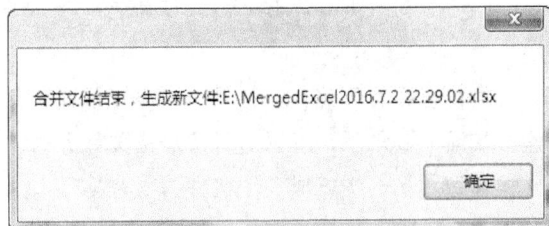

图 7-8　合并 Excel 文件提示

（4）打开合并后的文件如图 7-9 所示，从图中可以看出，这是把四个 Excel 文件合并到一个文件中，但是分别放在了一个 Excel 文件的 4 张工作表中，对于合并汇总仍不方便。

（5）删除【合并文件列表】中所有文件，单击【加载文件】找到刚完成合并的文件，在【合并拆分选项】中选择"按顺序合并 Excel 文件中所有表单到一个新表单中"，选择【合并】命令，合并生成新的 Excel 文件。

（6）打开合并生成的新 Excel 文件，如图 7-10 所示，从数据条数来看，已经完成了 4 张工作表的合并。仔细查看发现，也会同宏合并一样出现多个行标题，删除多余标题行，完成 Excel 文件合并。

	A	B	C	D	E	F
1	国家/地区	销售人员	订单金额	订单日期	周数	订单 ID
179	英国	Suyama	¥360.00	2004/2/14	7	10425
180	美国	Peacock	¥338.20	2004/2/6	6	10426
181	美国	Peacock	¥651.00	2004/3/3	10	10427
182	英国	King	¥192.00	2004/2/4	6	10428
183	美国	Leverling	¥1,441.37	2004/2/7	6	10429
184	美国	Peacock	¥4,899.20	2004/2/3	6	10430
185	美国	Peacock	¥1,892.25	2004/2/7	6	10431
186	美国	Leverling	¥485.00	2004/2/7	6	10432
187	美国	Leverling	¥851.20	2004/3/4	10	10433
188	美国	Leverling	¥321.12	2004/2/13	7	10434
189	美国	Callahan	¥631.60	2004/2/7	6	10435
190	美国	Leverling	¥1,994.52	2004/2/11	7	10436
191	美国	Callahan	¥393.00	2004/2/12	7	10437
192	美国	Leverling	¥454.00	2004/2/14	7	10438
193	英国	Suyama	¥1,078.00	2004/2/10	7	10439
194	美国	Peacock	¥4,924.13	2004/2/28	9	10440
195	美国	Leverling	¥1,755.00	2004/3/14	12	10441
196	美国	Leverling	¥1,792.00	2004/2/18	8	10442
197	美国	Callahan	¥517.44	2004/2/14	7	10443
198	美国	Leverling	¥1,031.70	2004/2/21	8	10444
199	美国	Leverling	¥174.90	2004/2/20	8	10445
200	英国	Suyama	¥246.24	2004/2/19	8	10446
201						

图 7-9　合并后的文件

	A	B	C	D	E	F
1	国家/地区	销售人员	订单金额	订单日期	周数	订单 ID
791	英国	King	¥60.00	2005/4/27	18	11037
792	美国	Davolio	¥732.60	2005/4/30	18	11038
793	美国	Leverling	¥1,773.00	2005/4/28	18	11041
794	美国	Fuller	¥405.75	2005/5/1	19	11042
795	英国	Buchanan	¥210.00	2005/4/29	18	11043
796	美国	Peacock	¥591.60	2005/5/1	19	11044
797	美国	Callahan	¥1,485.80	2005/4/24	18	11046
798	英国	King	¥817.87	2005/5/1	19	11047
799	英国	King	¥525.00	2005/4/30	18	11048
800	美国	Leverling	¥1,332.00	2005/5/1	19	11052
801	美国	Fuller	¥3,055.00	2005/4/29	18	11053
802	美国	Callahan	¥3,740.00	2005/5/1	19	11056
803	美国	Leverling	¥45.00	2005/5/1	19	11057

图 7-10　合并到一个工作表

总结　（1）可以根据待合并文件的存放位置，选择【加载文件】还是【加载目录】功能。如果文件不在同一目录下，可以通过【加载文件】的方式，逐一选择；如果在同一目录下，可以通过【加载目录】一次完成多个文件的加载。

（2）这里合并 Excel 文件，首先是将多个 Excel 文件合并在一个 Excel 文件的不同工作表中，然后再将同一文件中的多个工作表进行合并。

（3）此软件还可以进行 Excel 文件的拆分，读者可以自行练习使用。

（4）文件合并的工具有很多，这里我们仅以 "Excel 文件合并拆分助手" 讲解，读者有兴趣可以尝试其他工具的使用。

7.2 宏工具

宏，其实就是一些命令组织在一起，作为一个单独命令完成一个特定任务。Excel 宏命令采用的是 VBA 语言。宏语言即 Visual Basic for Application(VBA)。Visual Basic 是 Windows 环境下开发应用软件的一种通用程序设计语言，功能强大，简便易用。

7.2.1 宏的基本原理

在 Excel 电子表格中，宏起到的作用就是用来重复完成一些工作。在上一节中利用宏完成多个 Excel 电子表格的合并，从宏代码我们可以看出，就是将一些命令组合中一起，来完成一项较为完整的工作任务，所以宏更像一个程序，一个完成特定任务的程序。

7.2.2 宏的应用

现有一个班级四门课的平时成绩和期末成绩，要求对成绩进行分析，计算总成绩（平时成绩占 40%，期末成绩占 60%），在 G1 为左上角的单元格区域内显示出平时、期末、总成绩的最高分、最低分和平均分。

（1）打开"练习文件 7.2.2 成绩表.xlsx"文件，如图 7-11 所示。

（2）在【视图】|【宏】功能区，单击宏下方的小三角形，在弹出的菜单中单击【录制宏】命令，打开如图 7-12 所示录制新宏对话框。

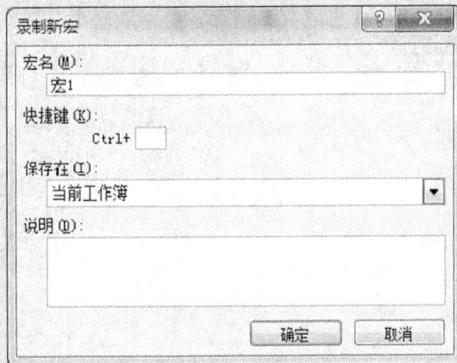

图 7-11　成绩表内容

图 7-12　录制新宏对话框

（3）在录制新宏对话框中，默认宏名为"宏 1"，保存在"当前工作簿"，可以根据需要修改对话框中内容，单击【确认】按钮返回 Excel 工作表，开始宏录制。

（4）在"会计原理"工作表中，E2 单元格输入"=C2*0.4+D2*0.6"，填充到数据尾部。在以 G1 为左上角单元格的区域内输入如图 7-13 所示内容（这里为给读者看到单元格内容，故意显示，读者在这里填入函数后，即得到一个具体数字）。

（5）单击【停止录制】命令，停止宏录制。切换到"会计电算化"工作表，在【宏】命令下单击【查看宏】命令，如图 7-14 所示，可以看到刚录制的"宏 1"。

（6）单击【执行】命令，瞬间"会计电算化"工作表也完成了总成绩计算和最高分、最低分、平均分的统计。同样在"计算机"和"英语"工作表中执行宏，完成成绩计算与分析。

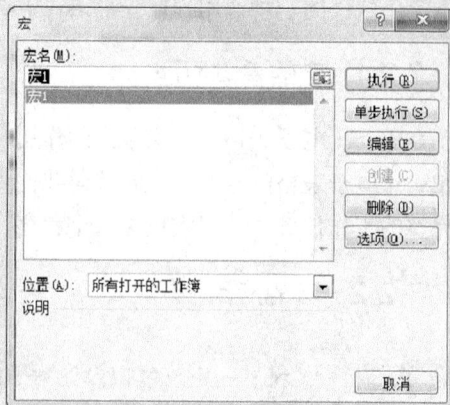

G	H	I	J
项目	平时	期末	总成绩
最高分	=MAX(C:C)	=MAX(D:D)	=MAX(E:E)
最低分	=MIN(C:C)	=MIN(D:D)	=MIN(E:E)
平均分	=AVERAGE(C:C)	=AVERAGE(D:D)	=AVERAGE(E:E)

图 7-13　单元格函数内容

图 7-14　查看宏

（1）宏可以帮我们快速地完成一些重复性的工作，只要进行录制或编写就可以长期使用。

（2）录制宏在 Excel 中是以 VBA 代码形式存储，如果我们熟悉 VBA 语言，完全可以对录制的宏代码进行优化、修改，甚至手工编写。

（3）一般录制的宏代码都是保存在工作簿里，如果在另一个工作簿中需要使用，可以在图 7-14 中，单击【编辑】命令，弹出如图 7-15 所示的窗口，即可看到我们录制的宏代码。复制宏代码，在需要使用的 Excel 工作簿中参照 7.1.1 节使用。

图 7-15　宏代码

综合实训

1．实训目的

实现工作表的合并。

2．实训要求

打开"示例文件合并同一工作簿多张工作表.xlsx"，利用工具将该企业 A、B、C 3 个子公司的销售数据合并到一张工作表中，如图 7-16 所示。

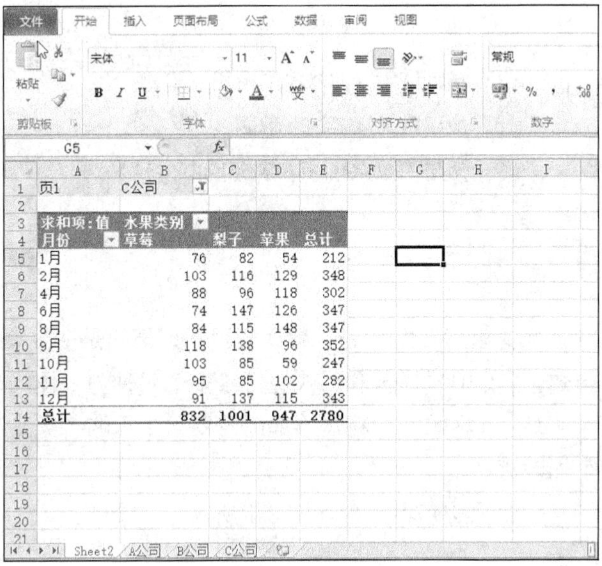

图 7-16　工作表的合并

第 8 章
进销存系统综合实训

学习目标

——— 1. 掌握进销存的基本原理和方法；
——— 2. 使用格式规范统一数据；
——— 3. 使用函数完成进销存的引用和计算。

引言

A 企业是省内某著名餐饮集团，该集团是一个集川味火锅、肥牛火锅、中式正餐、中式快餐和韩式烧烤等多个餐种为一体的连锁型餐饮企业。2016年4月，该集团的物料运输部门需要集中采购各类食品原材料，并分发到各个加盟店和食堂。

企业采购基本流程如图 8-1 所示。

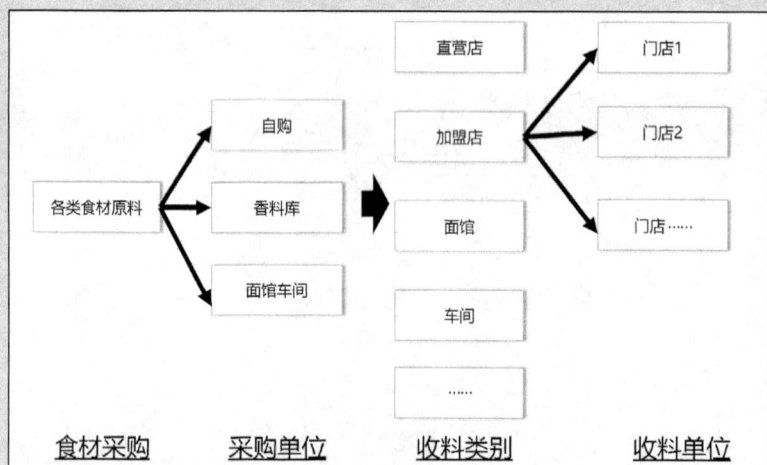

图 8-1　企业采购流程

市面上各种食材原料通过 3 种采购方式，即自购、香料库采购、面馆与车间采购，采购后分发给不同类别下的不同门店，从而对企业进销存的收发余进行核算。

过去企业一直采用手工登计表格，效率低下，而且经常出错。财务经理提出能否使用 Excel 工具软件实施自动化记账，并且提高工作效率和准确度。

> **注释** 　　什么是进销存，进销存是指企业管理过程中采购（进）—>入库（存）—>销售（销）的动态管理过程。

从业务上来说，会计人员需要实时记录企业采购数据（数量、单价、金额、供应商、收货单位）、销售数据（数量、单价、金额、销售客户信息），计算存货数据（期初存货、期末存货情况）。

8.1 规范数据表格

目前相关业务已经发生完毕，我们需要针对现有业务，制作一个便于未来使用的进销存系统，方便以后使用，同时对 4 月份已经发生的业务进行核算。

8.1.1 企业数据整合

打开"练习文件 8.1.1 原始数据.xlsx"到"原始表"中，该表为 2016 年 4 月发生的进销存业务数据。通过观察，我们可以清楚地看到，原始表登记了产品发生日期、订单号、单位、单价等字段，同时在表格右方记录了本期入库数和本期发出数的相关内容，如图 8-2 所示。

图 8-2　原始数据

通过观察，不难发现，前任会计将入库数和发出数分两栏填写，这样虽然可以计算但是会为后续的操作带来一定程度的麻烦，也不便于数据的统一录入。所以，应该将企业入库数与发出数合并为一列，操作步骤如下。

（1）复制 A4：F925 单元格在 A926 单元格粘贴（将 A 到 F 列所有信息复制一遍）。

（2）剪切 K4:O925 单元格区域粘贴到 G926 单元格，如图 8-3 所示。

（3）设置首行字段，删除第二行，将 K2 单元格改为"调入门店"，删除"调入门店"之后的所有内容，如图 8-4 所示。

920	30	2016-4-30	1327	件	30	白醋		0			
921	28	2016-4-28	1496	件	48	胡玉美老抽王		0			
922	30	2016-4-30	1331	件	30	白醋		0			
923	30	2016-4-30	1331	件	190	玉兰鲜味精		0			
924	30	2016-4-30	1331	件	120	天天香芝麻油		0			
925	30	2016-4-30	1329	斤	7.5	白芷		0			
926	1	2016-4-1	1778	件	45	黄桃	2	90.00	物流库	直营火锅	西园
927	1	2016-4-1	1825	件	45	黄桃	1	45.00	物流库	直营火锅	华联
928	5	2016-4-5	1186	件	61.7	日本酱油	2	123.40	物流库	直营火锅	一店
929	5	2016-4-5	1186	件	45	黄桃	2	90.00	物流库	直营火锅	一店
930	5	2016-4-5	365	件	45	黄桃	1	45.00	物流库	直营火锅	新店
931	3	2016-4-3	27439	件	61.7	日本酱油	2	123.40	物流库	加盟店	肥东
932	3	2016-4-3	1001542	件	61.7	日本酱油	1	61.70	物流库	面馆	面馆
933	2	2016-4-2	1308728	件	220	海皇菜籽油	1	220.00	物流库	车间	中餐
934	1	2016-4-1	36629	袋	132	红牡丹	1	132.00	物流库	车间	银丝饼
935	1	2016-4-1	36629	桶	256	正义猪油	1	256.00	物流库	车间	银丝饼
936	5	2016-4-5	36630	袋	137	红牡丹	1	137.00	物流库	车间	银丝饼
937	5	2016-4-5	36630	桶	256	正义猪油	1	256.00	物流库	车间	银丝饼
938	1	2016-4-1	1328785	件	210.8	肖牛油	9	1897.20	物流库	车间	炒料房
939	1	2016-4-1	1328785	件	176	福掌柜大豆油	3	528.00	物流库	车间	炒料房

图 8-3　数据整理

	A	B	C	D	E	F	G	H	I	J	K
1						2016.4原材料及产品录入表					
2	日	日期	单据号	单位	单价	品名	数量	金额	调出单位	调入单位	调入门店
3	1	2016-4-1	1778	件	45	黄桃		0.00			
4	1	2016-4-1	1825	件	45	黄桃		0.00			
5	5	2016-4-5	1186	件	61.7	日本酱油		0.00			
6	5	2016-4-5	1186	件	45	黄桃		0.00			
7	5	2016-4-5	365	件	45	黄桃		0.00			
8	3	2016-4-3	27439	件	61.7	日本酱油		0.00			
9	3	2016-4-3	1001542	件	61.7	日本酱油		0.00			
10	2	2016-4-2	1308728	件	220	海皇菜籽油		0.00			
11	1	2016-4-1	36629	袋	132	红牡丹		0.00			
12	1	2016-4-1	36629	桶	256	正义猪油		0.00			

图 8-4　修改字段，删除多余内容

（4）选中 I 列鼠标右键插入列，如图 8-5 所示。得出新列，将字段名称命名为“进/销”，如图 8-6 所示。

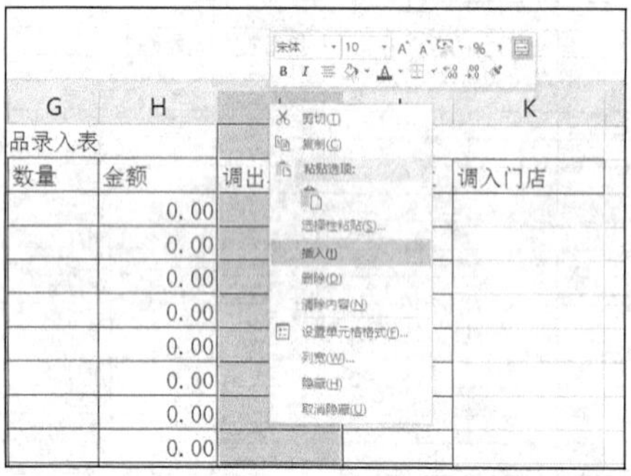

图 8-5　插入列

H	I	J	K
入表			
金额	进/销	调出单位	调入单位
0.00			
0.00			
0.00			
0.00			
0.00			
0.00			

图 8-6　新增“进/销”字段

（5）将原先入库的部分即前 924 行，添加内容“进”，I925：I1846 单元格区域添加“销”。

注释　统一数据到一张表，并不仅仅是将数据简单地放在一个表格内，而应该尽量保证相同类型字段的数据统一在一列，既方便使用函数，又方便使用数据透视表进行分析加工。

数据设计行数较多，可以使用鼠标拖曳填充，也可以使用<Ctrl+Enter>快捷键批量填充，以提高操作效率。

（6）按<Ctrl+A>快捷键选中整张表，按<Alt+E+A+F>快捷键清除格式，得到较为干净的源数据表。

注释　　　B 列日期列可能因为清除格式，而无法显示日期，可以通过单元格格式的方法，转化为日期。

（7）删除多余项，选中 A2：L2 单元格区域，在【开始】选项卡中【编辑】命令组中单击【排序和筛选】下拉按钮，单击【筛选】功能，如图 8-7 所示。

（8）筛选出"数量"字段中等于"0"或"空白"的部分，并予以删除（选中蓝色部分，整行删除），如图 8-8 所示。筛选完成如图 8-9 所示。

图 8-7　添加筛选功能

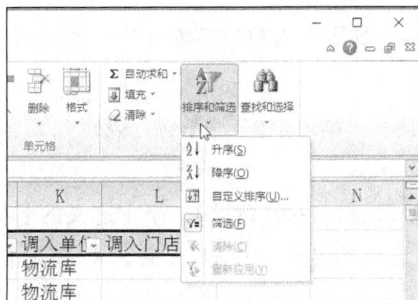

图 8-8　筛选数量为"0"与"空白"的项目

图 8-9　筛选后结果

注释　　　数量为 0，金额必然为 0，所以只要选择数量为 0 的即可筛选出无用项目。

（9）单击"数量"筛选按钮，如图 8-10 所示，在下拉菜单中单击【从"数量"中清除筛选】，得到规范表格。

8.1.2　参数表与数据有效性的设置

通过参数表的设置，为以后新增数据确立了规范和标准，以避免了数据前后不一致的问题，提高了工作效率。

可以通过系统调取或直接将 4 月份数据删除重复值的方法，得到参数表。在此已经为大家设置完毕，打开"练习文件 8.1.2 设置数据有效性.xlsx"中的参数表，如图 8-11 所示。

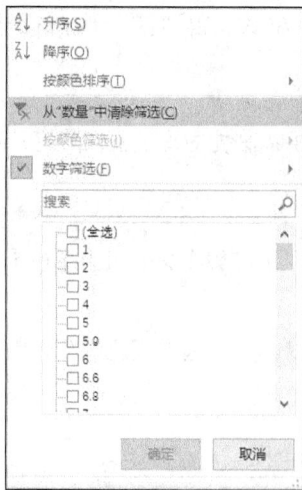

图 8-10 从"数量"中清除筛选

图 8-11 参数表

参数表显示了产品及所属类别、物流库类别、调入单位，其中调入单位还细分为具体的门店，以及采购产品计量单位。

首先，我们需要为"产品""类别""进销""物流库类别""调入单位""单位"设置数据有效性字段，操作步骤如下。

（1）在"参数表"中选择"产品"字段 A1:A79 单元格区域，在公式选项卡下【定义的名称】选项组中单击【根据所选内容创建】，在弹出的【以选定区域创建名称】中选择【首行】，单击【确定】按钮完成操作，如图 8-12 所示。

图 8-12 设置数据有效性

（2）以同样的方式，分别选中"单位""类别""物流库类别""调入单位""单位"等字段内容，逐个按<F4>键完成名称的批量命名。

在选择对应的字段的时候，不要选择整列，而是选择包含数据内容的部分。

（3）回到数据原表，选中 A 列"品名"字段，打开数据有效性按<Alt+D+L>快捷键，设置数据有效性如图 8-13 所示。

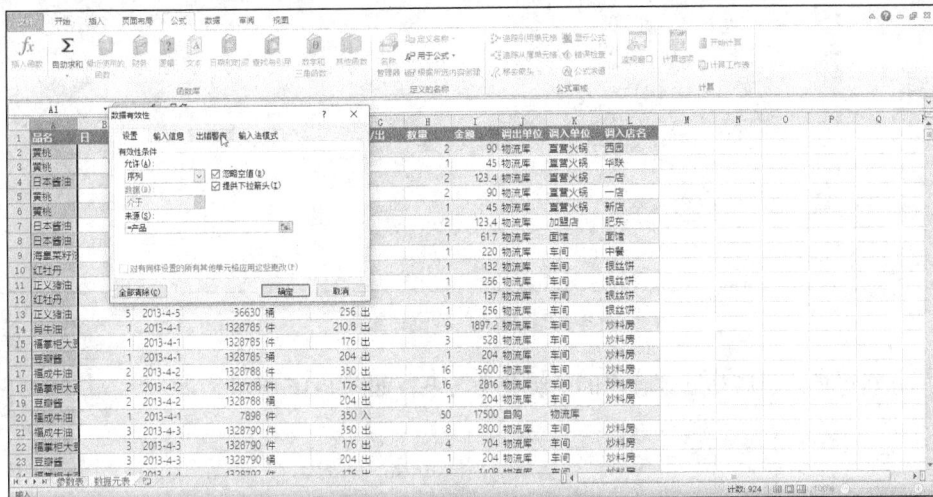

图 8-13　数据有效性设置

（4）以同样的方法，分别设置"单位""进/销""调出单位""调入单位"的数据有效性。其中，"调入门店"需要设置二级有效性。

下面，我们设置调入单位与调入店名的二级有效性，即选择某一级类别内容，只显示出该一级类别下的二级内容。

具体操作步骤如下。

（1）复制"调入单位"字段内容 D2：D10，按<Ctrl+Alt+V>快捷键选择性粘贴到 I1 单元格，在弹出的【选择性粘贴】对话框中选择【转置】单选框，单击【确定】按钮，将单元格转置粘贴到 I1：R1 单元格区域，如图 8-14 和图 8-15 所示。

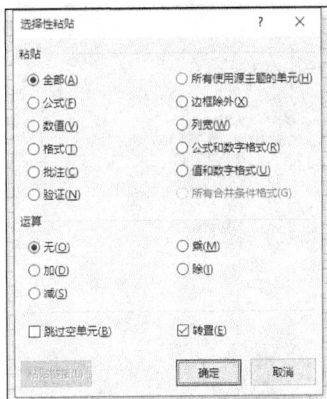

图 8-14　使用"转置"粘贴

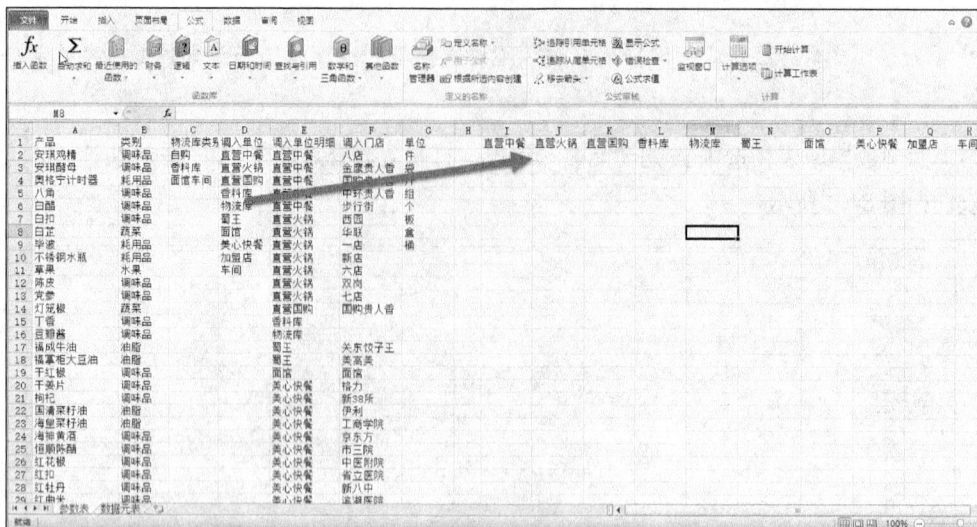

图 8-15　将调入单位转置到行

（2）分别将具体门店粘贴到各自的一级分类名下，如图 8-16 所示。

图 8-16　二级明细粘贴

（3）仿照一级有效性（1）、（2）两步，对名称进行快速命名，最终名称管理器中的名称定义如图 8-17 所示。

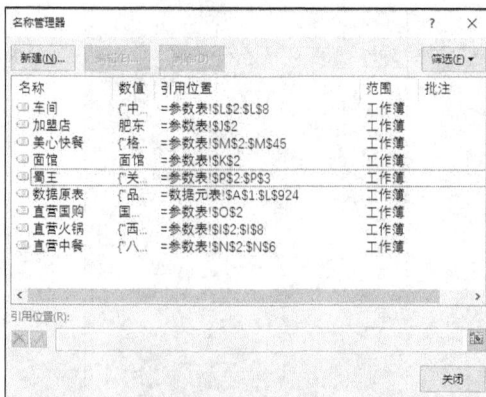

图 8-17　名称定义最终结果

（4）选中 L 列"调入门店"字段，单击打开数据有效性按<Alt+D+L>快捷键，设置数据有效性，在【允许】下拉列表框中选择【序列】，在【来源】中输入"=INDIRECT(K1)"，单击【确定】按钮完成操作，如图 8-18 所示。

图 8-18　设置调入门店的"二级有效性"

> 注释　　如果提醒出现错误，可能是因为首行和第二行为标题行和字段标题，无法找到二级数据有效性所致，并不影响操作，将 L1、L2 两个单元格清除数据有效性格式即可。

8.2 | 编制进销存表格

8.2.1　使用透视表计算进销存发生额

将设置好的数据源表生成数据透视表，并计算数量、单价、金额。操作步骤如下。

（1）在"数据源表"表格任一单元格中单击【插入】选项卡中的【数据透视表】按钮，生成透视表，如图 8-19 所示。

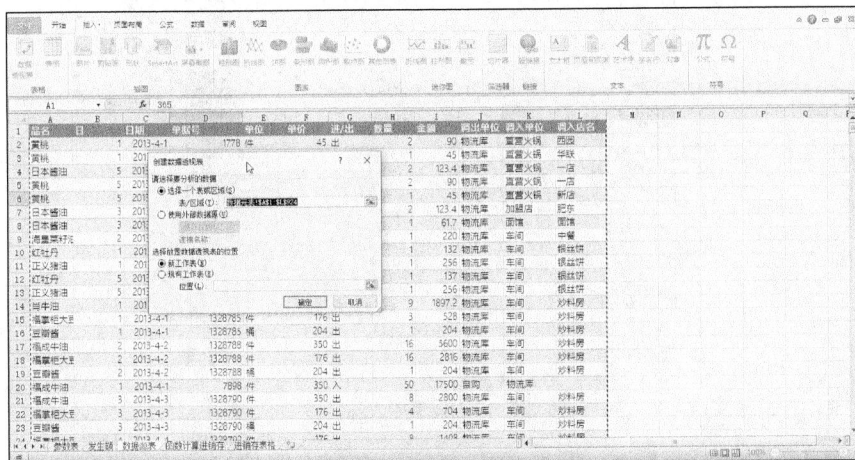

图 8-19　生成数据透视表

（2）将"日期"字段拖入筛选区域，"进/出"字段拖入列区域，"品名"字段拖入行区域，"数量""金额"字段拖入数值区域，如图 8-20 所示。

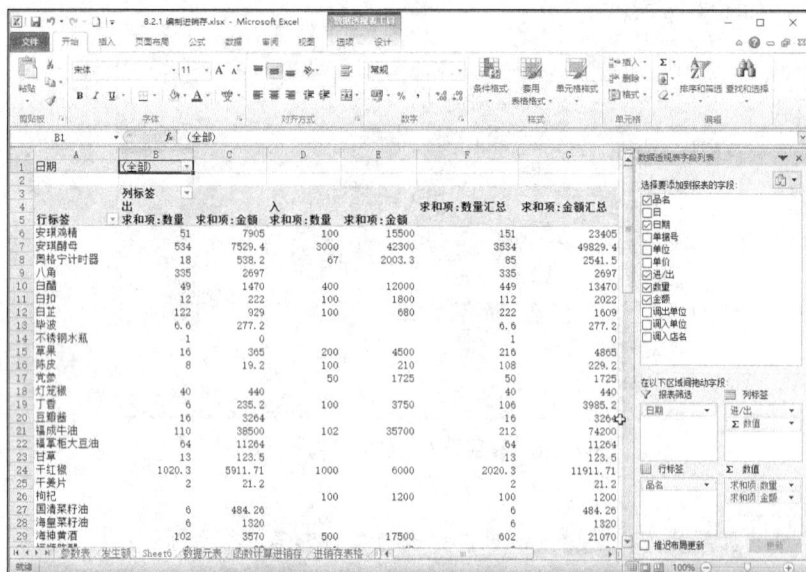

图 8-20 生成数据透视表

（3）调整格式，在【数据透视表工具】|【设计】选项卡【布局】选项组中设置【不显示分类汇总】、【对行列禁用总计】、【以表格形式显示】。显示效果如图 8-21 所示。

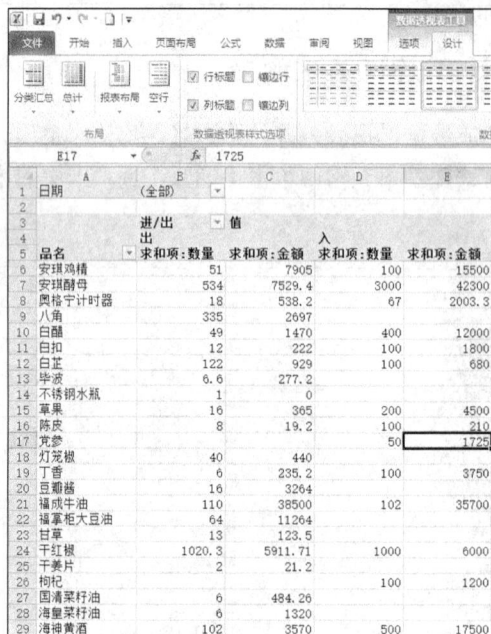

图 8-21 美化表格

（4）修改标题名称，删除"求和项:"，并在后面加空格，如图 8-22 所示。

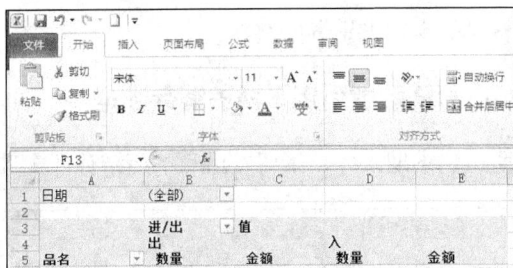

图 8-22　删除"求和项"

（5）生成单价，将光标放在 A9 单元格，在【数据透视表工具】|【分析】选项卡中单击【字段、项目和集】，在弹出的下拉列表框里选择【计算字段】，如图 8-23 所示。

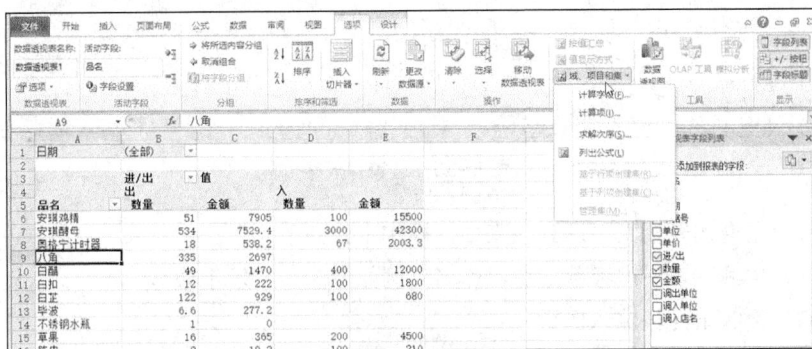

图 8-23　计算字段

注释　　　　　　光标必须定位在行区域如 A9 单元格，才能进行计算。

（6）设置字段如图 8-24 所示。

"单价_"的函数表达式为

=round(iferror(金额 /数量,0),2)

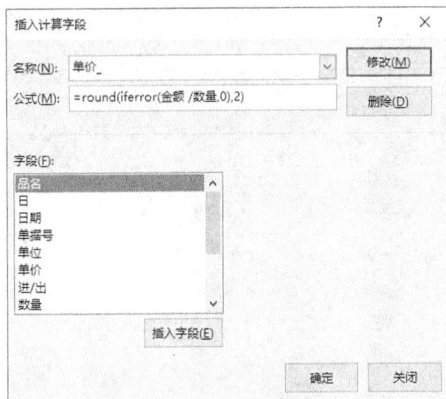

图 8-24　设置公式

最终得出 4 月份所有材料的本期进销发生额。

8.2.2 使用 VLOOKUP 函数引用本期进销存数据

进销存表格通常包括期初、本期入库、本期发出和本期结存四个部分，如图 8-25 所示。

名称	属性	单位	期初 数量	期初 金额	单价	本期入 数量	本期入 金额	单价	本期出 数量	本期出 金额	单价	结余 数量	结余 金额
万昌大米	主食	袋	39	5752.5	147.5								
福成牛油	油脂	件	11	3850	350								
福掌柜大豆油	油脂	件	77	13552	176								
国清菜籽油	油脂	桶	9	726.39	80.7								
海皇菜籽油	油脂	件	9	1980	220								
口福调和油	油脂	件	86	13816.76	160.7								
天天香芝麻油	油脂	件	1	120	120								
天天芝麻香油	油脂	件	160	19200	120								
香满园菜籽油	油脂	件	26	0	0								
香满园调和油	油脂	件	130	0	0								
肖牛油	油脂	件	174	36679.2	210.8								
正义猪油	油脂	桶	9	2304	256								
安琪鸡精	调味品	件	69	10695	164.3								
安琪酵母	调味品	袋	3699	52155.9	14.1								
八角	调味品	斤	436	3509.8	8.1								

图 8-25　进销存表格

首先应将数据透视表金额引用到该表中，操作步骤如下。

（1）将"发生额"表中内容部分予以命名，例如命名为"发生额"。

（2）在 G3 至 I3 单元格输入函数

=IFERROR(VLOOKUP($A3,发生额,5,0),0)

=IFERROR(VLOOKUP($A3,发生额,6,0),0)

=IFERROR(VLOOKUP($A3,发生额,7,0),0)

（3）在 J3 至 K3 单元格输入函数

=IFERROR(VLOOKUP($A3,发生额,2,0),0)

=IFERROR(VLOOKUP($A3,发生额,3,0),0)

=IFERROR(VLOOKUP($A3,发生额,4,0),0)

（4）在 M3 至 N3 单元格输入函数

=D3+G3-J3

=E3-K3+H3

填充整列得到结果，如图 8-26 所示。

N12　　　fx　=E12-K12+H12

名称	属性	单位	期初 数量	期初 金额	单价	本期入 数量	本期入 金额	单价	本期出 数量	本期出 金额	单价	结余 数量	结余 金额
万昌大米	主食	袋	39	5752.5	147.5	0	0	0	30	4425	147.5	9	1327.5
福成牛油	油脂	件	11	3850	350	102	35700	350	110	38500	350	3	1050
福掌柜大豆油	油脂	件	77	13552	176	0	0	0	64	11264	176	13	2288
国清菜籽油	油脂	桶	9	726.39	80.7	0	0	0	6	484.26	80.71	3	242.13
海皇菜籽油	油脂	件	9	1980	220	0	0	0	6	1320	220	3	660
口福调和油	油脂	件	86	13816.76	160.7	50	7350	147	116	18636	160.66	20	2530.76
天天香芝麻油	油脂	件	1	120	120	0	0	0	1	120	120	0	0
天天芝麻香油	油脂	件	160	19200	120	150	18000	120	36	4320	120	274	32880
香满园菜籽油	油脂	件	26	0	0	20	4920	246	0	0	0	46	4920
香满园调和油	油脂	件	130	0	0	100	14000	140	0	0	0	230	14000
肖牛油	油脂	件	174	36679.2	210.8	0	0	0	116	24452.8	210.8	58	12226.4
正义猪油	油脂	桶	9	2304	256	0	0	0	6	1536	256	3	768
安琪鸡精	调味品	件	69	10695	164.3	100	15500	155	51	7905	155	118	18290

图 8-26　计算结果

总结 本项目计算企业的进销存数据，同样符合表格之道，即所有的数据应先行规范，进行规范整理，使之适合使用数据透视表，然后用数据透视表功能将表格的发生额计算出来，最后根据进销存固有样式进行查找和引用。这是大部分复杂财务计算工作的基本流程，如图 8-27 所示。

1．获取原数据，确保数据正确
2．规范原数据之格式正确，形成数据源
3．使用函数对齐进行简单加工增加辅助列
4．使用数据透视表计算发生额
5．使用特定格式的表格查找引用发生额数据
6．得出结果

图 8-27　财务工作 Excel 基本流程

综合实训

1．实训目的

巩固进销存业务流程，掌握另外一种数据汇总的方法。

2．实验要求

（1）直接使用 SUMIFS 函数从原数据中获得本期进销数据，尝试使用该函数，跳过数据透视表直接计算，如图 8-28 所示。

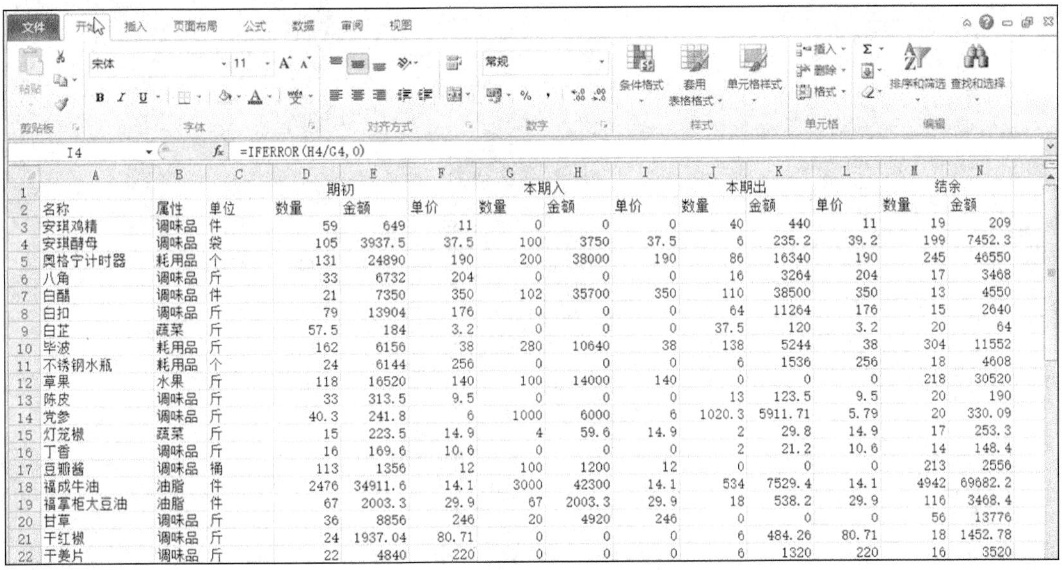

	A	B	C	D	E	F	G	H	I	J	K	L	M	N
1				期初			本期入			本期出			结余	
2	名称	属性	单位	数量	金额	单价	数量	金额	单价	数量	金额	单价	数量	金额
3	安琪鸡精	调味品	件	59	649	11	0	0	0	40	440	11	19	209
4	安琪酵母	调味品	袋	105	3937.5	37.5	100	3750	37.5	6	235.2	39.2	199	7452.3
5	奥格宁计时器	耗用品	个	131	24890	190	200	38000	190	86	16340	190	245	46550
6	八角	调味品	斤	33	6732	204	0	0	0	16	3264	204	17	3468
7	白醋	调味品	件	21	7350	350	102	35700	350	110	38500	350	13	4550
8	白扣	调味品	斤	79	13904	176	0	0	0	64	11264	176	15	2640
9	白芷	蔬菜	斤	57.5	184	3.2	0	0	0	37.5	120	3.2	20	64
10	毕波	耗用品	斤	162	6156	38	280	10640	38	138	5244	38	304	11552
11	不锈钢水瓶	耗用品	个	24	6144	256	0	0	0	6	1536	256	18	4608
12	草果	水果	斤	118	16520	140	100	14000	140	0	0	0	218	30520
13	陈皮	调味品	斤	33	313.5	9.5	0	0	0	13	123.5	9.5	20	190
14	党参	调味品	斤	40.3	241.8	6	1000	6000	6	1020.3	5911.71	5.79	20	330.09
15	灯笼椒	蔬菜	斤	15	223.5	14.9	4	59.6	14.9	2	29.8	14.9	17	253.3
16	丁香	调味品	斤	16	169.6	10.6	0	0	0	2	21.2	10.6	14	148.4
17	豆瓣酱	调味品	桶	113	1356	12	100	1200	12	0	0	0	213	2556
18	福成牛油	油脂	件	2476	34911.6	14.1	3000	42300	14.1	534	7529.4	14.1	4942	69682.2
19	福掌柜大豆油	油脂	件	67	2003.3	29.9	67	2003.3	29.9	18	538.2	29.9	116	3468.4
20	甘草	调味品	斤	36	8856	246	20	4920	246	0	0	0	56	13776
21	干红椒	调味品	斤	24	1937.04	80.71	0	0	0	6	484.26	80.71	18	1452.78
22	干姜片	调味品	斤	22	4840	220	0	0	0	6	1320	220	16	3520

图 8-28　使用函数计算进销存

（2）打开"示例文件材料总账表.xlsx"，首先将"入库表"和"出库表"汇总到一起，然后分别使用两种方法计算企业进销存数据，如图 8-29 所示。

材料代码	材料名称	计量单位	期初库存		本期入库		本期领用		期末库存	
			数量	金额	数量	金额	数量	金额	数量	金额
CL-101	纳盐	吨								
CL-102	硫酸	吨								
CL-103	盐酸	吨								
CL-104	氨基磺酸	吨								
CL-105	纤维素	吨								
CL-106	硅酸钠	吨								
CL-107	红糖	吨								
CL-108	矾石	吨								
CL-109	石膏粉	吨								

图 8-29 "材料总账表"中的进销存

第9章
会计账务处理综合实训

学习目标

1. 掌握数据表格规范的技巧;
2. 使用函数、分列功能对表格数据进行整理加工;
3. 使用数据透视表制作利润表、资产负债表、科目汇总表、管理费用表等表格。

项目引入

B 企业是一家安徽省内著名的超市集团,从全国数百家供应商那里采购商品然后配送到各个营业网点进行销售。本书提供该企业 2016 年 1—6 月的财务数据,通过对财务数据的分析加工和整理,最终实现财务工作从记账凭证到会计报表的全流程。

9.1 | 数据的加工与整理

打开"练习文件 9.1.1 数据透视表规范.xlsx",本表包含了 B 企业的会计分录数据,总计六个月,12761 行,如图 9-1 所示。

图 9-1 企业会计数据表

原数据表并不能直接用来计算分析，还需要一系列的加工和整理，把原数据表变成一张规范的"数据源表"才可以正式使用。

> **注释** 　　源数据与原数据一字之差，但是对于表格的规范性影响特别大。原数据是指原始数据，往往未经加工整理，无法快速使用函数和数据透视表。而源数据是整理过后的数据，可以高效地使用电子表格的各类功能进行分析加工，它是整个系统的数据之源。通常稍微复杂一点的数据工作，都应该首先将原数据转化为源数据。

9.1.1　空缺内容智能填充

表格前四列内容，由于数据导入的原因，产生了大量的空单元格，需要按照智能填充的方式填充完整。

操作步骤如下。

（1）单击 A1 单元格，用鼠标左键向下拖动垂直滚动条，至 12761 行。

（2）按<shift>键，用鼠标左键单击 D12761 单元格，完成 A、B、C、D 四列内容的选取（D列也包含部分空单元格需要填充），如图 9-2 所示。

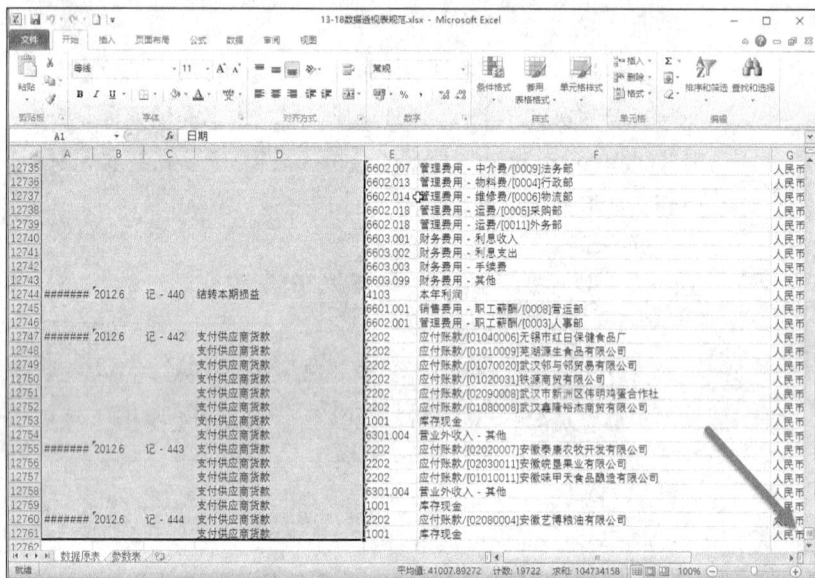

图 9-2　选择单元格

> **注释** 　　不得直接选中 A-D 列，这样在后期快速填充的过程中会大量填充无用单元格。

（3）按<F5>功能键，在弹出的【定位】对话框中，单击【定位条件】按钮，在弹出的【定位条件】对话框中选择【空值】选项或按<Alt+K>快捷键，最后单击【确定】按钮完成操作，如图 9-3 所示。

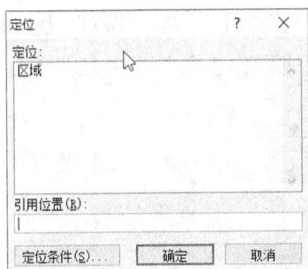

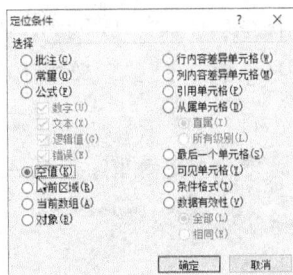

(a) 定位对话框   (b) 定位条件对话框

图 9-3　定位空值

（4）目前焦点定位在 A3 单元格，输入"=A2"让 A3 等于 A2，如图 9-4 所示，按<Ctrl+Enter>快捷键完成填充，如图 9-5 所示。

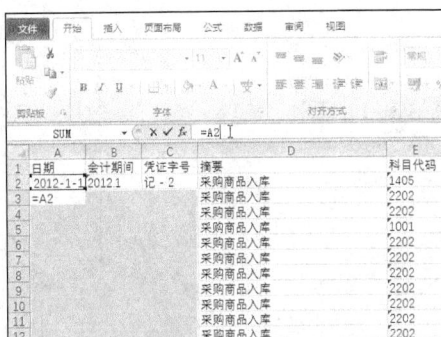

图 9-4　让 A3 等于 A2

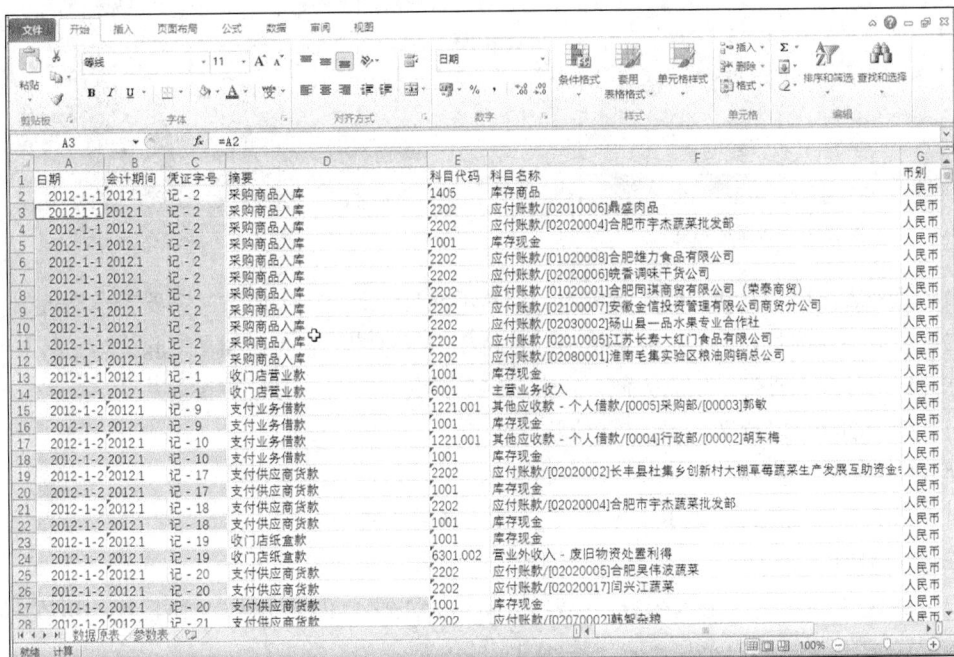

图 9-5　填充完毕

（5）重新选择 A、B、C、D 四列，按<Ctrl+C>快捷键复制数据，按<Ctrl+Alt+V>快捷键打开选择性粘贴，选择【数值】，最后单击【确定】按钮完成操作，如图 9-6 所示。

> **注释** 本题一定要重新选择 A、B、C、D 四列，才能正常复制选择性粘贴。

9.1.2 时间日期列的调整

如图 9-7 所示，A、B、C 三列分别反映的是日期、会计期间和凭证字号，都是企业记账凭证与时间有关的内容，但是存在以下问题。

图 9-6　选择性粘贴

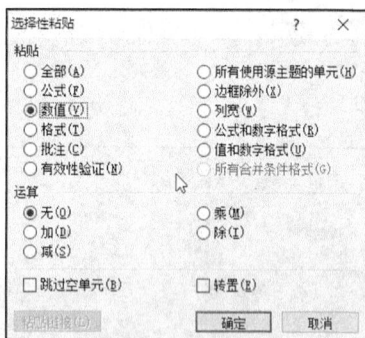

图 9-7　原数据前三列

（1）透视表可以对日期进行自动分组，但是不能自动分组产生周数，需要新建周数列。

（2）凭证字号按月计，汇总时会将不同月份相同字号的记账凭证加在一起，为了有效区分，需要在凭证字号前加月份，生成类似"1 月 记-2"的凭证字号，方便查询。

（3）会计期间字段意义不大，可以删除。

新建周数列操作步骤如下。

（1）选中 B 列，鼠标右键单击【插入】，插入新的一列。

（2）在 B1 单元格内输入字段名称"周数"。

（3）在 B2 单元格内，输入函数"=WEEKNUM(A2,2)"，即显示所在时间为一年中的第几周

（4）双击 B2 单元格右下角，完成整列内容的填充。

（5）按<Ctrl+1>快捷键打开单元格格式，将 B 列调整为常规格式，如图 9-8 所示。

图 9-8　数据透视表 B 列常规格式

9.1.3　科目代码的加工整理

科目代码列反映的是企业会计科目代码的情况，存在总分科目与明细科目合并于一个单元格的情况，不利于分类汇总。另外，科目代码的首位反映的是企业会计科目属性，需要分离出来，操作步骤如下。

（1）分别在"科目代码"字段前后插入两个空列。

（2）前列输入"科目属性"字段名称。

（3）在 E2 单元中输入函数=LEFT(F2,1)，提取科目代码首位，如图 9-9 所示。

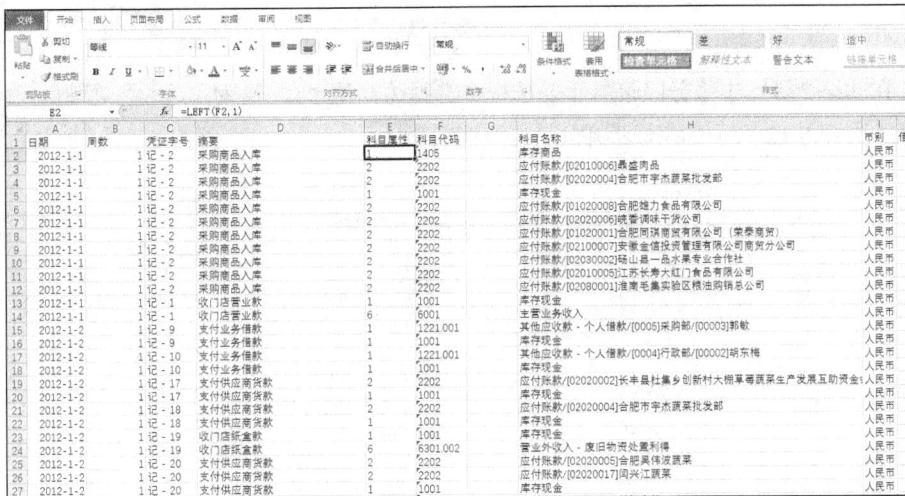

图 9-9　科目属性

（4）选择"科目代码"字段，单击【数据】选项卡下的【数据工具】选项组中的【分列】按钮，弹出【文本分列向导】窗口，如图 9-10 所示。

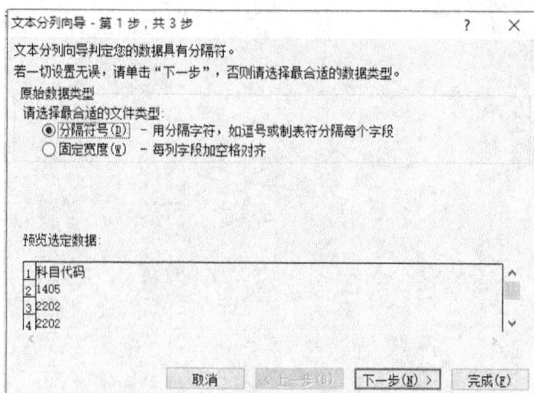

图 9-10　文本分列向导第 1 步

（5）在"第 1 步"中选择【分隔符号】单选按钮，并在【预览选定数据】下拉框中将数据下拉到包含明细科目的位置，如图 9-11 所示，单击【下一步】按钮。

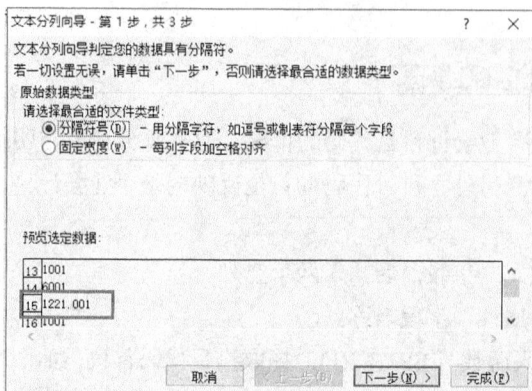

图 9-11　预览选定数据

（6）在"第 2 步"中【分隔符号】复选框中选择【其他】，并输入"."，将"科目代码"字段分列显示，如图 9-12 所示，完成后单击【下一步】按钮。

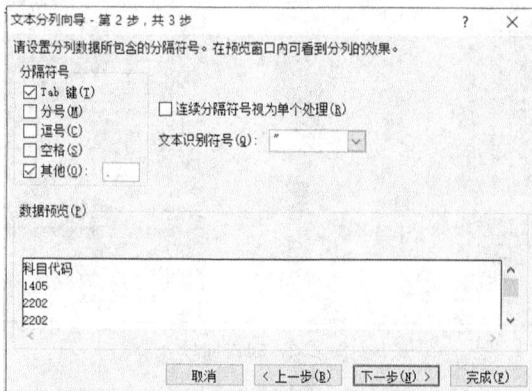

图 9-12　文本分列向导第 2 步

（7）在【列数据格式】复选框中选择【文本】，并同时将【数据预览】对话框中的两列字段调整为【文本】格式，如图 9-13 所示，单击【完成】按钮，完成操作。

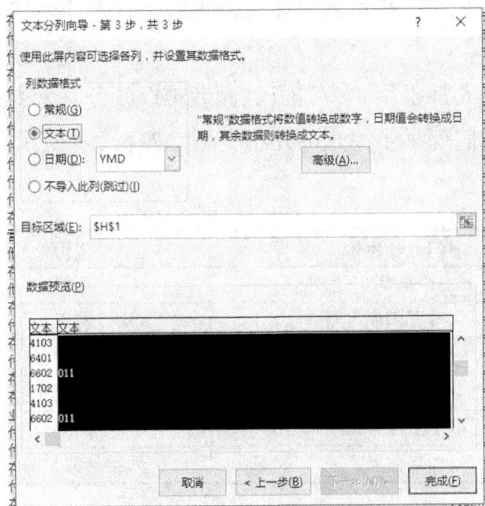

图 9-13　文本分列向导第 3 步

（8）最后的显示效果如图 9-14 所示。

图 9-14　文本分列效果

9.1.4　科目名称的加工整理

"科目名称"字段较"科目代码"字段更为复杂，"科目名称"字段内包含"总分类科目""一级明细科目""往来单位""往来个人"4 部分内容。其中往来单位和往来个人均以</>隔开,总分类科目与明细科目以<->隔开。

总体思路上,往来单位在外,科目名称在内,我们应首先分列往来单位和个人,再分列总分类科目与明细科目。

由于往来单位和往来个人都是用"/"隔开,两者难以区分,为了有效分列,我们先想办法区分识别往来单位与个人。我们列举了往来的几种类型,如表 9-1 所示。

表 9-1　　　　　　　　　　　　　　　往来类型

代码举例	部门名称举例	属性	代码长度(不含括号)
[0005]	采购部	部门	4
[10011]	吟春园店	网点	5
[00003]	郭敏	往来个人	5
[01020008]	合肥雄力食品有限公司	大供应商	8
[02020004]	合肥市宇杰蔬菜批发部	小供应商	8
[03030001]	自营	后勤与关联部门	8

往来总共分为 5 类。其中"大供应商""小供应商""后勤与关联部门"均是 8 位代码长度,前两位分别是 01、02、03;行政管理部门为"00"开头的 4 位代码;业务网点为 10 开头的 5 位代码;往来个人为"00"开的 5 位代码。

首先应将往来个人与往来单位(包括外部往来单位、部门和网点)进行区分,操作步骤如下。

(1)选中"币别"字段,鼠标右键插入一列空列。

(2)选中"科目名称"字段,按<Ctrl+F>快捷键弹出查找对话框,如图 9-15 所示。

图 9-15　查找和替换对话框

(3)单击【替换】功能项,在【查找内容】中输入"/[000??]",在【替换为】中输入"+",单击【全部替换】按钮,并且【关闭】查找替换窗口,如图 9-16 所示。

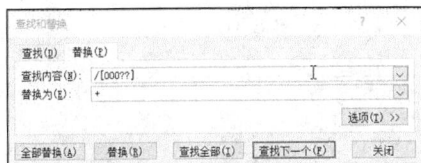

图 9-16　替换内容

注
释　　"?"是单一字符通配符，本题总共有 17 名员工，所以工号为[00001]至[00017]，使用两个问号就可以查找所有往来人员，并且替换为"+"号。

（4）选中"科目名称"字段，单击【数据】选项卡下的【数据工具】选项组中的【分列】按钮，弹出【文件分列向导】窗口。

（5）在"第 1 步"中选择【分隔符号】单选按钮，并在【预览选定数据】下拉框中将数据下拉到包含明细科目的位置，如图 9-17 所示，单击【下一步】按钮。

（6）在"第 2 步"中【分隔符号】复选框中选择【其他】，并输入"+"，将"科目名称"字段分列显示，如图 9-18 所示，单击【完成】按钮，完成操作。

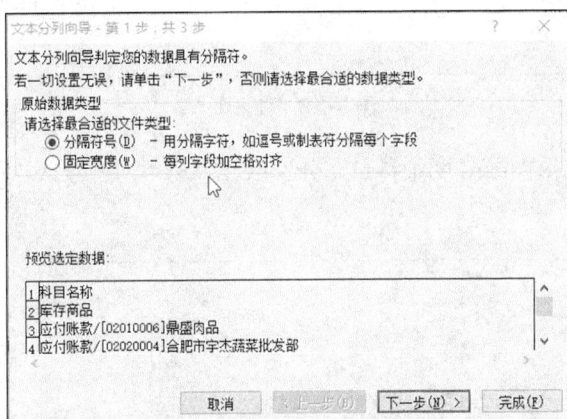

图 9-17　文本分列向导第 1 步

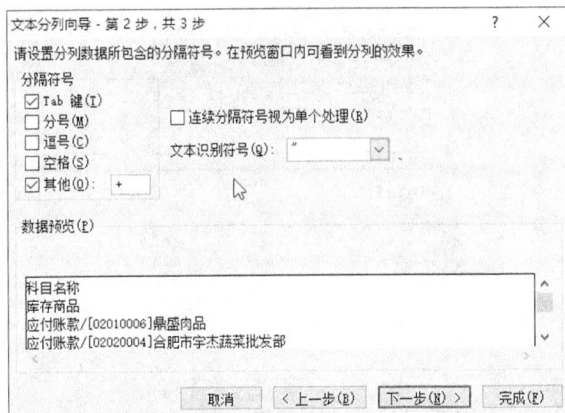

图 9-18　文本分列向导第 2 步

（7）命名该字段为"往来个人"，如图 9-19 所示。

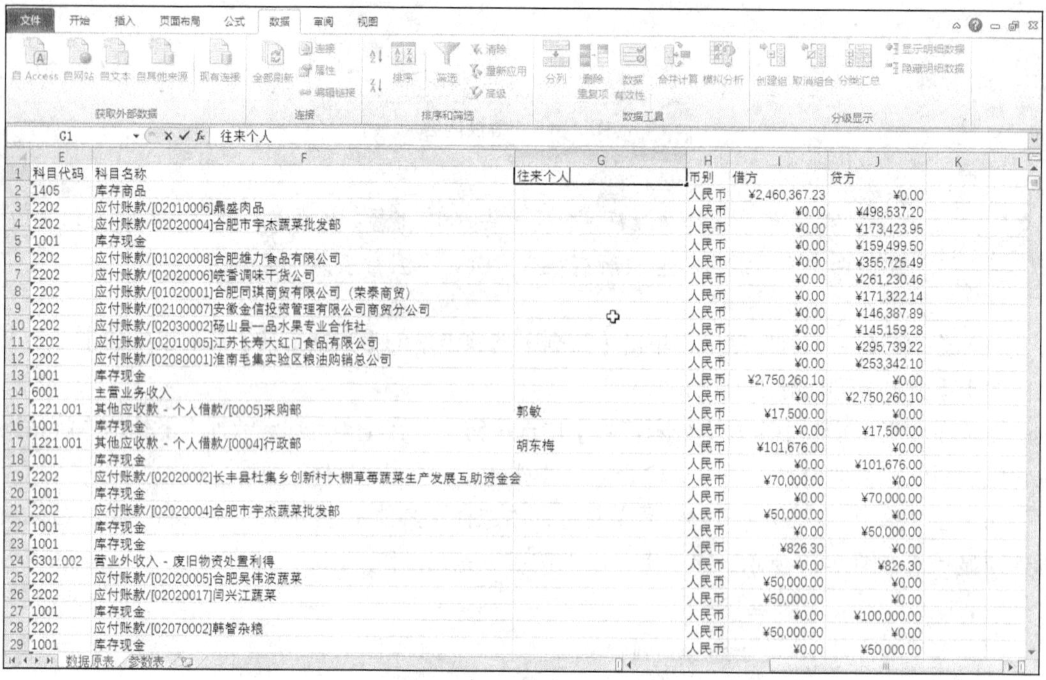

图 9-19　往来个人

（8）进一步将"往来单位""明细科目"分别以"/"号、"-"号从"科目名称"中分列出来，如图 9-20 所示。

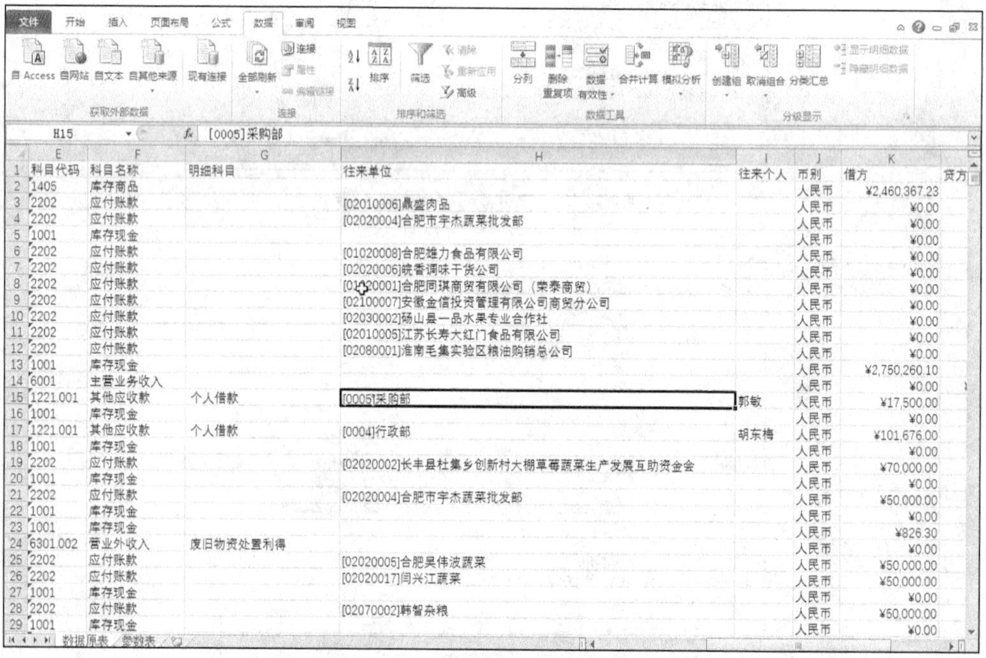

图 9-20　往来单位与明细科目分列

> **注释** 数据分列应该先插入空列在分列，避免数据被替换；一次性如果分列多列，就要插入多个列；本题使用多个符号，可以分次分列；分列后必须给予字段名称，否则无法使用数据透视表。

9.1.5 区分往来单位的属性

如表 9-1 所示，"往来单位"包含企业外部的供应商、企业内部下属行政部门和企业的营销网点。我们可以提取"往来单位"字段的前三个字符，如表 9-2 所示。

表 9-2　　　　　　　　　　　　　　往来单位类型表

字符	类型
[01	大供应商
[02	小供应商
[03	自营后勤
[00	部门
[10	网点

根据表 9-2，新建"往来单位属性"字段，操作步骤如下。

（1）将参数表中往来单位类型区域命名为"区域"，如图 9-21 所示。

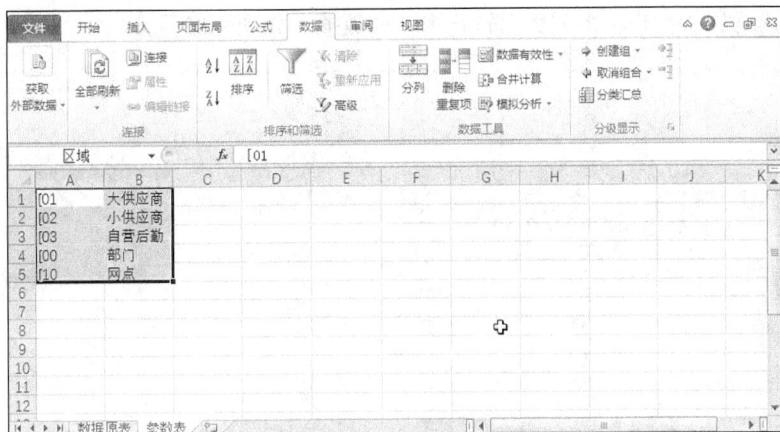

图 9-21　区域命名

（2）在"往来单位"字段旁插入一列，字段名称命名为"往来单位属性"。

（3）输入函数公式"=IFERROR(VLOOKUP(LEFT(I2,3),区域,2,0),"")"，如图 9-22 所示，拖动填充至整列完成操作。

> **注释** 该函数由三层函数嵌套而成，最里面使用 LEFT 函数计算提取"往来单位"字段的前三个字符，第二层使用 VLOOKUP 函数查找对应类型，最外层使用 IFERROR 函数确保不出现错误值。

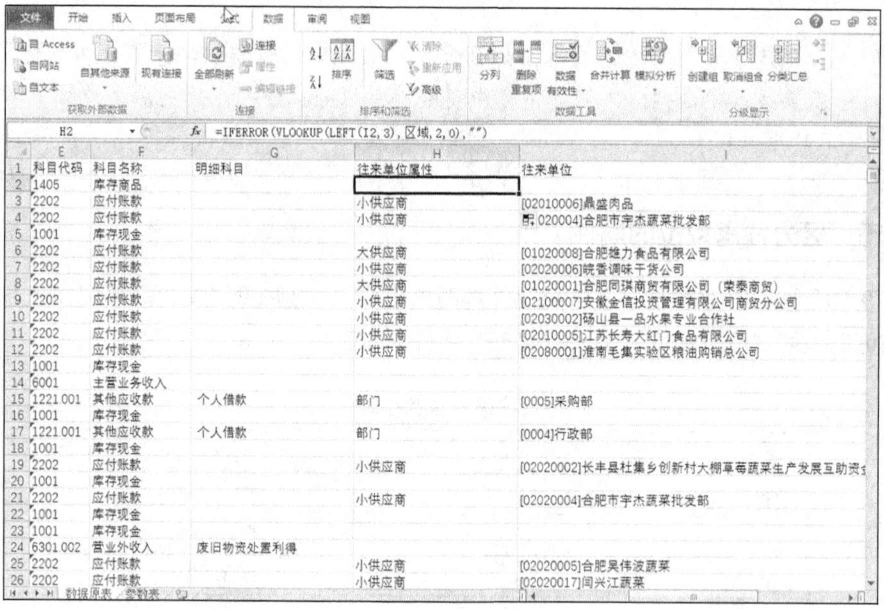

图 9-22　往来单位属性名称

9.1.6　数据的规范操作

数据的规范操作包括逆透视表操作和套用表格样式。逆透视表操作是一个已经学过的概念，这里我们运用逆透视表操作将多列数据转化为单列数据，如图 9-23 所示。

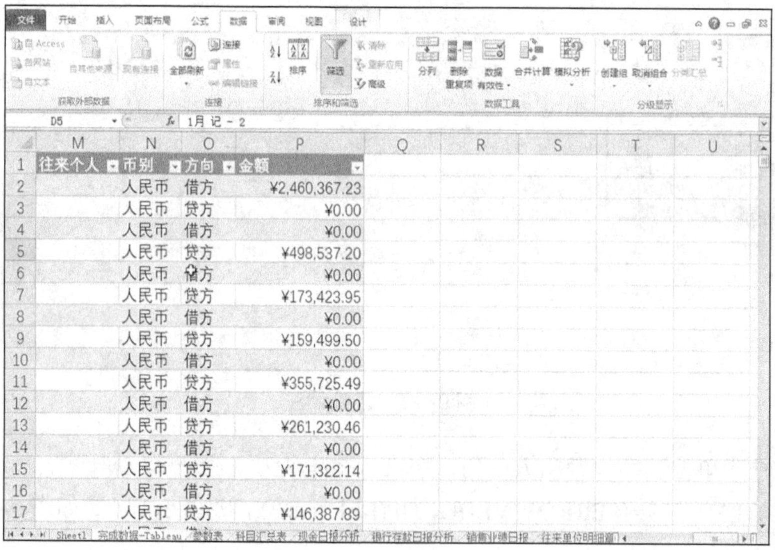

图 9-23　借贷方金额合并

逆透视表操作可用的方法很多，这里我们仍然沿用 tableau 插件的方法，操作步骤如下。

（1）将单元格定位在 H2 单元格，借方第二行，单击【Tableau】选项卡中【Excel】选项组中的【Reshape Data】按钮，在弹出的对话框中单击【OK】按钮，如图 9-24 所示，完成操作。

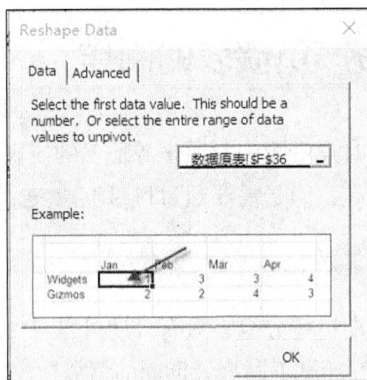

图 9-24　Tableau 插件

注
释　　　　本题数据超过 12 000 行，数据转换需要一定的时间，性能较弱的电脑可能需要计算一段时间，甚至出现机器假死的状况，请耐心等候。

（2）计算完成后，分别将对应字段命名为"方向"和"金额"，如图 9-25 所示。

（3）选中表格中任一单元格，按<Ctrl+L>快捷键，如图 9-26 所示，套用表格样式，单击【确定】按钮，完成操作。

方向	金额
借方	¥2,460,367.23
贷方	¥0.00
借方	¥0.00
贷方	¥498,537.20
借方	¥0.00
贷方	¥173,423.95
借方	¥0.00
贷方	¥159,499.50
借方	¥0.00
贷方	¥355,725.49
借方	¥0.00
贷方	¥261,230.46
借方	¥0.00
贷方	¥171,322.14
借方	¥0.00
贷方	¥146,387.89
借方	¥0.00

图 9-25　字段名称命名

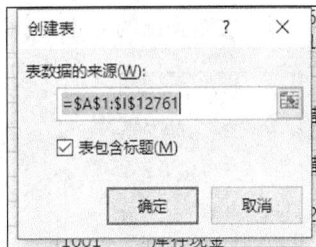

图 9-26　套用表格样式

总
结　　　　（1）本次数据规范化过程，是数据表格用于加工分析的典型流程。通过对表格日期字段、属性字段、代码字段、值字段的加工，最终形成可以用于数据透视分析的表格。

（2）规范过程大体遵循先填充空白内容再利用文本函数和数据分列，抽离、拆分、整理文本类型的字段，最后将数值型字段逆透视表操作，完成规范化表格的全流程。

（3）套用表格格式可以便于以后新增数据，必要时还可以设置完善的参数表辅助新增数据，本书篇幅所限，在此不予介绍。

9.2 | 科目汇总表与资产负债表的制作

资产负债表是反映企业特定时点资源和资源来源情况的报表，根据企业日常经济业务，我们可以快速地生成企业的资产负债表，但是需要通过科目汇总表来实现。

9.2.1 科目汇总表的制作

生成科目汇总表首先要对日期进行分组，只有日期可以自由地按照"日""月""季度""年" 4个层次汇总，才能更加便于我们计算不同会计期间的财务数据。

（1）单击表格"完成数据-Tableau"中的任一单元格，在【插入】选项卡中的【表格】选项组中单击【数据透视表】按钮，弹出【创建数据透视表】对话框，如图9-27所示，单击【确定】按钮，生成数据透视表。

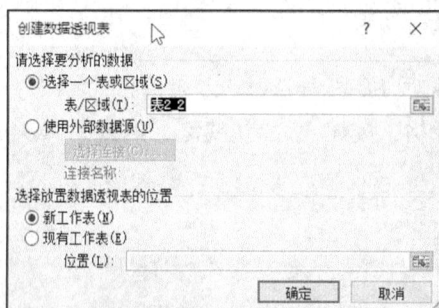

图9-27　创建数据透视表

（2）将"日期"字段拖入行标签。并且将光标移动到行标签位置，单击鼠标右键【创建组】，如图9-28所示。在新弹出的【分组】对话框中同时选择"日""月""季度""年"，如图9-29所示。

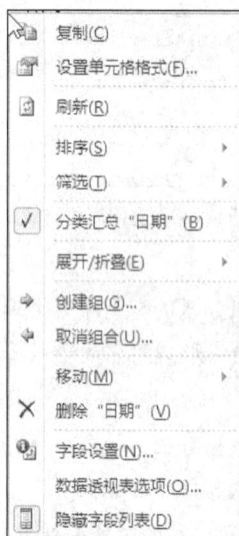

图9-28　创建组

图9-29　分组对话框

（3）将"行区域"中产生的"日""月""季度""年"4 个字段全部拖走删除，如图 9-30 所示。

注释　虽然相关日期字段在"行区域"中被删除，但是已经新增到可选字段中。加上之前增加的"周数字段"，形成了天、周、月、季、年完整的五级时间分级方案，便于数据汇总计算。

图 9-30　数据区域

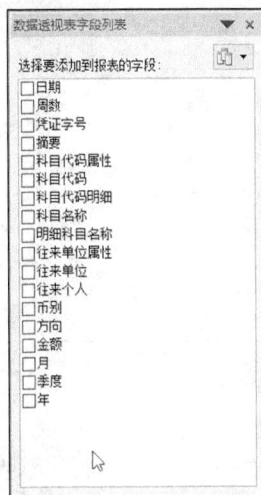

图 9-31　数据透视表字段列表

接下来，可以将相关字段拖入透视表区域，形成科目汇总表，操作步骤如下。

（1）将"科目名称"字段拖入"行标签"，将"方向"字段拖入"列标签"，将"金额"字段拖入"数值"区域，如图 9-32 所示。

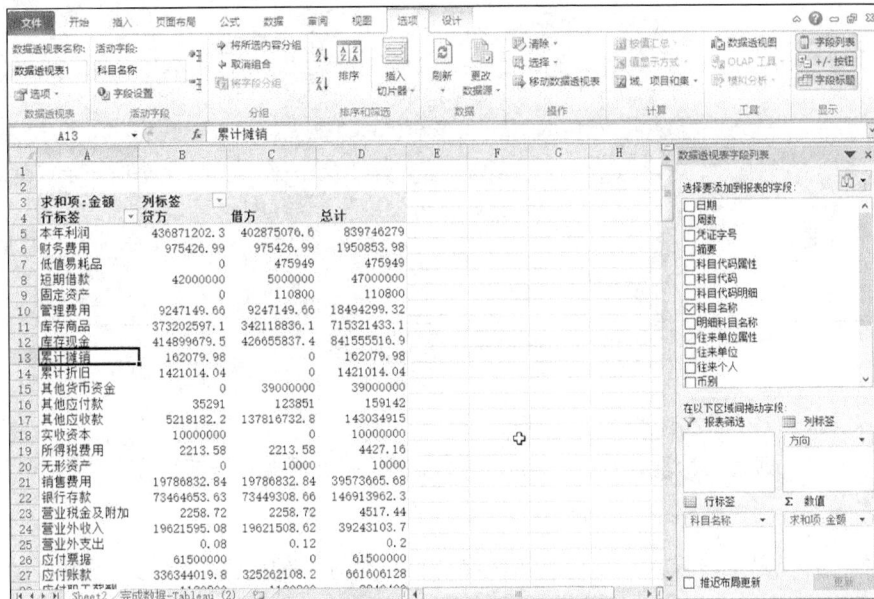

图 9-32　生成数据透视表

（2）在【数据透视表工具—设计】选项卡中的【布局】选项组，在【分类汇总】下拉菜单中选择"不显示分类汇总"，在【总计】下拉菜单中选择"对行和列禁用"，在【报表布局】下拉菜单中选择"以表格形式显示"，在【空行】下拉菜单中选择"删除每个项目后的空行"，如图9-33所示。

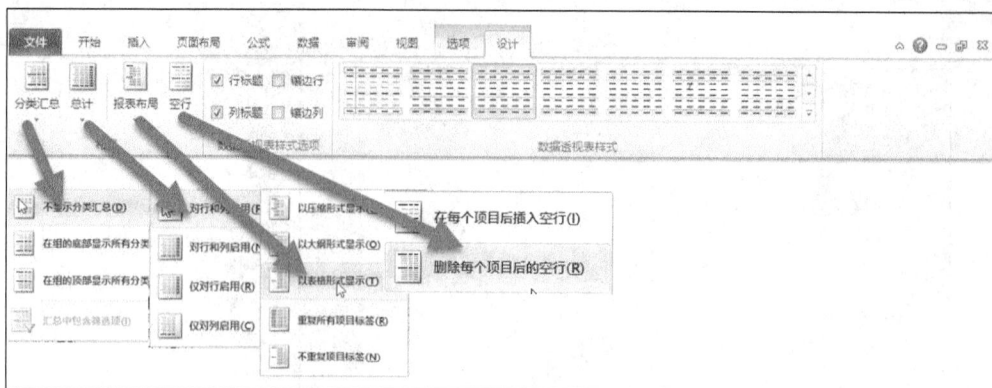

图9-33　布局选项组

> 注释　此操作将数据透视表外观简化为最简格式，任何透视表都应该首先转为最简格式，再陆续根据需要添加相关组件。

（3）在【数据透视表工具—分析】选项卡的【筛选】选项组中单击【插入切片器】，在弹出的【插入切片器】复选框中选择"年""季度""月""周数"，单击【确定】按钮完成操作，结果如图9-34所示。

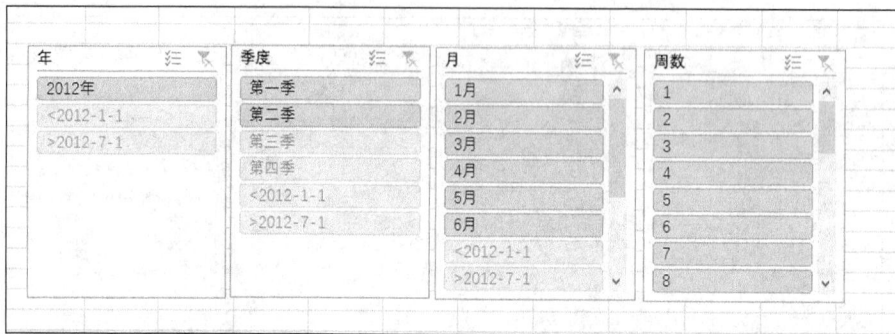

图9-34　插入切片器

> 注释　通过切片器筛选，我们可以观察到任一阶段会计期间的当期借贷方发生情况。

（4）将科目代码字段拖入"行标签"放在"科目名称"的前面，起到自动排序的作用，如图9-35所示。

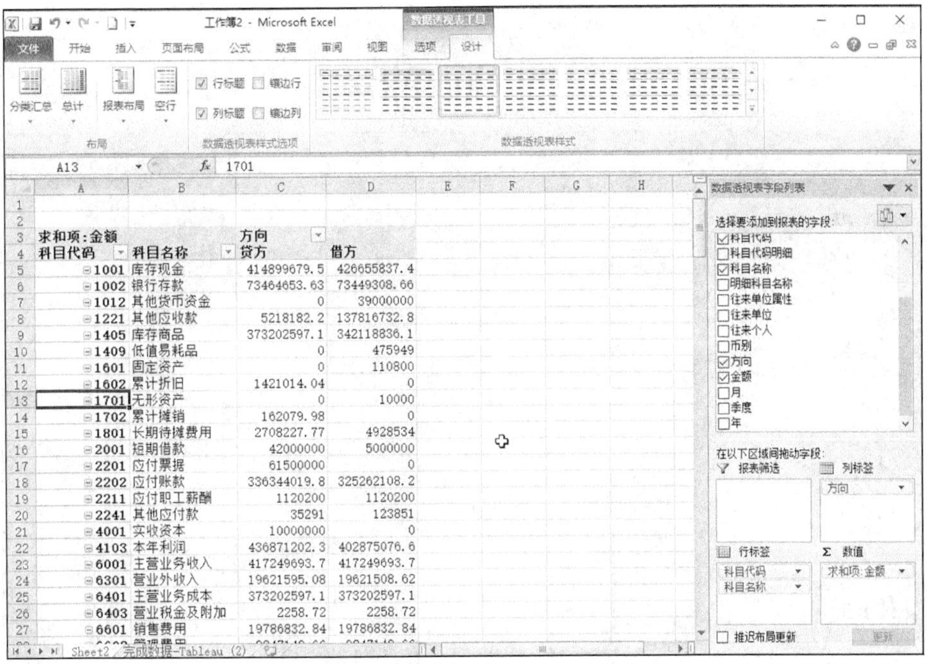

图 9-35　科目代码排序

注释
科目汇总表亦可以不按顺序排列，并不影响资产负债表取数。

9.2.2　资产负债表的制作

资产负债表（the Balance Sheet）又称财务状况表，是表示企业在一定日期（通常为各会计期末）的财务状况（即资产、负债和所有者权益的状况）的主要会计报表。资产负债表利用会计平衡原则，将合乎会计原则的资产、负债、所有者权益交易科目分为"资产"和"负债及所有者权益"两大区块，在经过分录、转账、分类账、试算、调整等会计程序后，以特定日期的静态企业情况为基准，浓缩成一张报表。其报表功用除了企业内部除错、调整经营方向、防止弊端外，也可让所有阅读者于最短时间了解企业经营状况。

在实务操作中，我们通常汇总一个特定会计期间内的企业经济业务借贷方发生额，然后加上企业期初数得到资产负债表期末数。

首先引用科目汇总表当期数，操作步骤如下。

（1）选择"资产负债表"工作表标签，在 D1 和 E1 单元格分别输入"借方发生额""贷方发生额"。

（2）选择"科目汇总表"工作表标签，将科目汇总表数据区域命名为"科目汇总表"，如图 9-36 所示。

（3）此处需要手动将"借方"移动到"贷方"字段前面，确保表格数据符合习惯，可以单击 C4"借方"单元格，拖动边框处，移动到贷方前面。

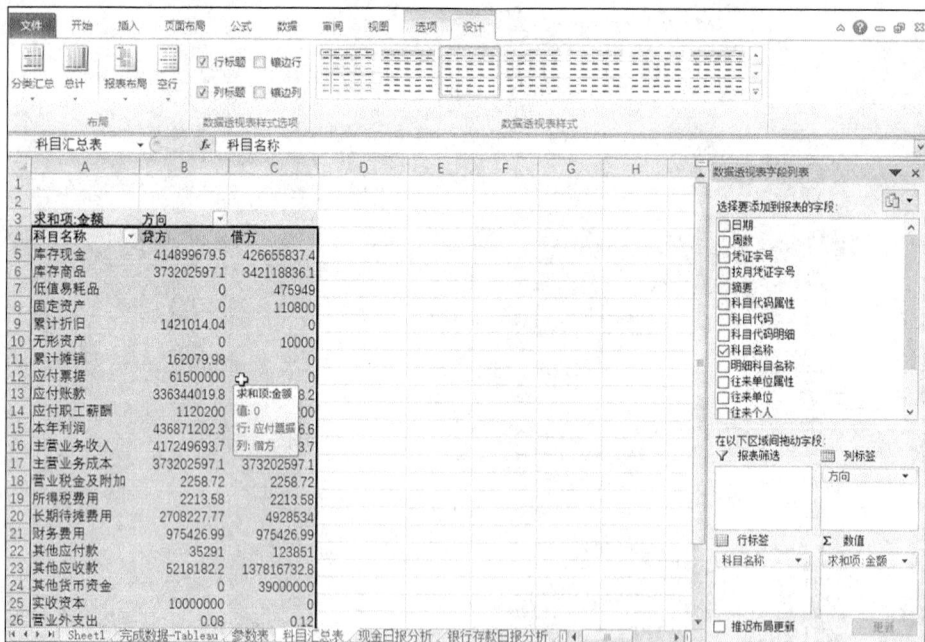

图9-36　科目汇总表数据区域命名

（4）回到"资产负债表"，在 D2 单元格输入公式"=IFERROR(VLOOKUP($A2,科目汇总表,2,0),0)"，如图 9-37 所示。

图9-37　资产负债表本期借方发生额

> 注释　该公式含义为，使用 VLOOKUP 函数查找"库存现金"在"科目汇总表"区域内对应的值，并返回借方字段（第 2 列）；使用 IFERROR 函数便于当找不到值时以"0"值显示。
> A2 单元格前面加绝对值符号是为了便于使用混合引用，当向右拖动时，可取得数据贷方结果。

（5）向右填充，并将 E2 单元格返回列数改为 3，并填充整张表，如图 9-38 所示。

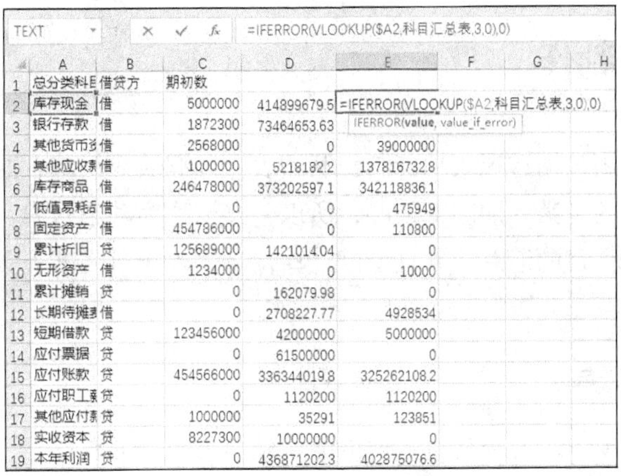

TEXT　=IFERROR(VLOOKUP($A2,科目汇总表,3,0),0)

	A	B	C	D	E	F	G	H
1	总分类科目	借贷方	期初数					
2	库存现金	借	5000000	414899679.5	=IFERROR(VLOOKUP($A2,科目汇总表,3,0),0)			
3	银行存款	借	1872300	73464653.63	IFERROR(value, value_if_error)			
4	其他货币资	借	2568000	0	39000000			
5	其他应收款	借	1000000	5218182.2	137816732.8			
6	库存商品	借	246478000	373202597.1	342118836.1			
7	低值易耗品	借	0	0	475949			
8	固定资产	借	454786000	0	110800			
9	累计折旧	贷	125689000	1421014.04	0			
10	无形资产	借	1234000	0	10000			
11	累计摊销	贷	0	162079.98	0			
12	长期待摊费	借	0	2708227.77	4928534			
13	短期借款	贷	123456000	42000000	5000000			
14	应付票据	贷	0	61500000	0			
15	应付账款	贷	454566000	336344019.8	325262108.2			
16	应付职工薪	贷	0	1120200	1120200			
17	其他应付款	贷	1000000	35291	123851			
18	实收资本	贷	8227300	10000000	0			
19	本年利润	贷	0	436871202.3	402875076.6			

图 9-38　资产负债表本期贷方发生额

接着计算期末数，可以利用借贷方方向，判断科目的属性，进而决定公式的具体选择，操作步骤如下。

（1）单击 F1 单元格，录入字段名称“期末数”。

（2）在 F2 单元格录入函数“=IF(B2="借",C2+D2-E2,C2+E2-D2)”，如图 9-39 所示，双击完成整列填充。

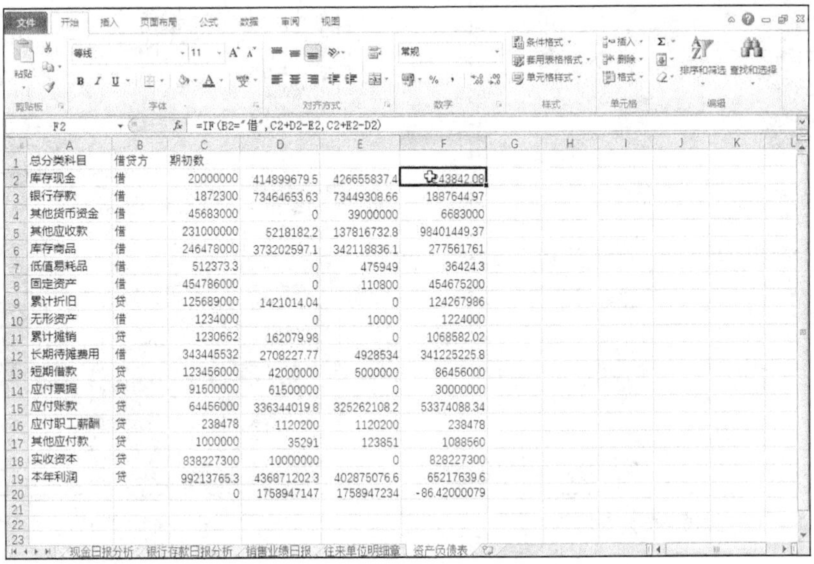

F2　=IF(B2="借",C2+D2-E2,C2+E2-D2)

	A	B	C	D	E	F
1	总分类科目	借贷方	期初数			
2	库存现金	借	20000000	414899679.5	426655837.4	[illegible]43842.08
3	银行存款	借	1872300	73464653.63	73449308.66	1887644.97
4	其他货币资金	借	45683000	0	39000000	6683000
5	其他应收款	借	231000000	5218182.2	137816732.8	98401449.37
6	库存商品	借	246478000	373202597.1	342118836.1	277561761
7	低值易耗品	借	512373.3	0	475949	36424.3
8	固定资产	借	454786000	0	110800	454675200
9	累计折旧	贷	125689000	1421014.04	0	124267986
10	无形资产	借	1234000	0	10000	1224000
11	累计摊销	贷	1230662	162079.98	0	1068582.02
12	长期待摊费用	借	343445532	2708227.77	4928534	341225225.8
13	短期借款	贷	123456000	42000000	5000000	86456000
14	应付票据	贷	91500000	61500000	0	30000000
15	应付账款	贷	64456000	336344019.8	325262108.2	53374088.34
16	应付职工薪酬	贷	238478	1120200	1120200	238478
17	其他应付款	贷	1000000	35291	123851	1088560
18	实收资本	贷	838227300	10000000	0	828227300
19	本年利润	贷	99213765.3	436871202.3	402875076.6	65217639.6
20			0	1758947147	1758947234	-86.42000079

现金日报分析　银行存款日报分析　销售业绩日报　往来单位明细章　资产负债表

图 9-39　期末数

注释　（1）该函数含义为当对应科目为借方时，期末数=期初+本期借方发生额-本期贷方发生额；当对应科目为贷方时，期末数=期初+本期贷方发生额-本期借方发生额。

（2）本题可以在科目汇总表中插入月份的切片器，并复制粘贴到“资产负债表”中，用于选择报表的会计期间。如选择 1 月，就是 1 月末月报，选择 1 月和 2 月，就是 2 月末报表，同时选择 1 月、2 月、3 月，就是第一季度季末资产负债表。

9.3 | 利润表的制作

下面，我们继续利用数据透视表功能制作利润表。利润表是反映企业在一定会计期间经营成果的报表。由于它反映的是某一期间的情况，所以，又被称为动态报表。实际上，利润表就是通过对财务账户中损益类科目的汇总，并且予以计算，将收入类科目减去费用类科目，得到最终的结果。

9.3.1 建立透视表

制作利润表需要首先将损益类科目整理出来，操作步骤如下。

（1）打开"利润表标准.xlsx"中的"1-3月大表"，将光标放置于表格内任一位置，在【插入】选项卡中的【表格】选项组中单击【数据透视表】按钮，弹出【创建数据透视表】对话框，如图9-40。单击【确定】按钮，生成数据透视表。

（2）分别将"科目代码属性"拖入"筛选区域"，将"方向"拖入"列区域"，将"科目名称"拖入"行区域"，将"金额"字段拖入"数值区域"，如图9-41所示。

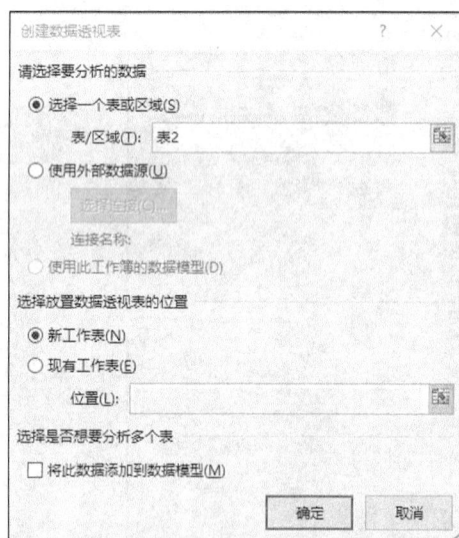

图 9-40　创建数据透视表

图 9-41　生成利润表

（3）在【数据透视表工具—设计】选项卡中的【布局】选项组，在【分类汇总】下拉菜单中选择"不显示分类汇总"，在【总计】下拉菜单中选择"对行和列禁用"，在【报表布局】下拉菜单中选择"以表格形式显示"，在【空行】下拉菜单中选择"删除每个项目后的空行"，如图9-42所示。

（4）在"科目代码属性"下拉框中选择"6"，筛选出损益类科目，如图9-43所示。

（5）选中第13行"主营业务收入"使用鼠标左键拖动其边框处，将其移动到第一行，以同样的方法手动排列利润表顺序，如图9-44所示。

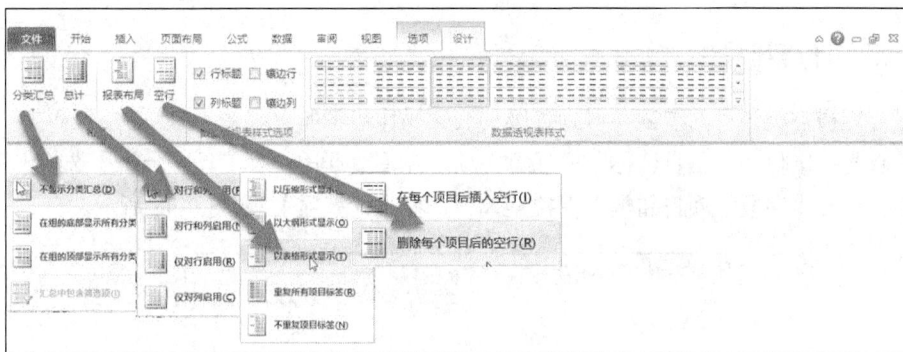

图 9-42　布局选项组

图 9-43　筛选出损益类科目

图 9-44　利润表手动排序

（6）将"方向"字段筛选为仅保留借方，将"借方"名称改为"利润表金额"，如图 9-45 所示。

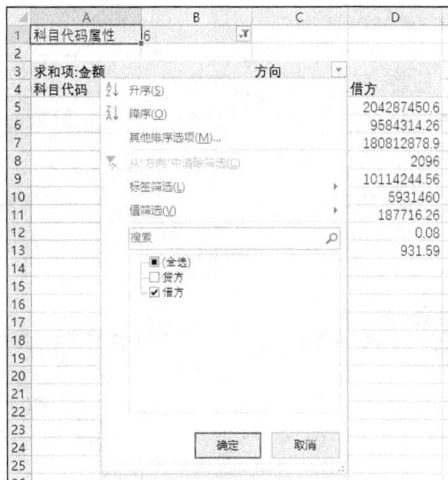

图 9-45　筛选借方

注
释　　　损益类科目的特点是期末无论借方科目还是贷方科目都会结转为 0，所以选择借方发生额和贷方发生额一般完全相等，选择一项，即是借贷方科目本期发生额，无需同时列示借贷科目。

9.3.2　计算利润

通过计算损益类科目的差额，得到各级利润，操作步骤如下。

（1）将光标定位在"科目名称"中任意一项，在【数据透视表工具—分析】选项卡中的计算选项组中，打开【字段、项目和集】下拉菜单，选择【计算项】，如图 9-46 所示。

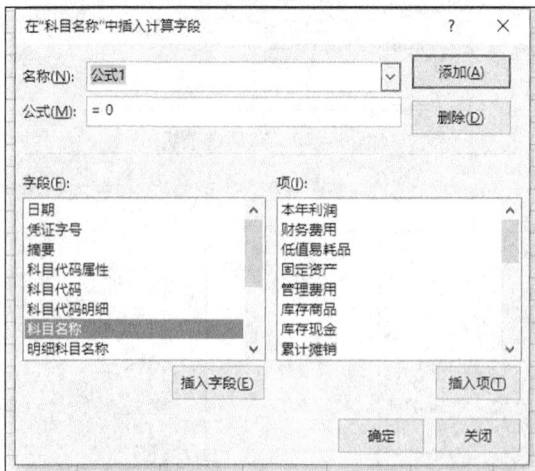

图 9-46　插入计算项

（2）在【名称】下拉列表框中输入"毛利"，在【公式】文本框中输入"=主营业务收入-主营业务成本"，如图 9-47 所示。

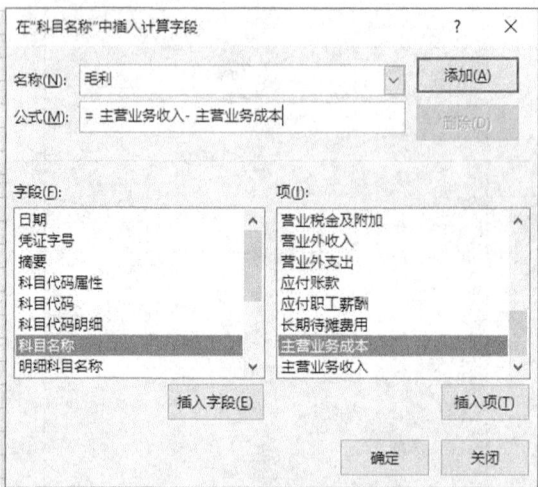

图 9-47　设置毛利计算公式

> **注释** 　在【公式】文本框中输入公式，可以直接在【字段】和【项】中选择对应内容单击【插入】完成。

（3）选中新计算项“毛利”，拖到正确位置。

（4）按同样的方法得出以下计算项。

■ 营业利润=毛利-销售费用-管理费用

■ 利润总额=营业利润-营业外支出+营业外收入

■ 净利润=利润总额-所得税费用

最后得到结果如图 9-48 所示。

B6 | 204287450.6

	A	B
1		
2	科目代码属性	6
3		
4	求和项:金额	方向
5	科目名称	金额
6	主营业务收入	204287450.60
7	主营业务成本	180812878.88
8	营业税金及附加	2096.00
9	毛利	23472475.72
10	财务费用	187716.26
11	管理费用	5931460.00
12	销售费用	10114244.56
13	营业利润	7239054.90
14	营业外收入	9584314.26
15	营业外支出	0.08
16	利润总额	16823369.08
17	所得税费用	931.59
18	净利润	16822437.49

图 9-48　得出利润表计算结果

9.3.3　切片器筛选

使用切片器筛选可以生成不同月份的利润表。

（1）在“1-3 月大表”中新增一列字段“月份”，函数表达式如下：

```
=MONTH(A2)
```

结果如图 9-49 所示。

B2 | =MONTH(A2)

	A	B	C	D	E	F
1	日期	月份	凭证字号	摘要	科目代码属	科目代码
2	2012-1-1	1	记 - 2	采购商品入库	1	1405
3	2012-1-1	1	记 - 2	采购商品入库	1	1405
4	2012-1-1	1	记 - 2	采购商品入库	2	2202
5	2012-1-1	1	记 - 2	采购商品入库	2	2202
6	2012-1-1	1	记 - 2	采购商品入库	2	2202
7	2012-1-1	1	记 - 2	采购商品入库	2	2202
8	2012-1-1	1	记 - 2	采购商品入库	1	1001
9	2012-1-1	1	记 - 2	采购商品入库	1	1001
10	2012-1-1	1	记 - 2	采购商品入库	2	2202
11	2012-1-1	1	记 - 2	采购商品入库	2	2202
12	2012-1-1	1	记 - 2	采购商品入库	2	2202
13	2012-1-1	1	记 - 2	采购商品入库	2	2202
14	2012-1-1	1	记 - 2	采购商品入库	2	2202
15	2012-1-1	1	记 - 2	采购商品入库	2	2202
16	2012-1-1	1	记 - 2	采购商品入库	2	2202
17	2012-1-1	1	记 - 2	采购商品入库	2	2202
18	2012-1-1	1	记 - 2	采购商品入库	2	2202
19	2012-1-1	1	记 - 2	采购商品入库	2	2202
20	2012-1-1	1	记 - 2	采购商品入库	2	2202

图 9-49　插入“月份”字段

（2）回到"利润表"中单击【数据透视表工具】|【分析】选项卡中的【刷新】按钮，可以看到新增的月份字段。单击【数据透视表工具】|【分析】选项卡中的【插入切片器】按钮，插入切片器，如图 9-50 所示。

（3）选择【月份】，单击【确定】按钮，即可看到月份的切片器，如图 9-51 所示。

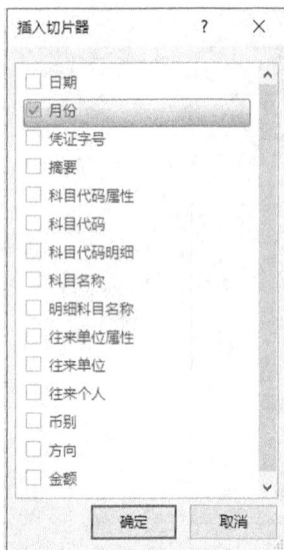

图 9-50　插入切片器

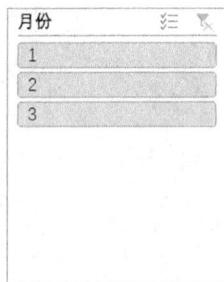

图 9-51　月份切片器

即可通过单击切片器筛选不同月份的利润表。

> **注释**　按<Ctrl>键可以点选多个月份，如果选择 3 个月，即为季度利润表。

9.4 | 管理费用查询表的制作

管理费用的实时监控与查询一直都是各企业日常财务监控的主要工作。利用数据透视表的透视功能，配合切片器筛选和条件格式，我们可以制作简单的管理费用发生情况。

9.4.1　制作管理费用查询透视表

透视表制作步骤如下。

（1）打开"1-3 大表"，单击【插入】|【数据透视表】，生成透视表，命名为"管理费用表"。

（2）将"日期"拖入行字段，点按鼠标右键，在弹出的【组合】对话框中选择"月""季度""年"三个字段，并按【确定】按钮完成操作，如图 9-52 所示。

（3）生成"月""季度""年"分组字段后，在"行区域"中移除该字段备用，设置透视表如图 9-53 所示。其中"往来单位属性"筛选为"网点"，如图 9-54 所示。"金额"筛选为"借方"，如图 9-55 所示。

图 9-52　组合数据

图 9-53　设置透视表

图 9-54　数据透视表区域

9.4.2　美化表格样式

1．修改透视表样式

操作步骤如下。

调整格式，在【数据透视表工具】|【设计】选项卡中【布局】选项组中设置【不显示分类汇总】、【对行列禁用总计】、【以表格形式显示】，如图 9-56 所示。

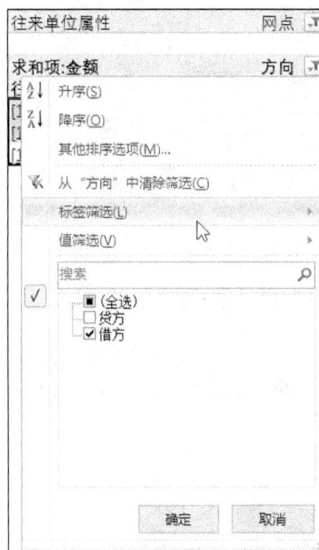

图 9-55　金额筛选为借方

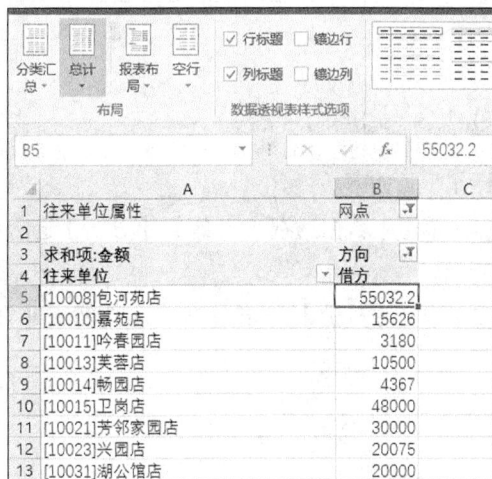

图 9-56　修改透视表样式

2．增加标题和切片器栏

操作步骤如下。

（1）在第一行插入二行，调整宽度，第一行行高为 60，第二行行高为 250，如图 9-57 所示。

（2）在第一行输入标题"管理费用查询"，字体、颜色、字号分别选择"微软雅黑""白色""36 号"，如图 9-58 所示。

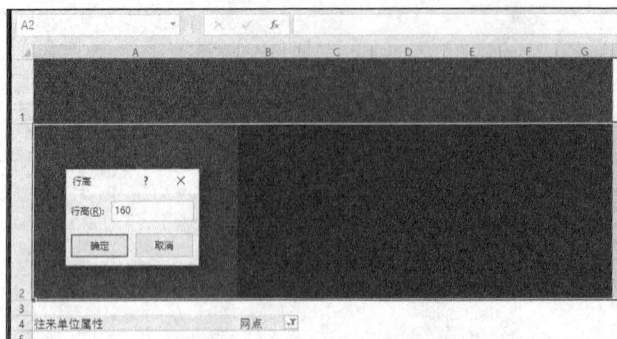

图 9-57　调整标题行行高

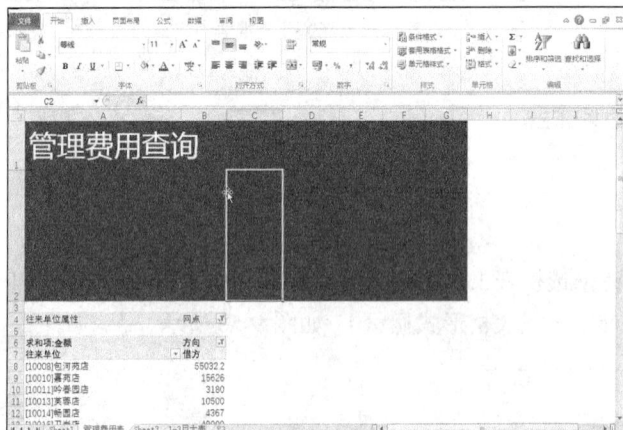

图 9-58　调整字体字号

9.4.3　增加切片器

操作步骤如下。

（1）单击【数据透视表工具】|【分析】选项卡中的【插入切片器】按钮，插入切片器，如图 9-59 所示。

（2）选择【月份】，单击【确定】按钮，即可看到月份的切片器，如图 9-60 所示。

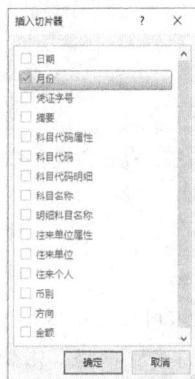

图 9-59　插入切片器

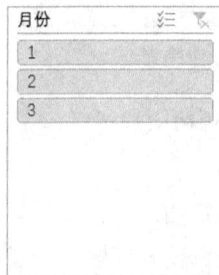

图 9-60　月份切片器

即可通过单击切片器筛选不同月份的利润表，如图 9-61 所示。

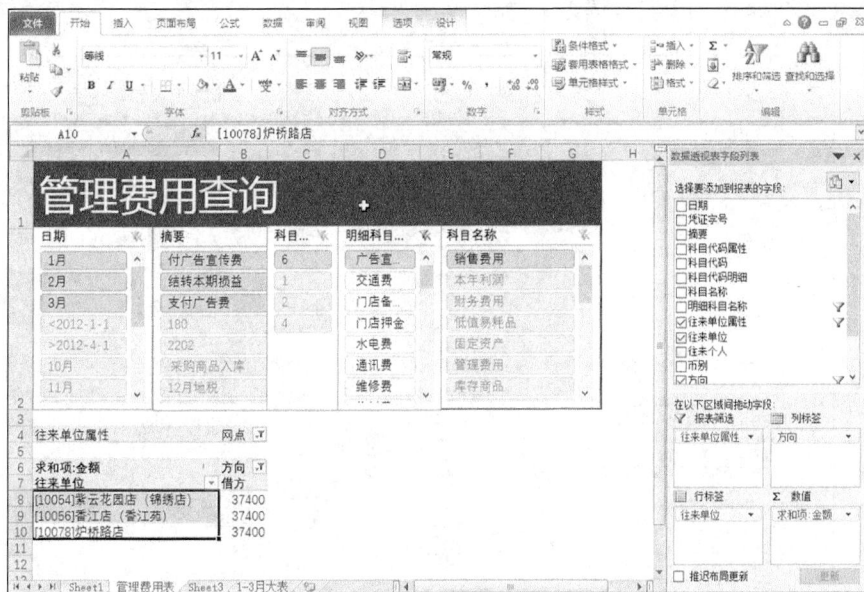

图 9-61　管理费用查询

9.4.4　增加条件格式

数字化的显示方式虽然客观，但不利于快速掌握数据之间的大小关系。如果在"借方金额"旁边新增一列条形图，既有利于直观比较数据，又能增添图标的设计美感，操作步骤如下。

（1）将"金额"字段再次拖入"数值"区域，并将字段名称改为条形图，如图 9-62 所示。

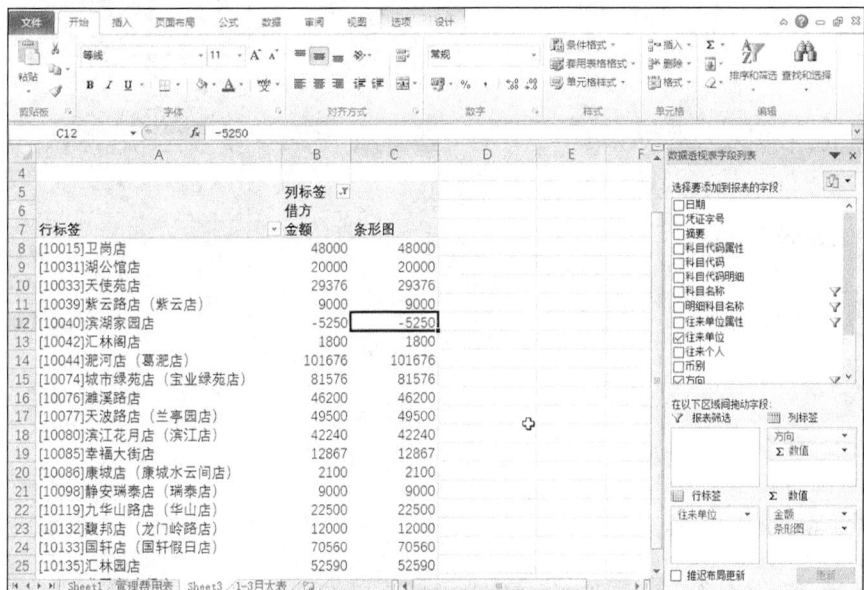

图 9-62　增加新字段

（2）选中"条形图"字段所在区域，在【开始】|【样式】选项组中选择【条件格式】，在下拉菜单中单击【数据条】|【实心填充】，如图 9-63 所示。

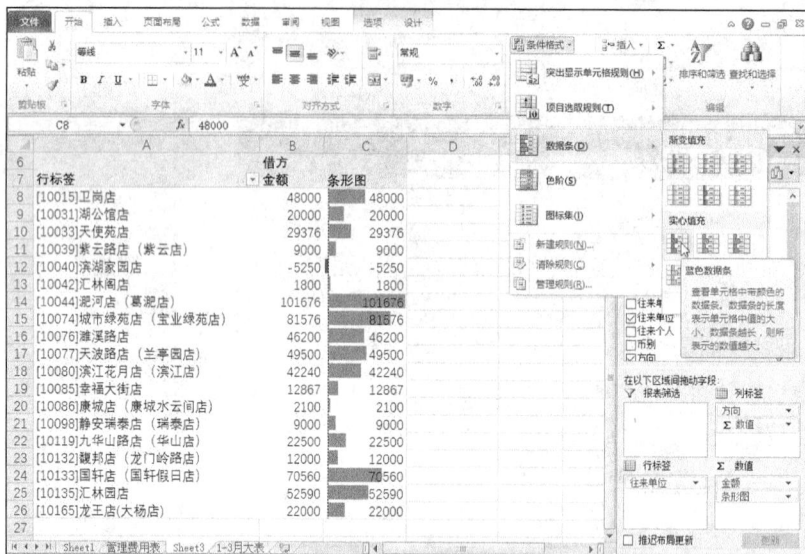

图 9-63　数据条显示

（3）选中"条形图"字段所在区域，在【开始】|【样式】选项组中选择【条件格式】，在下拉菜单中单击【管理规则】，弹出【条件格式规则管理器】对话框，如图 9-64 所示。

（4）单击【编辑规则】，在弹出的对话框中，勾选"仅显示数据条"单选框，如图 9-65 所示，单击【确定】按钮完成操作。

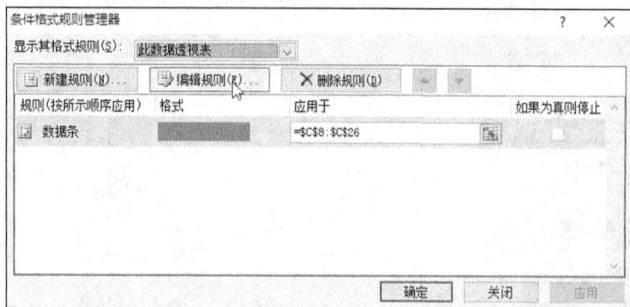

图 9-64　条件格式规则管理器

图 9-65　编辑格式规则

（5）筛选"科目名称"为管理费用，"明细科目"为租赁费，"往来单位属性"为网点，得出最终结果，如图 9-66 所示。

参考文献

1. Excel Home. Excel 高效办公：会计实务【M】 北京：人民邮电出版社. 2013.
2. 罗惠民 "偷懒" 的技术：打造财务 Excel 达人【M】 北京：机械工业出版社. 2014.
3. 钭志斌. Excel 在财务中的应用实训【M】 北京：高等教育出版社. 2014.
4. 吴辉，任晨煜. Excel 在财务会计与管理会计中的应用【M】 北京：清华大学出版社. 2005.

图 9-66　最终结果

综合实训

1. 实训目的

巩固电子表格报表汇总和科目汇总功能的使用。

2. 实训要求

打开"示例文件凭证汇总表.xlsx"，根据现有数据，如图 9-67 所示，编制利润表和科目汇总表，如图 9-68 所示。

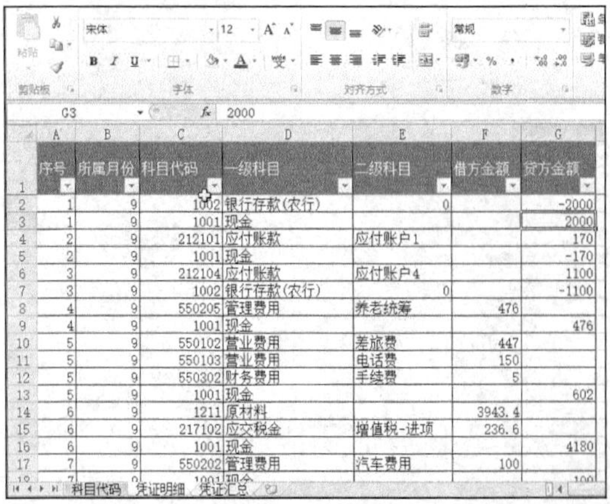

图 9-67　凭证明细数据

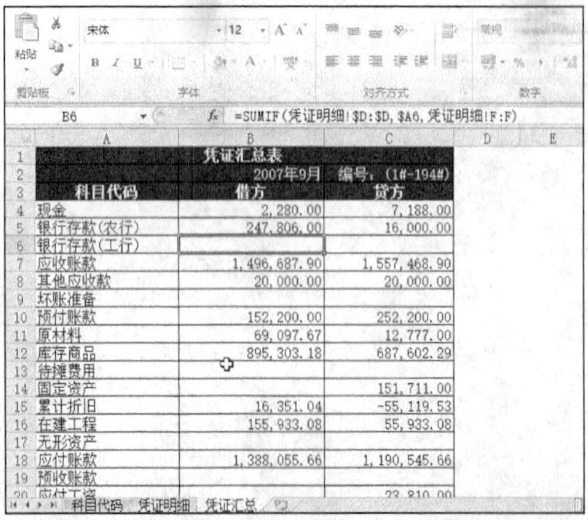

图 9-68　科目汇总表